老挝民商经济法律汇编

Translation of the Collection of Civil, Commercial and Economic Laws of Laos

王竹　李春　刘忠炫　[老挝]福萨南 / 编译

[老挝]福萨南 / 校

中国法制出版社
CHINA LEGAL PUBLISHING HOUSE

总 目 录

老挝人民民主共和国民法典 …… 001

（2018 年 12 月 6 日第八届老挝国会第六次会议第 109/NA 号决议通过，2019 年 1 月 18 日国家主席令颁布，2020 年 5 月 27 日生效）

老挝人民民主共和国继承法 …… 149

（1990 年 6 月 27 日第二届最高人民议会第四次会议第 03/90/SPA 号决议通过，1990 年 7 月 27 日国家主席令颁布）

老挝人民民主共和国所有权法 …… 162

（1990 年 7 月 10 日第二届最高人民议会第四次会议第 01/90/SPA 号决议通过，1990 年 7 月 27 日国家主席令颁布）

老挝人民民主共和国合同法 …… 177

（1990 年 7 月 10 日第二届最高人民议会第四次会议第 02/90/SPA 号决议通过，1990 年 7 月 27 日国家主席令颁布）

老挝人民民主共和国家庭法 …… 197

（1990 年 12 月 18 日第二届最高人民议会第五次会议第 07/90/SPA 号决议通过，1990 年 12 月 24 日国家主席令颁布）

老挝人民民主共和国非合同债法 …… 209

（1990 年 11 月 29 日第二届最高人民议会第五次会议第 08/90/SPA 号决议通过，1990 年 12 月 24 日国家主席令颁布）

老挝人民民主共和国道路运输法 …… 213
（1997 年 3 月 12 日第三届老挝国会第十次会议第 03 -97/NA 号决议通过，1997 年 5 月 31 日国家主席令颁布）

老挝人民民主共和国矿业法 …… 226
（1997 年 4 月 12 日第三届老挝国会第十次会议第 04 -97/NA 号决议通过，1997 年 5 月 31 日国家主席令颁布）

老挝人民民主共和国电力法 …… 242
（1997 年 5 月 12 日老挝国会第 02 -97/NA 号决议通过，1997 年 5 月 31 日国家主席令颁布）

老挝人民民主共和国加工业法 …… 258
（1999 年 4 月 3 日老挝国会第 01 -99/NA 号决议通过，1999 年 4 月 26 日国家主席令颁布）

老挝人民民主共和国环境保护法 …… 273
（1999 年 4 月 3 日老挝国会第 02 -99/NA 号决议通过，1999 年 4 月 26 日国家主席令颁布）

老挝人民民主共和国电信法 …… 289
（2001 年 4 月 10 日老挝国会第 05/NA 号决议通过，2001 年 4 月 25 日国家主席令颁布）

老挝人民民主共和国土地法 …… 300
（2003 年 10 月 21 日老挝国会第 48/NA 号决议通过，2003 年 11 月 5 日国家主席令颁布）

老挝人民民主共和国外国投资促进法 …… 322
（2004 年 10 月 22 日老挝国会第 11/NA 号决议通过，2004 年 11 月 15 日国家主席令颁布）

老挝人民民主共和国经济纠纷解决法 …………………………………… 333
（2005年5月20日老挝国会第27/NA号决议通过，2005年5月25日国家主席令颁布）

老挝人民民主共和国海关法 ………………………………………………… 349
（2005年5月20日老挝国会第28/NA号决议通过，2005年5月25日国家主席令颁布）

老挝人民民主共和国企业法 ………………………………………………… 382
（2005年11月9日老挝国会第55/NA号决议通过，2005年12月9日国家主席令颁布）

老挝人民民主共和国增值税法 ……………………………………………… 454
（2006年12月26日老挝国会第04/NA号决议通过，2007年1月16日国家主席令颁布）

老挝人民民主共和国劳动法 ………………………………………………… 475
（2006年12月27日老挝国会第06/NA号决议通过，2007年1月16日国家主席令颁布）

父子缘，师生缘，民法缘 ………………………………………………… 501
——《老挝民商经济法律汇编》后记

目 录
CONTENTS

老挝人民民主共和国民法典

第一编 总 则 …… 001
第一章 目的及民法的适用范围 …… 001
第二章 民法典的基本原则 …… 003
第三章 法律行为 …… 005
第四章 代 理 …… 008
第五章 期 间 …… 011
第六章 时 效 …… 013
A. 时 效 …… 013
B. 时效的计算 …… 014
C. 时效的中止、中断及期间届满 …… 015
第二编 自然人及法人 …… 016
第一章 自然人 …… 016
A. 自然人的权利能力 …… 016
B. 人格权 …… 016
C. 自然人的行为能力 …… 017
D. 限制行为能力人或者无行为能力人的监护 …… 018
E. 住 所 …… 020
F. 失踪及宣告死亡 …… 021
第二章 法 人 …… 024

A. 一般原则 …… 024
B. 协　会 …… 028
C. 财　团 …… 029
第三编　家　庭 …… 031
第一章　基本原则 …… 031
第二章　婚约及订婚 …… 033
第三章　婚　姻 …… 034
A. 婚姻的要件及规则 …… 034
B. 涉外婚姻 …… 035
C. 无效婚姻 …… 036
第四章　夫妻之间的法律关系 …… 037
第五章　夫妻财产 …… 038
第六章　夫妻关系终止 …… 039
A. 离　婚 …… 039
B. 涉外离婚 …… 042
C. 死　亡 …… 043
D. 夫妻关系终止的法律后果及复婚 …… 044
第七章　父母与子女之间的关系 …… 044
A. 亲生子女 …… 044
B. 养子女 …… 046
C. 外国人收养子女 …… 048
D. 继子女 …… 049
第八章　父母及子女的权利及义务 …… 049
第九章　未成年人监护人的选任 …… 051
第四编　物、所有权以及对物的其他权利 …… 052
第一章　物 …… 052
第二章　占　有 …… 054
第三章　所有权 …… 057
A. 占有权 …… 058

B. 使用权 …… 058
C. 收益权 …… 059
D. 处分权 …… 059
第四章 所有权的形态 …… 059
A. 国家所有权 …… 060
B. 集体所有权 …… 061
C. 自营所有权 …… 062
D. 民间所有权 …… 063
第五章 共同所有权 …… 064
第六章 所有权的取得 …… 066
第七章 所有权的终止 …… 072
第八章 所有权的限制 …… 073
第九章 所有权的保护 …… 076
第十章 地役权 …… 077
第十一章 地上权 …… 079
第五编 合同债务 …… 081
第一章 一般原则 …… 081
第二章 合同的订立 …… 081
第三章 无效合同 …… 084
第四章 合同的履行 …… 085
第五章 合同履行的保障措施 …… 087
第六章 合同不履行 …… 088
第七章 合同的变更、解除以及终止 …… 089
第八章 债权人以及债务人变更 …… 090
第九章 合同对第三人的效力 …… 091
第十章 合同的种类 …… 091
A. 买卖合同 …… 091
B. 互易合同 …… 093
C. 附所有权移转特约租赁合同 …… 094

D. 赠与合同 …… 095
E. 附义务赠与合同 …… 096
F. 附买回特约买卖合同 …… 097
G. 消费借贷合同 …… 098
H. 借用合同 …… 099
I. 租赁合同 …… 099
J. 承包经营合同 …… 101
K. 保管合同 …… 101
L. 委托合同 …… 103
M. 服务合同 …… 104
N. 建设工程合同 …… 105
O. 雇佣合同 …… 107
P. 运输合同 …… 108
Q. 保险合同 …… 110
R. 合伙合同 …… 110
第六编 非合同债务 …… 111
第一章 一般原则 …… 111
第二章 不法行为 …… 111
A. 基于自己行为承担的不法行为责任 …… 113
B. 基于自己管理的他人的不法行为、动物或者物发生的责任 …… 114
第三章 无因管理 …… 116
第四章 不当得利 …… 117
第七编 担 保 …… 119
第一章 一般原则 …… 119
第二章 法定担保 …… 120
第三章 约定担保 …… 121
A. 质 押 …… 123
A1. 动产质押 …… 124
A2. 不动产质押 …… 126

A3. 权利质押 …… 127
B. 抵　押 …… 128
B1. 不动产抵押 …… 129
B2. 动产抵押 …… 130
C. 保　证 …… 131
第四章　担保登记、优先权的放弃及担保的转让 …… 132
第八编　继　承 …… 133
第一章　继承的原则 …… 133
第二章　法定继承 …… 134
第三章　遗嘱继承 …… 138
第四章　遗产的继承、放弃及继承权丧失 …… 142
A. 遗产的继承及放弃 …… 142
B. 继承权的丧失 …… 144
第五章　继承人对遗产管理以及被继承人债务的责任 …… 146
A. 遗产管理 …… 146
B. 继承人对被继承人债务的责任 …… 147
第九编　附　则 …… 148

老挝人民民主共和国继承法

第一部分　总　则 …… 149
第一章　遗产和继承的基础 …… 149
第二章　遗产继承人 …… 150
第三章　丧失继承权 …… 150
第四章　接收和放弃遗产 …… 151
第二部分　法定继承权 …… 153
第一章　法定继承人之间的遗产分配 …… 153
第二章　代位继承 …… 155

第三章　分割遗产的要求 …… 155
第三部分　遗嘱继承权 …… 156
第一章　设立遗嘱 …… 156
第二章　撤销遗嘱 …… 158
第三章　履行遗嘱 …… 159
第四部分　遗产保护和继承人的职责 …… 159
第一章　遗产保护 …… 159
第二章　遗产继承人的职责 …… 160

老挝人民民主共和国所有权法

第一章　总　则 …… 162
第二章　国家所有权 …… 162
第三章　集体所有权 …… 164
第四章　个体、私营和个人所有权 …… 165
第五章　所有权的产生和终止 …… 168
第六章　所有权的使用范围 …… 172
第七章　所有权的保护 …… 174

老挝人民民主共和国合同法

第一部分　总　则 …… 177
第一章　一般规定 …… 177
第二章　合同的条件和内容 …… 178
第三章　无效的合同 …… 180
第四章　合同的履行 …… 182
第五章　保障合同履行的措施 …… 184

第六章 合同的变更、解除和终止 …… 186
第七章 纠纷解决 …… 187
第二部分 合同的种类 …… 188
第一章 买卖和交换合同 …… 188
第二章 附买回特约买卖合同 …… 190
第三章 借贷和财产借用合同 …… 190
第四章 租赁合同 …… 191
第五章 保管合同 …… 192
第六章 委托合同 …… 193
第七章 服务合同 …… 194
第八章 建设工程合同 …… 195
第九章 运输合同 …… 196
第十章 合伙合同 …… 196

老挝人民民主共和国家庭法

第一部分 总 则 …… 197
第二部分 提亲和结婚 …… 198
第一章 提 亲 …… 198
第二章 结 婚 …… 198
第三章 结婚的程序 …… 199
第四章 婚姻关系 …… 199
第五章 解除婚姻关系 …… 200
第六章 夫妻财产 …… 202
第三部分 父母和子女的权利和义务 …… 203
第一章 亲子认定 …… 203
第二章 收养子女 …… 205
第三章 子女或无行为能力人监护人的指定 …… 206

第四部分　家庭法对外国人、外国居民、无国籍人和境外老挝公民的适用 …… 207
第一章　老挝公民和外国人、外国居民、无国籍人之间以及老挝境内的外国人、外国居民、无国籍人之间的结婚和离婚 …… 207
第二章　境外老挝公民之间的结婚和离婚 …… 208
第三章　收养老挝子女 …… 208

老挝人民民主共和国非合同债法

第一部分　侵权法 …… 209
第一章　自己行为责任 …… 209
第二章　行为人控制下的第三人、动物、物件侵权责任 …… 211
第二部分　无因管理和不当得利 …… 211
第一章　无因管理 …… 211
第二章　不当得利 …… 212

老挝人民民主共和国道路运输法

第一章　总　则 …… 213
第二章　道路运输管理的一般规定 …… 214
第三章　企业运输、专门运输和个人运输 …… 216
第四章　国际和跨境运输 …… 219
第五章　货运代理和车辆租赁 …… 220
第六章　道路运输管理 …… 221
第七章　奖励政策和处罚措施 …… 224
第八章　附　则 …… 225

老挝人民民主共和国矿业法

第一章　总　则 …… 226
第二章　基础地质调查和矿产资源保护 …… 227
第三章　矿产资源区分类 …… 228
第四章　矿业经营 …… 229
第五章　矿业经营者的权利和义务 …… 233
第六章　矿业经营的管理和检查机构 …… 236
第七章　纠纷解决、奖励政策和处罚措施 …… 239
第八章　附　则 …… 241

老挝人民民主共和国电力法

第一章　总　则 …… 242
第二章　电力业务 …… 243
第三章　电力业务的特许经营权 …… 243
第四章　电力设备的安装和标准确认 …… 247
第五章　电力生产 …… 248
第六章　电力传输 …… 248
第七章　电力分配 …… 249
第八章　电力出口和进口 …… 251
第九章　地方和农村的电力发展 …… 251
第十章　电力管理和检查机构 …… 253
第十一章　奖励政策和处罚措施 …… 256
第十二章　附　则 …… 257

老挝人民民主共和国加工业法

第一部分　总　则 …… 258
第二部分　工业和手工业加工厂的经营 …… 259
　第一章　工厂经营 …… 259
　第二章　机器控制 …… 261
　第三章　工厂经营的条件 …… 261
　第四章　工厂和原材料来源的关系 …… 262
　第五章　环境保护 …… 262
　第六章　扩大、搬迁、转让工厂 …… 263
　第七章　地点、地区、园区和机构或工业和手工业加工研究和实验中心 …… 263
第三部分　投资和促进工业和手工业加工 …… 264
　第一章　投　资 …… 264
　第二章　促进工业和手工业加工 …… 265
第四部分　工业和手工业加工厂经营者的权利和义务 …… 267
第五部分　管理和检查机构 …… 268
　第一章　管理机构 …… 268
　第二章　检查机构 …… 269
第六部分　争议解决、奖励政策和处罚措施 …… 270
第七部分　附　则 …… 272

老挝人民民主共和国环境保护法

第一部分　总　则 …… 273
第二部分　防止环境退化 …… 274

第一章　防止环境退化 …… 274
第二章　保护、开发和利用自然资源 …… 276
第三章　预防和应对灾害 …… 277
第三部分　防治污染 …… 278
第一章　污　染 …… 278
第二章　防治污染的义务和措施 …… 279
第四部分　环境治理和恢复 …… 280
第一章　环境治理 …… 280
第二章　环境恢复 …… 280
第五部分　环境保护基金 …… 281
第六部分　与环境有关的国际关系与合作 …… 282
第七部分　环境管理和监测 …… 282
第八部分　奖励政策和处罚措施 …… 287
第九部分　附　则 …… 288

老挝人民民主共和国电信法

第一章　总　则 …… 289
第二章　电信系统和服务类型 …… 291
第三章　电信服务规定 …… 292
第四章　电信业务 …… 293
第五章　电信管理和检查 …… 295
第六章　争议解决 …… 297
第七章　奖励政策和处罚措施 …… 298
第八章　附　则 …… 299

老挝人民民主共和国土地法

第一部分　总　则 ……………………………………………………… 300
第二部分　土地管理和登记 ……………………………………………… 301
第一章　土地管理 ………………………………………………………… 301
第二章　农业用地管理 …………………………………………………… 304
第三章　林地管理 ………………………………………………………… 305
第四章　水域用地管理 …………………………………………………… 306
第五章　工业用地管理 …………………………………………………… 307
第六章　通信用地管理 …………………………………………………… 307
第七章　文化用地管理 …………………………………………………… 308
第八章　国防安全用地管理 ……………………………………………… 308
第九章　建设用地管理 …………………………………………………… 309
第十章　土地登记 ………………………………………………………… 310
第三部分　土地使用权人的权利和义务 ………………………………… 313
第一章　老挝土地使用权人的权利和义务 ……………………………… 313
第二章　外国居民、无国籍人和外国个人与土地租赁或特许权有关的权利和义务 ……………………………………………… 315
第三章　赔偿损失 ………………………………………………………… 317
第四章　民族解放时期分配的土地和外逃人员遗留的土地 …………… 318
第四部分　土地使用管控 ………………………………………………… 319
第五部分　土地问题解决、奖励政策和处罚措施 ……………………… 320
第六部分　附　则 ………………………………………………………… 321

老挝人民民主共和国外国投资促进法

第一章　总　则 …………………………………………………………… 322

第二章 外国投资形式 …… 323
第三章 外国投资者的权利、利益与义务 …… 324
第四章 外国投资优惠政策 …… 326
第五章 外国投资申请 …… 328
第六章 外国投资管理 …… 329
第七章 纠纷解决 …… 331
第八章 奖励政策和处罚措施 …… 331
第九章 附 则 …… 332

老挝人民民主共和国经济纠纷解决法

第一部分 总 则 …… 333
第二部分 经济纠纷解决组织 …… 334
第三部分 经济争议解决程序 …… 337
第一章 申 请 …… 337
第二章 调 解 …… 338
第三章 仲 裁 …… 340
第四部分 经济纠纷解决结果的执行 …… 342
第五部分 经济纠纷解决的费用 …… 343
第六部分 经济纠纷解决的管理与检查 …… 344
第七部分 奖励政策和处罚措施 …… 347
第八部分 预算、标志和印章 …… 347
第九部分 附 则 …… 348

老挝人民民主共和国海关法

第一部分 总 则 …… 349

第二部分　报关程序 …… 351
第一章　货物分类和货物原产地 …… 351
第二章　货物报关价值 …… 352
第三章　限制和禁止货物 …… 352
第三部分　报关、缴纳关税和其他义务 …… 353
第一章　报关规定 …… 353
第二章　缴纳关税和其他义务 …… 355
第三章　从仓库或边境海关检查站运走货物 …… 355
第四章　海关文件的保存 …… 356
第五章　报关核查和报关申诉 …… 357
第四部分　已提供担保货物的运输和仓库制度 …… 357
第一章　已提供担保的货物的运输规定 …… 357
第二章　过境货物运输规定 …… 358
第三章　仓库和仓库制度 …… 359
第四章　临时进出口规定 …… 360
第五部分　特殊管控下的货物 …… 362
第六部分　免除关税和其他义务 …… 363
第七部分　经济特区、特别经济区或免税区的关税 …… 364
第八部分　使用船只沿边界河流运送旅客或货物 …… 365
第九部分　海关违法行为 …… 365
第一章　海关违法行为分类 …… 365
第二章　违法责任 …… 368
第十部分　与海关有关的起诉 …… 369
第一章　开展调查 …… 369
第二章　案件供认 …… 370
第三章　起　诉 …… 371
第十一部分　海关部门和活动 …… 372
第一章　海关部门 …… 372
第二章　海关官员的权利和义务 …… 375

第十二部分 海关工作的管理和检查 …… 377
第一章 海关工作管理机构 …… 377
第二章 海关工作检查机构 …… 378
第十三部分 奖励政策和处罚措施 …… 380
第一章 奖励政策 …… 380
第二章 处罚措施 …… 380
第十四部分 附 则 …… 381

老挝人民民主共和国企业法

第一部分 总 则 …… 382
第二部分 企 业 …… 385
第一章 企业的类型、形式和种类 …… 385
第二章 企业登记 …… 386
第三章 企业名称 …… 388
第三部分 个人独资企业 …… 390
第四部分 合伙企业 …… 391
第一章 合伙企业的一般规定 …… 391
第二章 普通合伙企业 …… 393
A. 企业登记以及普通合伙企业内部关系 …… 393
B. 普通合伙企业与第三人的关系 …… 397
C. 普通合伙企业合并 …… 397
D. 普通合伙企业解散 …… 398
E. 普通合伙企业清算 …… 399
第三章 有限合伙企业 …… 403
A. 一般规定和企业登记 …… 403
B. 有限合伙人、有限合伙企业和第三人之间的关系 …… 403
第五部分 公 司 …… 405

第一章　公司的一般规定 …… 405
第二章　有限公司 …… 407
A. 一般规定和公司设立 …… 407
B. 股份和有限公司股份证书 …… 410
C. 有限公司增资或减资 …… 415
D. 有限公司董事和董事会 …… 417
E. 有限公司股东大会 …… 424
F. 有限公司财务 …… 428
G. 有限公司审计 …… 429
H. 有限公司的合并和解散 …… 430
I. 有限公司清算 …… 432
J. 一人有限公司 …… 433
第三章　上市公司 …… 435
A. 一般规定和公司设立 …… 435
B. 上市公司股份及债券 …… 436
C. 上市公司合并 …… 437
第六部分　国有公司 …… 438
第一章　一般规定和国有公司的设立 …… 438
第二章　国有公司股份和债券 …… 441
第三章　国有公司董事和董事会 …… 442
第四章　国有公司股东大会 …… 443
第五章　国有公司的财务和责任 …… 445
第六章　国有公司审计和专项检查 …… 446
第七章　国有公司私有化、合并、解散和清算 …… 447
第七部分　合营公司 …… 448
第八部分　企业管理和检查 …… 448
第九部分　奖励政策和处罚措施 …… 450
第十部分　附　则 …… 452

老挝人民民主共和国增值税法

第一部分 总 则 ······ 454
第二部分 增值税规定 ······ 456
第一章 增值税纳税对象和增值税纳税人 ······ 456
第二章 增值税实施的系统和条件 ······ 458
第三章 增值税计算 ······ 459
第四章 增值税抵扣和返还 ······ 461
第三部分 增值税许可证 ······ 463
第一章 增值税许可证的一般规定 ······ 463
第二章 增值税许可证的特别规定 ······ 464
第四部分 实 施 ······ 465
第一章 增值税申报和缴纳 ······ 465
第二章 保持账目和发票 ······ 466
第三章 有关增值税申诉的解决 ······ 467
第五部分 增值税管理和检查 ······ 468
第一章 增值税管理 ······ 468
第二章 增值税活动的检查 ······ 470
第六部分 奖励政策和处罚措施 ······ 471
第一章 奖励政策 ······ 471
第二章 处罚措施 ······ 472
第七部分 附 则 ······ 474

老挝人民民主共和国劳动法

第一章 总 则 ······ 475

第二章　劳动技能的建设和发展 …………………………………… 477
第三章　工作守则 …………………………………………………… 479
第四章　劳动合同及其终止 ………………………………………… 481
第五章　雇佣妇女和儿童 …………………………………………… 487
第六章　劳动保护 …………………………………………………… 488
第七章　工资和个人所得税 ………………………………………… 489
第八章　劳动事故和职业病 ………………………………………… 492
第九章　社会保障 …………………………………………………… 493
第十章　养老金和补助制度 ………………………………………… 494
第十一章　劳动纠纷解决 …………………………………………… 494
第十二章　劳动管理和检查 ………………………………………… 496
第十三章　奖励政策和处罚措施 …………………………………… 499
第十四章　附　则 …………………………………………………… 499

父子缘，师生缘，民法缘 ………………………………………… 501
——《老挝民商经济法律汇编》后记

老挝人民民主共和国民法典

（2018 年 12 月 6 日第八届老挝国会第六次会议第 109/NA 号决议通过，2019 年 1 月 18 日国家主席令颁布，2020 年 5 月 27 日生效）

第一编　总　　则

第一章　目的及民法的适用范围

第一条　立法目的

本法规定了自然人、法人及组织的权利义务的产生、变更、终止的基本原则、规则及措施。制定本法的目的是维护社会平等、正义、合法性、平稳以及秩序，切实保护自然人、法人、组织、国家及集体的正当权利及利益，实现人民对物质、精神文明的需求，促进老挝各族人民的团结以及维护国家的优良传统习惯，促进社会经济发展。

第二条　民法典

民法典，是指有关自然人、法人以及组织的民事权利义务关系产生、变更、终止的诸多原则体系性集合而成的一部法律。包括物、所有权、家庭、合同债务、非合同债务、继承等内容。

第三条　术语解释

本法的下列用语具有如下意义：

（一）民事关系，是指自然人、法人、组织之间的财产关系或者非财产关系。

（二）偶发事故，是指事先无法预见并且使债务人无法履行其义务的突发客观情况。例如，突然受伤、生病、事故，等等。

（三）不可抗力，是指不能预见、不能克服并且使债务人无法履行其债务的客观情况。例如，洪水、雷害、地震、战争，等等。

（四）损害金，是指责任人用以赔偿他人之损害的一定数额的金钱或者物。

（五）可得利益，是指责任人用以填补受害人正常工作收入损失的一定数额的金钱或者物。

（六）迟延损害，是指因债务人不履行义务债权人应当获得的，债务人用以填补债权人损害的一定数额的金钱。

（七）抚慰金，是指作为被害人精神损害或者死者家属的损害填补，被害人或者被害人的家属获得的一定数额的金钱。

（八）债权人，是指享有请求债务人履行一定义务的权利主体。

（九）债务人，是指对债权人负担某种履行义务之人。例如，物的交付、完成工作、支付金钱或者有悖于债权人利益行为的不作为，等等。

（十）法律行为，是指民事法律行为。

（十一）紧急避险，是指为了躲避危及国家以及他人利益的危险，不得已采取其他措施的行为。但是，紧急避险造成的损害不得超过上述危险可能造成的损害。

（十二）用人者，是指将他人置于自己的管理之下，并使其按照自己的命令或指示履行职务的人。

（十三）债权，是指一方当事人请求另一方当事人履行基于合同或者法律负担义务的权利。

第四条 关于民法典的政策

国家鼓励、促进老挝国民的基本权利及义务，例如，法律面前的平等、权利自由及自愿、对物的权利、所有权、民事权利义务的设立及履行等依据宪法及法律得到尊重和实现，以及民事权利及利益之保护。为了提供促进民事活动的条件，国家制定有关政策及规则，并且普及法律、宣传人民权利应受保障、义务应予履行。

第五条 民法典及其他法律的适用

民法典，是有关民事关系的其他法律条文的基本遵循。

其他法律与民法典规定不一致的，适用本法。

有关民事关系的具体问题民法典没有规定的，应当适用对该问题作出规定的其他法律条文。

第六条 实务习惯及法律中类似规定的适用

实务习惯，是指在一定区域、民族、共同体内部或者特定民事关系中经过长期适用普遍认可的习惯。

民法典没有规定且民事关系中的当事人之间也没有约定的事项，适用对该事项普遍认可的实务习惯。但是，该实务习惯的适用与宪法及法律冲突的除外。

法律中类似规定，是指为解决民法典没有规定的问题所适用的法律规定。

不存在实务习惯之时，可以适用法律中类似规定。

第七条 民法典适用的范围

本法，适用于在老挝人民民主共和国境内发生的老挝国民、外国人、永久居留人及无国籍人、国内外的法人及组织之间的民事关系。但是，老挝人民民主共和国加盟的双边或者多边国际条约另有规定的除外。

民法典的规定与老挝加盟的双边或者多边国际条约冲突时，应当适用国际条约的规定。

第二章 民法典的基本原则

第八条 民事关系基本原则

参与民事关系的人应当遵守以下基本原则：

（一）尊重他人的权利自由及自愿；

（二）法律面前人人平等；

（三）秉持善良及保有良心；
（四）尊重、遵守法律；
（五）尊重国家的优良传统习惯；
（六）对于损害承担民事责任。

第九条 尊重权利自由及自愿

参与民事关系的人，享有按照自己的意思创设自身权利义务的自由。但是，违反国家法令及善良传统习惯的除外。

第十条 法律面前人人平等

参与民事关系的人，不论性别、年龄、职业、经济及社会地位、教育程度、信仰、宗教及民族，在法律面前一律平等。

第十一条 善良意思及良心

参与民事关系的人，在设立、变更、终止权利及义务之时，应当秉持善良及保有良心。

第十二条 尊重及遵守法律

参与民事关系的人，必须确保自己的所有行为合法且不影响国家、共同体的利益及他人的正当权利、利益。

第十三条 尊重国家的优良传统习惯

参与民事关系的人，在行使自己的权利履行自己的义务之时，应当尊重国家的优良传统习惯。

第十四条 对于损害承担民事责任

参与民事关系的人，应当对自己不妥当的作为或者不作为所造成的损害承担责任。例如，损害赔偿、民事义务的履行，等等。

第三章 法律行为

第十五条 法律行为

法律行为，是指自然人、法人以及组织按照自愿的意思表示设立、变更或者终止民事权利义务的行为。

第十六条 法律行为的种类

法律行为分为单独、双方以及多方法律行为。

单独法律行为，是指基于单独意思表示成立的行为。例如，债权人的债务免除、订立遗嘱等。

双方法律行为，是指基于双方当事人相互对应的意思表示成立的行为。例如，买卖、租赁等。

多方法律行为，是指基于多方意思表示成立的行为。例如，合伙、协会的设立等。

第十七条 法律行为的要件

法律行为应当具备下列所有要件：

（一）目的；

（二）自愿；

（三）行为能力；

（四）形式。

第十八条 目的

法律行为的目的，是指实施法律行为的人欲实现的结果。

法律行为的目的，应当明确、实在、合法并不得违反社会秩序且能够实现。

第十九条 自愿性

法律行为的自愿性，是指在进行法律行为之时，通过法律行为不受错误、欺诈、胁迫或者暴力等影响以及不存在显失公平等情形所获得的满足。

错误，是指法律行为与行为人的真意不一致的情形。

欺诈，是指使用欺骗或者其他手段使他人陷入误解，从而实施法律行为的情形。

胁迫或者暴力，是指使用胁迫或者其他手段使他人感到自己、家属以及其他亲属的生命、健康、财产、自由、荣誉、名誉、尊严面临危险或者可能发生危险，从而实施法律行为的情形。

第二十条 行为能力

行为能力，是指自然人、法人或者组织单独实施产生权利及义务的行为的能力。

第二十一条 形式

法律行为，依据本法或者其他相关法律规定采取书面、口头或者其他形式。

第二十二条 无效法律行为

无效法律行为，是指不符合本法第十七条规定要件的法律行为。

无效法律行为，分为绝对无效或者相对无效，全部无效或者部分无效。

第二十三条 绝对无效的法律行为

绝对无效的法律行为，是指与国家、社会的权利或者利益抵触的法律行为。有下列情形之一的，法律行为归于绝对无效：

（一）影响国家安宁、社会平稳及正常秩序的；

（二）法人实施的法律行为违反其组织及行为章程的；

（三）以合法形式掩盖非法目的的；

（四）没有采用法律规定的特定形式的。

绝对无效的法律行为自始无效，行为人不具有追认其法律行为的权利。

第二十四条 相对无效的法律行为

相对无效的法律行为，是指有悖于个人权利或者利益的法律行为。有下列情形之一的，法律行为归于相对无效：

（一）欠缺自愿性的，例如，因错误、欺诈、胁迫或者暴力实施的法律行为，以及显失公平的法律行为；

（二）无行为能力人实施的；

（三）无意识或者深度醉酒的人实施的；

（四）代理人恶意实施的；

（五）乘人之危的。

权利或者利益受损的当事人追认相对无效的法律行为的，该法律行为有效。

第二十五条 全部或者部分无效的法律行为

全部无效的法律行为，是指全部内容不能得到适用的法律行为。

部分无效的法律行为，是指部分内容不能得到适用的法律行为。

第二十六条 绝对无效之认定

法院依据法律行为实施主体的请求或者人民检察院检察长的指示，对法律行为是否无效进行审理。

第二十七条 相对无效法律行为之撤销请求

因相对无效法律行为受到损害的人主张解除该法律行为之时，应当及时通知对方。对方提出异议的，解除方可以请求法院撤销该法律行为。

第二十八条 法律行为无效的法律后果

绝对无效的法律行为自始不具有法律效力。

法律行为损害国家安宁、社会平稳及正常秩序的，已履行的财产全部收归国家所有。

法律行为符合本法第二十三条第一款第二项、第三项及第四项规定的，当事人相互返还已交付的标的物或者利益。

相对无效的法律行为自始不具有法律效力。但是，不得对抗善意第三人。

基于欺诈、胁迫或者暴力实施相对无效法律行为或者因显示公平归于相对无效的，受到损害的一方有权请求返还原物或者获得赔偿，但另一方当事人交付的标的物收归国家所有。

基于错误或者本法第二十四条第一款第二项、第三项、第四项及第五项规定的原因实施相对无效法律行为的，倘若受到损害的当事人不予以追认，交付的标的物或者利益应当予以返还，未履行的部分终止履行。

第二十九条 附条件的法律行为

附条件的法律行为，是指将不确定的事实规定为条件，并依据该条件确定生效与否的法律行为。

第三十条 附期限的法律行为

附期限的法律行为，是指规定确定到来的期限，并依据此期限确定生效与否的法律行为。

第四章 代　理

第三十一条 代理

代理，是指一人以他人（以下，称为本人）之名义为该他人的利益与第三人实施法律行为或者行为。

代理分为法定代理和依据合同产生的代理。

第三十二条 法定代理

法定代理，是指依据法律直接规定或者拥有法定权限的组织指定产生的代理。

法定代理人包括父母、监护人、管理人，等等。

第三十三条 依据合同产生的代理

依据合同产生的代理，是指为了与第三人实施法律行为或者特定行为，本人通过合同向他人授予代理权的代理。

第三十四条 法律行为对本人的生效要件及法律后果

代理人有代理权，且通知第三人自己作为代理人以本人的利益实施法律行为的，代理人实施法律行为的效力归属于本人。

第三十五条 代理人以自己的名义实施的法律行为

代理人以自己的名义与第三人实施法律行为没有表示代理的意思的，法律行为的效力归属于代理人。但是，第三人知道或者应当知道代理人是为本人的利益实施法律行为的除外。

第三十六条 代理人的权利及义务

代理人依照合同或者法律规定享有权利、负担义务。

代理人不得以本人的名义与自己或者与自己有利害关系的第三人实施法律行为，也不得担任该第三人的代理人。

第三十七条 本人的权利及义务

本人依照合同或者法律规定享有权利、负担义务。

第三十八条 复代理

法定代理人有权选任或者委托他人为复代理人。但是，应当对该复代理人的行为承担责任。

客观上不得不转委托的，依据合同获得代理权的代理人有权选任或者委托复代理人。但是，代理人应当及时通知本人复代理人的品德、能力并征得其同意。代理人怠于通知的，代理人应当对复代理人的行为对本人造成的损害承担责任。

第三十九条 复代理人的权利及义务

复代理人在受委托的范围内对本人及第三人享有与代理人相同的权利及义务。

第四十条 无权代理人实施法律行为的效力

行为人没有代理权限，实施对本人产生权利或者义务的法律行为的，应当对该法律行为承担责任。但是，本人追认的除外。

本人知道或者应当知道无权代理人实施的法律行为，却不反对、不提出异议或者提供帮助的，视为本人追认该法律行为。因此造成的损害，本人也应当承担责任。

相对人知道行为人没有代理权限的，可以书面通知本人在指定期限内予以追认。本人在指定期限内没有回复的，视为拒绝追认，相对人可以解除该法律行为且有权请求赔偿损失。但是，相对人在实施法律行为之时知道或者应当知道行为人没有代理权的除外。

第四十一条 越权代理

代理人超越自己的权限实施法律行为的，由代理人对该法律行为承担责任。但是，本人追认的除外。

相对人有合理理由相信越权代理人有代理权限的，代理人实施的越权代理行为视为有效。

相对人知道代理人超越代理权限实施法律行为的，可以书面通知本人在指定期限内予以追认。本人在指定期限内没有回复的，视为拒绝追认，相对人可以解除该法律行为且有权请求赔偿损失。但是，相对人在实施法律行为之时知道或者应当知道代理人越权代理的除外。

代理人与第三人以造成本人损害为目的实施越权代理法律行为的，应当对本人的损害承担连带责任。

第四十二条 代理的终止

有下列情形之一的，法定代理终止：

（一）对未成年人监护的终止；

（二）对限制或者丧失行为能力人的监护终止；

（三）本人或者代理人死亡、解散或者破产；

（四）法律规定的其他情形。

有下列情形之一的，依据合同产生的代理终止：

（一）代理合同终止；

（二）法律规定的其他情形。

第五章 期 间

第四十三条 期间

期间，是指以起算点和终止点确定的参与民事关系的人可以行使权利应当履行义务的时间。

第四十四条 期间的规定

期间，应当规定期间的范围，期间的适用以及计算，起算点及终止点。

第四十五条 期间范围

期间根据秒、分、时、日、周、月、年或者某种事实的发生确定。

约定为周初、周中、周末、月初、月中、月末、年初、年中、年末的，应当按照下列标准履行：

（一）周初，是指该周的周一至周二的期间；

（二）周中，是指该周的周三至周四的期间；

（三）周末，是指该周的周五至周日的期间；

（四）月初，是指该月的一日至十日的期间；

（五）月中，是指该月的十一日至二十日的期间；

（六）月末，是指该月的二十一日至最后一日的期间；

（七）年初，是指该年的一月初至四月末的期间；

（八）年中，是指该年的五月初至八月末的期间；

（九）年末，是指该年的九月初至十二月末的期间。

第四十六条 期间的适用及计算

期间的适用及计算适用本法第四十五条规定。但是，法律、判决另有规定或者当事人另有约定的除外。

第四十七条 期间的起算

期间按照分或者时确定的，从行为开始之时计算。但是，法律、法院的命令另有规定或者当事人另有约定的除外。

期间由日、周、月、年确定的，从下一天开始计算。

不能按照日确定期间的，从下一个月一日开始计算。

期间按照自然灾害等特定事实的发生确定的，从该事实发生之日起开始计算。

更新期间时没有规定起算点的，下一个期间从前一个期间终止的下一天开始计算。

第四十八条 期间的终止

有下列情形之一的，期间终止：

（一）期间按照分或者时计算的，期间的最后一分钟经过期间终止；

（二）期间按照日、周、月、年来计算的，最后一天经过期间终止；

（三）期间的最后一天是法定节假日并且在当日实际履行的，以节假日为期间的最后一天。但是，在法定节假日没有实际履行的，以节假日的次日为期间的最后一天。

（四）期间根据自然灾害等事实确定的，以政府公告之日为期间的最后一天。没有政府公告的，以恢复通常状况之日为期间的最后一天。

第六章 时 效

A. 时 效

第四十九条 时效

时效，是指依照法律规定，作为民事权利取得或者丧失事由的一定期间。

第五十条 时效的种类

时效分为以下两种类型：

（一）取得时效；

（二）消灭时效。

第五十一条 取得时效

取得时效，是指一人基于对一物如同自己所有物一般善意、公然、持续且平稳地占有使用，可以取得该物的权利的事由。不动产的取得时效期间为二十年，动产的取得时效期间为五年。

第五十二条 消灭时效

消灭时效，是指作为权利终止事由的一定期间。因权利人不行使依据建设工程合同产生的权利消灭时效为十年，依据其他合同产生的权利以及损害赔偿或者其他请求权的消灭失效为三年。但是，法律另有规定的除外。

第五十三条 时效的援引

当事人没有援引时效的，法院不得适用时效。

第五十四条 时效法定

当事人不得变更本法规定的时效。

第五十五条 时效期间届满之后对债务或者其他义务的承认

时效期间届满之后债务人同意清偿债务或者履行其他义务的，债务人应当在同意之日开始时效期间届满之前履行。

本条第一款规定对保证人等第三人不具有效力。

占有人在时效期间届满之后同意返还占有物于原所有人的，物的所有权归属于原所有人。

第五十六条 不适用时效规定的情形

下列请求，不适用时效规定：

（一）国家对物的请求；

（二）对国家负担义务的履行请求。但是，法律另有规定的除外；

（三）关于不具有财产性质的人格权保护的请求。

B. 时效的计算

第五十七条 时效的计算

时效应当依据下列各项规定计算：

（一）权利取得的，从开始占有之日开始计算，时效期间届满之日终止；

（二）权利消灭的，从可以行使请求权之日开始计算，时效期间届满之日终止。

债务人下落不明的，时效从债权人知道或者应当知道债务人下落之时或者知道债务人最后住所之时开始计算。

第五十八条 第三人代替原占有人继续占有的情形

第三人代替原占有人继续占有的，时效期间从最初占有人开始占有之日开始计算。

C. 时效的中止、中断及期间届满

第五十九条 时效的中止

时效的中止，是指因发生权利人无法请求或者提起诉讼的事实，暂停计算时效期间。包括债务人下落不明、洪灾、地震，等等。

时效的停止，从上述事实的发生之日开始，事实终结之日终止，或者依照政府公告确定。

停止期间，暂停计算时效期间，停止事由终结之后从停止之日开始继续计算时效期间。

第六十条 时效的中止事由

有下列情形之一的，时效中止：

（一）突发事故或者不可抗力；

（二）无行为能力人没有法定代理人。

第六十一条 时效的中断

时效的中断，是指对既已经过的期间不进行时效期间的计算。

有下列情形之一的，时效中断：

（一）权利人请求义务人履行义务或者向法院提起诉讼；

（二）义务人同意履行债务或者其他义务。

本条第二款规定情形发生的，时效期间重新计算。

第六十二条 时效中断的法律后果

时效中断的效力，不及于当事人或者其继承人之外的人。

请求共同权利的履行或者提起共同诉讼的，时效中断的效力及于其他权利人。

请求债务人履行债务或者提起诉讼的，时效中断的效力及于保证人。

共同债务人之中一人同意履行债务或者实际支付债务的，时效中断的效力及于其他共同债务人。

共同继承人之中一人提出的继承请求或者承认其他共同继承人权利的，时效中断的效力及于其他共同继承人。

第二编　自然人及法人

第一章　自 然 人

A. 自然人的权利能力

第六十三条　自然人的权利能力

自然人的权利能力，是指自然人依照法律规定享有权利，承担义务的能力。权利能力，始于出生终于死亡。

老挝国民平等地享有权利能力。

外国人、永久居留外国人以及无国籍人与老挝国民享有平等的权利能力。但是，法律或者条约另有规定的除外。

第六十四条　自然人权利能力的内容

自然人权利能力的内容，是享有法律规定的权利和承担法律规定的义务。

B. 人 格 权

第六十五条　人格权

人格权，是所有人都拥有的特殊权利，属于不得赠与或者转让的权利，包括生命权、身体权、健康权、自由、名誉、荣誉、标识、隐私及其他有关个人利益的权利。

第六十六条　人格权的保护

人格权，是受宪法和法律保护，不受他人侵犯的权利。但是，法律另有规定的除外。

人格权受到侵害的，权利人有权请求加害人停止侵害且恢复原状。没有得到合理解决的，权利人有权请求有关部门解决。除权利恢复原状之外，权利人也有依照法律规定请求损害赔偿的权利。

C. 自然人的行为能力

第六十七条 自然人的行为能力

自然人的行为能力，是指独立行使权利，履行义务的能力。

第六十八条 无行为能力人

无行为能力人，是指未成年人、行为能力受到限制或者丧失的人。

第六十九条 成年人与未成年人

成年人，是指满十八岁的人。

成年人具有完全行为能力，但行为能力受到限制或者丧失的除外。

未成年人，是指未满十八岁的人。

未成年人具有不完全行为能力。

第七十条 限制行为能力人

限制行为能力人，是指因毒瘾、精神药品成瘾或者其他理由，不具有控制对自己以及他人的物或者利益造成损害的行为的能力或者缺乏预见损害结果发生的能力，法院判决行为能力受有限制的人。

第七十一条 丧失行为能力人

丧失行为能力人，是指依据其精神状态不具有行动能力或者无法认知自己行为的后果，法院判决行为能力丧失的人。

第七十二条 未成年人的民事活动参与

未成年人进行民事活动必须征得父母或者监护人的同意。但是，进行与其年龄相符且与日常生活相关的民事活动的除外。

未成年人实施法律行为未征得父母或者监护人同意的，该法律行为无效。

第七十三条 未成年人的经营

经父母或者监护人同意，未成年人可以根据法律从事生产经营。在经营行为范围内，该未成年人享有与成年人同等的行为能力。

第七十四条 未成年人的劳动

取得父母或者监护人同意的未成年人，可以依照劳动法及有关法律参加劳动。

第七十五条 限制行为能力人或者丧失行为能力人的判定申请

父母、监护人、管理人、检察院检察长或者有关机关，有权请求法院判定其照顾的人为限制行为能力人或者丧失行为能力人。

法院判定限制或者丧失行为能力的，应当指定监护人。

第七十六条 认定限制行为能力人判决的效力

认定限制行为能力人的判决作出之后，没有征得监护人的同意或者不是由监护人代理的法律行为归于无效。但是，为了日常生活实施法律行为的除外。

限制行为能力人恢复正常状态的，本人或者利害关系人有权申请法院撤销限制行为能力判决。

第七十七条 认定丧失行为能力人的判决的效力

行为能力丧失判决作出之后，丧失行为能力人不得独自进行法律行为，监护人作为法定代理人为其利益实施法律行为。

丧失行为能力人恢复至正常状态的，本人或者利害关系人有权申请法院撤销丧失行为能力判决。

D. 限制行为能力人或者无行为能力人的监护

第七十八条 限制行为能力人或者丧失行为能力人的监护

为了维护限制或者丧失行为能力人的权利及利益，依照本法以及其他法律规定，应当由监护人对其进行保护。

第七十九条 法院指定监护人的要件

监护人，是指为了照顾丧失或者限制行为能力人，保护其权利以及利益，法院通过判决指定的人。

指定监护人必须满足下列要件：

（一）有行为能力；

（二）没有因故意犯罪判处自由刑；

（三）没有被判决破产；

（四）没有被禁止担任监护人。

第八十条 监护人的权利及义务

限制或者丧失行为能力人的监护人有下列权利：

（一）为了照顾被监护人使用其财产；

（二）为了管理、保护被监护人的财产支付必要费用；

（三）对限制行为能力人实施的重要或者高额法律行为提出意见；

（四）为了保护被监护人的权利及利益，作为代理人实施法律行为。

限制或者丧失行为能力人的监护人负有下列义务：

（一）照顾被监护人且保障其获得疗养、护理；

（二）作为代理人实施法律行为；

（三）管理、保护被监护人的财产；

（四）保护被监护人的正当权利及利益；

（五）依据本法第四百八十六条规定，对被监护人行为造成的损害承担责任。

第八十一条 监护人资格的撤销，辞去或者变更监护人

有下列情形之一的，可以撤销，辞去监护人资格或者变更监护人：

（一）不符合本法第七十九条规定的要件；

（二）监护人死亡或者失踪；

（三）作为监护人的组织停止活动；

（四）监护人不具有履行义务的能力、不适当履行或者严重违反其义务；

（五）监护人依据正当理由请求变更。

第八十二条 监护的移交

监护人变更的，原监护人应当在新监护人指定之日起十五日内将监护移交于新监护人。应当记录监护的移交。

移交记录应当记载下列事项：

（一）移交的理由；

（二）移交时被监护人的财产目录。

监护移交记录必须取得村长或者法院许可。

依据本法第八十一条的规定监护人辞去监护或者变更监护人的，法院通过判决指定新监护人。

第八十三条 监护的终止

有下列情形之一的，监护终止：

（一）法院判决被监护人的行为能力完全恢复；

（二）被监护人死亡。

第八十四条 监护终止的效力

法院判决被监护人恢复行为能力的，监护人应当自终止监护之日起三个月内清算被监护人的财产，并将剩余财产返还被监护人。

被监护人死亡的，监护人应当自终止监护之日起三个月内清算被监护人的财产，并将剩余财产返还被监护人的继承人。被监护人死亡继承开始的，适用本法第七编的相关规定。

E. 住　　所

第八十五条 住所

自然人的住所，是指家庭登记中记载的场所或者实际居住的场所。

自然人的住所无法确定的，最后居所视为住所。

第八十六条 未成年人的住所

未成年人以父母的住所为其住所。父母各自有不同住所的，以与子女共同生活一方的住所为子女的住所。

父母双方或者一方同意的，未成年人可以具有与父母不同的住所。

第八十七条 被监护人的住所

被监护人以监护人的住所为其住所。

法律规定或者监护人同意的，被监护人可以具有与监护人不同的住所。

第八十八条 夫妻的住所

夫妻的住所为二人共同生活的场所。

夫妻依照约定可以具有不同的住所。

第八十九条 军人、警察的住所

保卫国家、守护和平的军人、警察以及执勤中的公务员，以工作场所或者常驻地为住所。但是，具有通常住所的除外。

第九十条 囚犯的住所

被判处自由刑的囚犯，以对其进行改造的设施为住所。

第九十一条 外国人、永久居留外国人及无国籍人的住所

在老挝人民民主共和国工作或者旅游的外国人，以向入境管理警察或者外国人管理警察申报的地址为住所。

永久居留外国人或者无国籍人，以家庭登记中记载的场所为住所。

F. 失踪及宣告死亡

第九十二条 失踪

失踪者，是指从家人身边或者住所下落不明满二年或者因战争、灾害及事故下落不明满六个月，并经法院宣告失踪的人。

失踪期间从失踪人最后有音讯之日开始计算，不能确定最后有音讯的

具体日期的，从下一个月的第一天开始计算，不能确定月份的，从下一年的一月一日开始计算。

因事故下落不明的，失踪期间从事故发生之日开始计算。因战争或者灾害下落不明的，从战争或者灾害结束之日开始计算。

第九十三条 有权申请宣告他人失踪之人

自然人下落不明的，配偶、父母、亲戚、组织及其他利害关系人有权申请法院宣告失踪。

第九十四条 失踪登记

法院作出宣告自然人失踪判决的，申请人应当按照家庭登记法的规定向失踪人家庭登记地的市级司法局办理失踪登记。

失踪人没有进行家庭登记的，应当向其经常居住地的市级司法局办理失踪登记。

第九十五条 宣告失踪的效力

宣告失踪的判决有以下效力：

（一）须指定被宣告失踪人的财产管理人；

（二）被宣告失踪人的夫或者妻有权申请离婚或者分割夫妻财产；

（三）债务人被宣告失踪的，债权人有权申请法院从债务人的财产中支付其债权；

（四）被宣告失踪人的财产管理人依照法律规定享有权利，承担义务，例如，为子女的教育或者失踪人的利益处分财产。

第九十六条 失踪宣告的撤销

被宣告失踪人重新出现或者有确切证据证明其生存的，本人或者利害关系人有权申请法院撤销宣告失踪判决。

法院撤销宣告失踪判决的，被宣告失踪人在法律上的权利以及义务得到恢复。但是，法院的离婚判决或者已经合法处分的财产除外。

第九十七条 宣告死亡

宣告死亡，是指自然人从家人身边或者住所下落不明满三年或者因战争、灾害以及事故下落不明满二年，法院通过判决宣告其死亡的情形。

下落不明期间的计算适用本法第九十二条第二款以及第三款的规定。

第九十八条 有权申请宣告他人死亡之人

本法第九十三条规定的自然人或者组织有权申请宣告他人死亡。

第九十九条 死亡宣告的登记

法院作出宣告死亡判决的，申请人应当依照家庭登记法的规定向失踪人家庭登记地的市级公安局办理死亡登记。

失踪人没有进行家庭登记的，应当向其经常居住地的市级公安局办理死亡登记。

第一百条 宣告死亡的效力

法院的宣告死亡判决有下列效力：

（一）夫妻关系终止；

（二）继承开始。

第一百零一条 死亡宣告的撤销

被宣告死亡人重新出现或者有确切证据证明其生存的，本人或者利害关系人有权申请法院撤销宣告死亡判决。

法院撤销宣告死亡判决的，被宣告死亡人在法律上的权利及义务得到恢复。但是，配偶再婚时的被宣告死亡人与配偶之间的夫妻关系以及已经合法处分的财产除外。

第二章 法　　人

A. 一 般 原 则

第一百零二条 法人

法人，是指依照法律规定完成登记，与自然人相同可以参与民事关系，享有权利，承担义务，并且有成为原告或者被告资格的组织。

法人有下列特征：

（一）有自己的章程；

（二）依照法律规定办理登记；

（三）设有法人代表、业务活动机构等组织机构；

（四）拥有财产，独立承担债务；

（五）享有独自进行法律行为的自由。

第一百零三条 法人的权利能力

法人的权利能力，是指法人依据章程中规定的目的或者有关法律、政令享有权利，承担义务的能力。

法人的权利能力，始于依法成立之日。

依照老挝人民民主共和国法律批准设立的外国法人，与老挝人民民主共和国法人享有同等的权利，负担同等的义务。但是，法律另有规定的除外。

第一百零四条 法人的行为能力

法人的行为能力，是指单独行使权利，履行义务的能力。

法人的行为能力，始于合法成立之日，终于法人终止之日。

第一百零五条 法人的设立

法人设立有以下方式：

（一）人的集合；

（二）物的集合。

法人可以由一人设立，此种法人称为一人公司。

第一百零六条 以人的集合方式设立的法人

以人的集合方式设立的法人，是为了以企业形态从事营利活动或者以协会形态从事非营利活动，两人以上的具有相同意图及目的的自然人的集合。

第一百零七条 以物的集合方式设立的法人

以物的集合方式设立的法人，是为了以财团的形态从事非营利活动，具有相同意图及目的的人或者集体出资而成的资本、财产或者物资的集合。

第一百零八条 法人章程

法人章程，是指成员及有关人员处理业务时参照适用的有关法人目的、组织及活动的规定。法人章程应当取得法人成员的同意，同时必须依照法律规定取得有关部门的批准。

法人章程主要包括以下内容：

（一）法人的名称；

（二）活动的目的及范围；

（三）法人的住所；

（四）注册的资本，没有的除外；

（五）法人的组织机构及经营管理；

（六）章程内容的修改或者变更；

（七）合并、分立以及解散；

（八）以人的结合方式设立法人的，成员资格、成员享有的权利及承担的义务；

（九）以财产结合的方式设立法人的，出资人、资本目录及资本数额；

（十）纠纷解决方式。

修改或者变更章程内容的，必须依照法律规定通知有关部门。

第一百零九条 法人的名称

法人的名称，依照相关法律，应当用老挝语以及/或者外国语记载，并且明示法人的设立方式。

依法得到批准的法人名称受法律保护。

法人应当以自己的名称从事活动。

第一百一十条 法人的住所

法人以其主要办事机构的所在地为住所。

法人的住所为法人的联系地址。法人可以选择分支机构或者代理办事处等其他场所作为联系地址。

第一百一十一条 法人的组织机构以及经营管理

法人应当设组织机构。

法人的组织机构以及经营管理应当在法人章程或者法人设立合意中作出规定。

第一百一十二条 法人代表

法人代表，是指依据法人章程或者法律代表法人从事活动的法人的代理人，例如经理或者董事。

经理或者董事将自己的权限授予他人的，该第三人为复代理人。

法人按照章程可以拥有一名或者数名代表。

存在法人代表与法人的利益相互冲突的业务的，法人代表无权代表法人进行与该业务有关的活动。但另有约定或者法人章程中另有规定的除外。

第一百一十三条 法人代表的变更

法人依照法人章程及法律规定变更法人代表或者变更、限制法人代表的权限的，该变更或者修改有效。但对善意第三人不具有效力。

第一百一十四条 法人代表的解任

有下列情形之一的，法人代表丧失其代表资格：

（一）任期届满；
（二）被撤销资格；
（三）法院判决选任程序违法、法人代表丧失行为能力或者破产；
（四）死亡、辞职、不符合法人代表的要件。

第一百一十五条 法人的责任

法人应当对其代表的行为承担责任。法人代表超越权限实施经营行为的，适用本法第四十一条的规定。

法人对法人代表以外其他成员的行为不承担责任。

各类法人依照特别法的规定对其债务承担责任。

第一百一十六条 法人的变更

依法设立并完成登记的法人可以依照章程、合意、有关法律规定进行合并、分立等变更。

第一百一十七条 法人的合并

法人依照章程规定或者合并法人的合意并经有关机关许可，可以进行合并。

第一百一十八条 法人的分立

法人依照其章程规定并经有关机关许可，可以分立为数个法人。

第一百一十九条 法人的解散

有下列情形之一的，法人解散：
（一）有章程规定的解散事由；
（二）实现法人设立目的或者目的无法实现；
（三）法院作出破产判决；
（四）法院作出解散判决；
（五）法律规定的其他情形。

第一百二十条 清算

法人依照本法第一百一十九条规定解散的，应当依法进行全面清算。

B. 协　　会

第一百二十一条　协会

协会，是指任意设立，不以营利为目的，而是为了维护其成员或者共同体的权利与正当利益正常进行活动的社会性组织。

第一百二十二条　协会的法人地位

依照本法或者其他法律设立的协会具有法人地位。

第一百二十三条　协会的种类以及活动范围

协会包括：

（一）经济型协会；

（二）职业培训、技术以及文艺创作型协会；

（三）社会福祉事业型协会以及其他协会。

根据活动范围协会可以分为：

（一）全国性协会；

（二）在省或者首都范围内活动的协会；

（三）市、经济特区、特别市范围内活动的协会；

（四）村范围内活动的协会。

协会在获得许可的范围内可以设立分支机构或者代理办事处。

第一百二十四条　协会的设立要件

协会设立必须满足下列要件：

（一）目的不得违反宪法、法律以及国家、地方、少数民族的善良风俗，且不得危及国家安宁、社会秩序以及他人的权利和自由；

（二）设立人应是依照本法规定具有行为能力的自然人或者法人；

（三）定有章程，且拥有确保能实现协会目的的经营场所和财产；

（四）自愿加入协会的会员人数充足。

第一百二十五条 协会的设立申请

协会的设立，应当按照有关法令规定的要件、规则、程序进行申请。

第一百二十六条 协会的章程

协会应当制定名称和章程。章程应当具备本法第一百零八条及其他有关政令规定的内容。

第一百二十七条 协会的组织机构以及经营管理

协会应当设组织机构。

协会组织机构的设置和经营管理由该协会章程及协会成立协议规定。

第一百二十八条 协会的会员大会

协会的会员大会是协会的最高权力机构。会员大会应当按照协会章程的规定召开。

第一百二十九条 协会的合并、分立以及解散

协会合并、分立、解散的，分别适用本法第一百一十七条、第一百一十八条、第一百一十九条规定。

C. 财　　团

第一百三十条 财团

财团，是指具有法人地位，拥有为实现公共利益使用的资本、特定财产，并且从事文化、教育、环境、保健、体育、科学、慈善、人道等领域的业务，不以营利为目的的社会性组织。

财团的财产只能用于财团目的的实现，不得用于个人利益的满足。

第一百三十一条 财团的活动范围

根据活动范围，财团可以分为：

（一）全国性财团；

（二）省或者首都范围内活动的财团；

（三）市、经济特区、特别市范围内活动的财团。

第一百三十二条 财团的设立要件

财团的设立应当满足下列要件：

（一）目的不得违反宪法、法律以及国家、地方、少数民族的善良风俗，且不得危及国家的安宁、社会秩序、他人的权利和自由；

（二）设立人是依照本法的规定具有行为能力的自然人或者法人；

（三）定有章程，并且拥有确保能实现协会目的的经营场所和财产。

第一百三十三条 财团的设立申请

财团的设立申请，应当按照法律及相关法规规定的要件、规则、程序进行。

第一百三十四条 财团的章程

财团应当制定名称和章程。章程应当具备本法第一百零八条及其他有关政令规定的内容。

第一百三十五条 财团的组织机构以及经营管理

财团应当设组织机构。

财团组织机构的设置以及经营管理由财团章程及财团设立协议规定。

第一百三十六条 财团的合并、分立以及解散

财团可以按照设立人的意思合并、分立、解散。

财团合并、分立、解散的，分别适用本法第一百一十七条、第一百一十八条、第一百一十九条的规定。

第三编 家　　庭

第一章 基本原则

第一百三十七条 家庭

家庭，是指由夫、妻、子以及其他家庭成员构成，共同生活且完成家庭登记的社会结构的基本单位。

第一百三十八条 家庭关系

家庭关系，是指通过婚姻登记、生育子女、收养他人子女等产生，并且在成员之间存在作为家庭的权利及义务的关系。

家庭关系的形成不受出生、社会经济地位、人种、民族、受教育程度、职业、宗教、居住地及其他因素的影响。

第一百三十九条 亲族及亲族的等级

家庭关系中亲族由血亲以及姻亲构成。

1. 血亲分为，直系血亲和旁系血亲。

1.1　直系血亲分为，上位直系血亲和下位直系血亲。

上位直系血亲分三等：

父母；

祖父母；

曾祖父母。

下位直系血亲分三等：

子女；

孙子女；

曾孙子女。

养子女享有与亲生子女相同的身份。

1.2 旁系血亲分三等：

兄弟姐妹；

兄弟姐妹的子女；

叔父叔母。

2. 姻亲分为三等：

继子女；

夫妻双方的父母；

夫妻双方的兄弟姐妹。

第一百四十条 家庭关系中的男女平等

在家庭关系中男女享有平等的权利。

第一百四十一条 婚姻自由

成年男女享有依照国家的善良风俗，自愿且基于爱情选择丈夫或者妻子的权利。

任何人、家庭或者组织都无权强制或者妨碍其子女或者孙子女、其他家庭成员、所管理的职工或者公务员的婚姻。

第一百四十二条 一夫一妻制

婚姻必须遵守一夫一妻的原则。

第一百四十三条 母子利益的保护

国家及社会，不论夫妻是否共同生活、是否别居、有无离婚，都应当最优先考虑对母子正当权利及利益的保护。

第一百四十四条 家庭的发展

国家促进所有国家机关、社会、经济单位及全体国民对幸福、理想、文明的家庭观的树立和家庭进步、团结、温暖、正义、文明的发展。

第二章 婚约及订婚

第一百四十五条 婚约

男女相爱但尚不具备结婚条件之时，依照传统习俗，以男方交付财产或者贵重物品于女方为前提，签订有关婚约的协议。

婚约的订立系男女双方的自由，但婚约不具有法律效力。

第一百四十六条 婚约的不履行

男女之间存在本法第一百四十五条规定婚约之时，男方没有充分理由违反婚约且婚约中约定男方向女方交付财物或者贵重物品的，未向女方交付的应当继续交付，已向女方交付的归女方所有。

女方没有充分理由毁约且婚约中约定男方向女方交付财物或者贵重物品的，男方未向女方交付的终止履行，已向女方交付的女方应当返还给男方。

第一百四十七条 订婚

男女相爱并约定结为夫妻的，男方应当与其父母、年长者或者同事一同访问女方父母、年长者，依照传统习俗、男方及女方的经济能力及现实条件，协商订婚财礼、婚礼并进行记录。

第一百四十八条 订婚的不履行及损害赔偿

一方当事人没有充分理由不履行订婚约定，造成女方或者男方的名誉、尊严的损害或者另一方为了准备婚礼支出费用的，不履行一方应当承担损害赔偿责任。

第一百四十九条 婚前性行为

结为夫妻之前男女发生性行为，但男方不娶女方为妻子的，该男方依照传统习俗应当赔偿女方或者女方家属疗养费、抚慰金、仪式费用。当女方不嫁给男方的，男方不得请求支付抚慰金、仪式费用。

女方怀孕的，除了仪式费用之外男方还应当支付分娩或者流产费用、产后费用以及其他费用。

任何情况下，男方都应当承担子女成年之前的抚养义务。

第三章 婚 姻

A. 婚姻的要件及规则

第一百五十条 婚姻的要件

欲通过婚姻结为夫妻的男女应当满足下列要件：

（一）年满十八岁；

（二）男女相爱并自愿达成合意；

（三）未婚，已离婚、配偶已经死亡且存在有法律效力的证明文件。

第一百五十一条 婚姻禁止

有下列情形的，禁止婚姻：

（一）同性之间；

（二）近亲属之间，即父母、祖父母、外祖父母及其长辈与子女、孙子女、曾孙子女及其晚辈之间；养父母与养子女之间；继父母与继子女之间；亲生子女与亲生子女、养子女、继子女之间；养子女与养子女、继子女之间；叔父母与甥侄之间。

继子女之间，父母离婚之后可以结为夫妻。

第一百五十二条 婚姻登记

欲结为夫妻的男女，应当向男女双方或者任何一方居住地的市级公安局家庭登记官提交书面申请。

男女双方满足婚姻要件的，家庭登记官通知该男女双方到场，并在三位证人在场见证之下，进行婚姻登记。

男女之间夫妻关系自婚姻登记之日起成立。

第一百五十三条 婚礼

婚礼可以举行也可以不举行，可以在婚姻登记之日举行也可以在其后举行。但婚礼不具有法律效力。

婚礼的举办，依照国家的善良传统习俗并应当节俭。

B. 涉外婚姻

第一百五十四条 老挝国民与外国人、永久居留外国人、无国籍人在老挝人民民主共和国境内的婚姻

关于婚姻及家庭关系，外国人、永久居留外国人、无国籍人享有与老挝国民同等的权利，承担同等的义务。

老挝人民民主共和国境内的老挝国民与外国人、永久居留外国人、无国籍人之间的婚姻，应当按照本法第一百五十条至第一百五十二条的规定进行。

老挝人民民主共和国境内的老挝国民与外国人、永久居留外国人、无国籍人之间的婚姻，可以按照家庭登记法的规定向男女双方居住地的市级内务局办理登记。

第一百五十五条 外国人、永久居留外国人、无国籍人之间在老挝人民民主共和国境内的婚姻

老挝人民民主共和国境内的外国人、永久居留外国人、无国籍人之间的婚姻，可以依照老挝人民民主共和国的法律或者结婚男女一方国籍国的法律进行。

依照结婚男女一方国籍国法律婚姻之时，应当在该国大使馆或者领事馆办理婚姻登记。

老挝人民民主共和国境内的外国人、永久居留外国人、无国籍人之间的婚姻，可以向男女双方或者一方居住地的市级内务局或者与结婚男女国籍国驻老挝人民民主共和国大使馆或者领事馆办理登记。

第一百五十六条 老挝国民之间在老挝人民民主共和国境外的婚姻

老挝人民民主共和国承认，老挝人民民主共和国国民在老挝人民民主共和国境外按照老挝人民民主共和国法律缔结的婚姻。

老挝国民在老挝人民民主共和国境外缔结的婚姻，依照家庭登记法的规定可以向老挝人民民主共和国驻该国使馆的家庭登记部门办理登记。

第一百五十七条 老挝国民与外国人、永久居留外国人、无国籍人在老挝人民民主共和国境外的婚姻

老挝人民民主共和国承认老挝国民与外国人、永久居留外国人、无国籍人在老挝人民民主共和国境外依照婚姻男女居住国家的法律缔结且符合老挝人民民主共和国法律的婚姻。此时，婚姻男女应当通知老挝人民民主共和国驻婚姻男女居住国家大使馆或者领事馆。

老挝国民与外国人、永久居留外国人、无国籍人在老挝人民民主共和国境外的婚姻，可以向老挝人民民主共和国驻结婚男女居住国家使馆的家庭登记部门办理登记，但应当遵守该国家的相关法律。

C. 无效婚姻

第一百五十八条 无效婚姻

违反下列规定的婚姻无效：

（一）本法第一百五十条规定的婚姻要件；

（二）本法第一百五十一条规定的婚姻禁止。

第一百五十九条 无效婚姻的撤销

夫妻一方、夫妻一方的父母、人民检察院检察长、家庭登记官以及具有利害关系的人有权申请撤销无效婚姻。

无效婚姻的撤销由人民法院管辖。

第一百六十条 无效婚姻的法律后果

法院作出无效婚姻撤销判决的，夫妻关系终止。但是，胎儿或者夫妻共同生活期间出生的子女视为法律上的子女。

男女在婚姻因无效被撤销之前的共同生活期间获得的财产归男女共有，应当依照本法第二百九十条的规定进行分割。

第四章　夫妻之间的法律关系

第一百六十一条　夫妻的权利

在家庭关系中，夫妻双方享有平等的权利。关于家庭内部的问题，夫妻应当通过协力、对话的方式解决。

夫妻，依照法律规定享有相互代理对方的权利。

第一百六十二条　夫妻的活动权利

夫妻双方享有参与政治、经济、文化及社会活动的权利。

家庭住所，应当由夫妻双方通过协力、对话的方式决定。

第一百六十三条　姓氏选择权

夫妻双方有权选择夫妻任何一方的姓氏作为家庭的姓氏。夫妻双方可以继续使用各自的姓氏。

第一百六十四条　夫妻的义务

夫妻双方负有互相关爱、尊重、照顾、帮助、尊敬、谅解、共同抚养和教育子女，并且共同建设团结、幸福、先进家庭的义务。

第一百六十五条　对夫妻债务的责任

有下列情形的，夫妻双方或者一方对债务承担责任：

（一）夫妻共同负担债务的；

（二）夫妻一方负担债务，但负债是为了家庭所需支出的；

（三）夫妻一方负担债务，但负债是为了个人利益。此时，夫妻另一方以自己的金钱或者婚后财产清偿债务的，依照相关法律规定有权请求负债方偿还。

夫妻在别居之后负担债务的，倘若负债用于家庭所需支出或者双方有约定的，夫妻应当共同承担责任。但是，负债为了个人利益或者双方没有约定的，由负担债务的夫妻一方承担责任。

第五章 夫妻财产

第一百六十六条 夫妻财产

夫妻财产由婚前财产和婚后财产构成。

第一百六十七条 婚前财产

婚前财产，是指夫妻一方在婚前取得的财产或者婚后夫妻一方通过继承、赠与、附条件赠与个别取得的财产，并且不论其是否保持原来的状态还是转换为新的财产类型。

另外，夫妻一方婚前财产所生利息、收入和孳息视为其婚前财产。但是，对收入和孳息的产生及形成夫妻另一方进行协助的，该收入及孳息视为婚后财产。

第一百六十八条 婚后财产

婚后财产，是指夫妻共同生活期间形成或者取得的财产。但是，供个人使用的低价值的财产除外。

夫妻在同居或者别居过程中所得的收入都视为婚后财产。

使用婚后财产或者夫妻一方的婚前财产修缮夫妻另一方婚前财产的，倘若修缮费用超过该婚前财产价值的三分之二，该婚前财产归为婚后财产。

第一百六十九条 婚后财产的使用

不论婚后财产由夫妻哪一方取得，夫妻双方对婚后财产享有平等的权利。夫妻双方有权根据家庭的需求及必要合理地使用婚后财产。夫妻双方应当事先约定婚后高价财产的收益权及处分权。

第六章 夫妻关系终止

第一百七十条 夫妻关系终止

婚姻关系终止，是指因发生下列情形导致夫妻关系决裂：

（一）离婚；

（二）法院作出婚姻无效的判决；

（三）夫妻一方死亡。

A. 离　婚

第一百七十一条 离婚

离婚，是指因发生本法第一百七十六条规定事由导致婚姻关系终止。

在任何场合都不允许买卖离婚或者强迫离婚。

第一百七十二条 离婚的种类

离婚分为以下两种：

（一）自愿离婚；

（二）诉讼离婚。

第一百七十三条 自愿离婚

自愿离婚，是指夫妻双方通过合意进行的离婚。

自愿离婚，应当满足以下要件：

（一）对子女问题，例如子女养育等问题没有争议；

（二）对婚后财产分割没有争议；

（三）对夫妻债务承担没有争议。

自愿离婚自依照家庭登记法在男女居住地的市级内务局完成登记之日起发生效力。

第一百七十四条 自愿离婚的程序

夫妻欲离婚的，应当在双方父母、年长者以及三人以上的证人面前填写离婚申请书，并向其居住村的村长提交。受理离婚申请书的村长，应当进行调解促使该夫妻重归于好。当事人不愿和好的，应当给予不超过三个月的冷静期间。

冷静期间届满仍不和好的，村长应当制作离婚记录并向市、经济特区的户籍登记官提交。

第一百七十五条 诉讼离婚

诉讼离婚，是指夫妻一方提起诉讼或者申请，通过法院判决进行的离婚。

满足下列所有要件之时，法院应当准予离婚：

（一）夫妻一方提起离婚诉讼或者申请；

（二）存在本法第一百七十六条规定的离婚事由；

（三）夫妻之间对子女养育、婚后财产分割、债务承担存在争议。

法院准予离婚的，自判决生效之日起发生效力。

第一百七十六条 离婚事由

有下列情形之一的，夫妻一方可以请求离婚：

（一）有不贞行为；

（二）殴打、侮辱配偶、配偶父母及其他亲属或者存在严重恶习，例如重度酗酒、吸毒、赌博、挥霍无度等；

（三）下落不明满三年，不联系家属或者不寄送任何生活所需物品；

（四）没有征得对方同意成为僧侣、见习僧、寺院助理或者尼姑满三年；

（五）依照本法第九十五条的规定被宣告失踪；

（六）获得五年以上的自由刑；

（七）患有非常危险的恶性疾病，无法共同生活；

（八）患有精神疾病，无法共同生活；

（九）不能进行正常性生活；

（十）无法继续维持夫妻共同生活，例如夫妻信赖破裂、精神折磨，等等。

第一百七十七条 法院判决离婚时的检讨程序

法院受理离婚诉讼或者申请书的，应当进行调解促使夫妻重归于好。当事人不愿和好的，应当给予不超过三个月的冷静期间。

冷静期间届满仍不愿和好且有本法第一百七十六条规定情形之一的，法院判决离婚。准予离婚之时，法院应当采取保护未成年子女及缺乏劳动能力无法维持生计的夫妻一方利益的必要措施。

法院在作出离婚判决之后，应当将生效判决书的复印件送交家庭登记官进行离婚登记并向离婚当事人双方交付离婚证明书。

第一百七十八条 不得提出离婚

妻子在怀孕期间和分娩后一年之内丈夫无权请求离婚。但是，妻子请求离婚的除外。

第一百七十九条 子女的照顾及养育

离婚夫妻负有照顾、抚养、教育其子女的义务。

夫妻双方对子女抚养达不成协议的，法院应当优先考虑未成年子女的利益决定由夫妻哪一方直接抚养子女。另外，法院应当对子女成年之前的养育费支付进行判断。

第一百八十条 夫妻一方对另一方的扶养费请求

离婚诉讼期间或者完成离婚登记之后，因夫妻关系存续期间患得疾病且无法自己赚取生活费而处于困境的夫妻一方有权请求法院判令有经济能力的另一方支付扶养费。但是，扶养费的支付期间不得超过两年。

第一百八十一条 婚前财产及婚后财产的分割

夫妻婚前财产与婚后财产按照下列方法进行分割：

（一）各自的婚前财产，归各自所有；

（二）夫妻婚后财产平等分割。但是，夫妻一方有不贞行为或者经法院确认有榨取、挪用婚后财产等不当行为的，只能分得婚后财产的三分之一。

直接抚养未成年子女的夫妻一方分得婚后财产的三分之一用于子女养育所需。倘若分得子女养育费用不足以满足子女养育之需的，没有直接抚养子女的一方在子女成年之前，应当依照本法第二百一十七条的规定履行其义务。剩余财产夫妻平等分割。

夫妻离婚之后才有权分割婚姻财产。

有下列情形之一的，夫妻一方可以通过诉讼或者申请在离婚之前分割财产：

（一）夫妻别居；

（二）夫妻一方盗窃并不当使用婚姻财产或者实施有损婚姻财产的行为；

（三）夫妻一方被宣告失踪。

第一百八十二条 未支付订婚财礼

未支付财礼，是指没有交付的订婚时约定交付的金钱或者物品的数量。

夫妻离婚，男方有过错的应当向女方支付未支付财礼。女方有过错的，未支付财礼终止履行。

B. 涉外离婚

第一百八十三条 老挝国民与外国人、永久居留外国人、无国籍人在老挝人民民主共和国境内的离婚

老挝国民与外国人、永久居留外国人、无国籍人在老挝人民民主共和国境内的离婚，适用本法规定。

第一百八十四条 外国人、永久居留外国人、无国籍人之间在老挝人民民主共和国境内的离婚

外国人、永久居留外国人、无国籍人之间在老挝人民民主共和国境内的离婚，适用本法第一百七十一条至第一百八十二条的规定。

第一百八十五条 老挝国民在国外离婚

老挝国民在老挝人民民主共和国境外的离婚，适用老挝人民民主共和国法律或者夫妻居住国的法律。

老挝国民在老挝人民民主共和国境外离婚之时，应当通知老挝人民民主共和国驻该国大使馆或者领事馆。

第一百八十六条 老挝国民与外国人、永久居留外国人、无国籍人在老挝人民民主共和国境外的离婚

老挝国民与外国人、永久居留外国人、无国籍人在老挝人民民主共和国境外的离婚，适用老挝人民民主共和国法律或者夫妻居住国家的法律或者夫妻一方国籍国法律。

老挝国民与外国人、永久居留外国人、无国籍人在老挝人民民主共和国境外的离婚，应当通知老挝人民民主共和国驻该国大使馆或者领事馆。

第一百八十七条 老挝国民与外国人、永久居留外国人、无国籍人之间的离婚登记

老挝国民与外国人、永久居留外国人、无国籍人之间的离婚，应当向男女离婚之前居住地的市级内务局办理登记。

老挝国民与外国人、永久居留外国人、无国籍人在老挝人民民主共和国境外离婚之时，可以向老挝人民民主共和国驻该国使馆的家庭登记部门办理登记，也可以依照该国相关法律办理登记。

C. 死　亡

第一百八十八条 夫妻一方死亡

夫妻一方死亡，包括自然死亡以及经法院判决宣告死亡。

第一百八十九条 夫妻一方自然死亡

夫妻一方自然死亡，是指因疾病、高龄、事故、杀害及其他现实中发生的偶发或者其他情况造成的死亡。

第一百九十条 夫妻一方经法院判决被宣告死亡

夫妻一方经法院判决被宣告死亡，是指依照本法第九十七条的规定确认死亡的情形。

D. 夫妻关系终止的法律后果及复婚

第一百九十一条 夫妻关系终止的法律后果

夫妻关系终止的效力：

（一）分割婚后财产；

（二）子女的养育义务；

（三）共同承担夫妻债务。

第一百九十二条 停止使用共同姓氏

夫妻一方将其姓氏变更为另一方姓氏之后，夫妻关系因离婚或者婚姻无效判决终止的，可以改回自己本来的姓氏或者倘若另一方无异议可以继续使用家庭的姓氏。

第一百九十三条 复婚

离婚夫妻复婚之时，应当依照本法的规定重新进行婚姻登记。

第七章 父母与子女之间的关系

A. 亲生子女

第一百九十四条 父母与亲生子女之间的权利及义务的产生

法律规定的父母与子女之间的权利及义务，随着子女的出生而产生。

子女，是指具有合法婚姻关系的父母或者没有婚姻关系的父母所生之人。男方可以自愿承认自己为子女的生父或者经法院判决认定其生父之身份。

第一百九十五条 出生登记

在家庭、保健中心、医院出生的新生儿，其家长或者家庭代表应当按照家庭登记法的有关规定进行新生儿出生登记。

第一百九十六条 子女的姓名

父母有权通过自由协商决定子女的姓名。成年子女有权更换自己的姓名。

父母为同姓之时，子女使用父母的姓氏。

父母为异姓之时，按照父母的合意子女可以使用父母一方或者双方的姓氏。父母无法达成合意的，由法院通过判决决定子女的姓氏。

即使夫妻离婚或者法院判决婚姻无效，子女的姓氏也不会变更。直接抚养未成年子女的父母一方希望子女使用自己姓氏的，有权变更未成年子女的姓氏。

变更名字或者姓氏的，适用相关法律。

第一百九十七条 亲子认定

没有婚姻关系的男女之间孕育子女的，可以进行亲子认定。

父子关系一经认定，追溯至子女出生之时发生效力。

自愿进行亲子认定之时，父母双方应当共同向市、经济特区、特别市的家庭登记机关提交书面申请。在申请书中男方应当承认其为生父，女方也应当对此表示同意。女方死亡的，男方可以单独提交书面申请。

对于成年子女的亲子认定，只要成年子女同意即可以办理。子女的父亲与其他女性再婚的，也可以进行亲子认定。

当男方否认其为生父之时，女方、子女的监护人或者成年子女有权请求法院进行亲子认定。

有下列情形之一的，法院判决亲子关系成立：

（一）子女出生之前，母亲与被认定为生父的男方生活在一起并共同维持生计的；

（二）共同照顾、抚养、教育子女的；

（三）有证据证明其为生父的，例如有科学的医学证明。

第一百九十八条 亲子否认

男方能够证明其子女非自己亲生的，为了否认亲子关系有权向法院提起诉讼。亲子否认之请求，应当在子女出生一年之内提出。

B. 养 子 女

第一百九十九条 收养子女

收养他人子女，是指养父母将养子女视为自己亲生子女，养子女与其亲生父母之间的权利义务终止。

依照本法的规定，收养子女需要合法的证明材料。

第二百条 收养人条件

收养子女的老挝国民应当具备下列条件：

（一）申请收养子女之时年满十八岁，并且与被收养人相差十八岁以上；

（二）精神健康；

（三）有稳定的收入；

（四）有固定的住所；

（五）有正当职业；

（六）身体健康，无传染病、毒瘾；

（七）没有受过刑事处罚，没有被剥夺过亲权；

（八）市委员会审查认定符合收养人条件且适合收养子女并记载在可收养人名册之中；

夫妻一方收养子女的，应当取得另一方的同意。

第二百零一条 被收养人的条件

被收养的子女应当满足下列条件：

（一）未成年；

（二）无人抚养、照顾、没有家人陪伴或者无法回到家人的身边；

（三）年满十岁的，须征得本人的书面同意，他人不得强迫其同意；

（四）须征得亲生父母、监护人或者负责养育机关的书面同意，他人不得强迫其同意；

（五）经主管委员会审查允许且记载在可被收养人名册之中。

第二百零二条 收养子女的程序

收养子女申请及审查依照其他规则进行。

第二百零三条 养子女登记

老挝国民收养子女的，依照家庭登记法的规定向养父母居住地的市级司法局办理登记。

外国人收养子女的，向司法部的家庭登记主管部门办理登记。

第二百零四条 知情人的保密义务

没有征得养父母的同意，擅自公开养子女与养父母之间的收养关系的，承担刑事责任。

第二百零五条 收养的效力

养父母与养子女之间的收养关系自登记之日起发生效力，同时养子女与亲生父母之间的权利义务关系终止。

养子女改用养父母一方的姓氏。

养父母可以更换养子女的名字，但养子女年满十岁的，应当征得养子女的同意。

第二百零六条 收养关系的终止

法院判决收养无效或者解除收养的，养父母子女关系终止。

收养人伪造申请材料或者不具有作为养父母的资格或者不具备本法第二百条规定的收养人要件的，收养无效。

收养有悖于被收养子女利益的，应当予以解除。

被收养子女的亲生父母、养父母及其他利害关系人或者人民检察院检察长，有权请求撤销或者解除收养。

C. 外国人收养子女

第二百零七条 永久居留外国人、外国人收养子女的条件

永久居留外国人、外国人收养子女的，应当具备本法第二百条规定的条件。但关于第一项，申请人在申请收养之时应当年满三十岁且在五十岁以下。

拥有外国国籍的老挝人申请收养的，适用本法第二百条的规定。

第二百零八条 被收养人的条件

永久居留外国人、外国人收养子女的，被收养人应当符合本法第二百零一条规定的条件。但是，关于第一项，被收养人的年龄不得超过八岁。

申请收养年满八岁的近亲属、特殊未成年人或者其兄弟姐妹的，作为特殊情形进行审查。

第二百零九条 在老挝人民民主共和国境外的收养

居住在老挝人民民主共和国境外的老挝人收养居住在老挝人民民主共和国境外但拥有老挝国籍的未成年人的，应当依照老挝人民民主共和国的相关法令向老挝人民民主共和国大使馆、领事馆或者有关机关提出申请并办理登记。

养父母不具有老挝国籍的，收养子女应当事先取得老挝人民民主共和国的有权机关的许可。

居住在老挝人民民主共和国境内或者境外的外国人、永久居留外国人、无国籍人申请收养具有老挝国籍且居住在老挝人民民主共和国境内的未成年人的，应当适用老挝人民民主共和国的法令。

第二百一十条 在老挝申请收养拥有外国国籍的未成年人

老挝国民在老挝人民民主共和国境内申请收养拥有外国国籍的未成年人的，适用该外国的法律。但是，与老挝人民民主共和国法律冲突的除外。

申请收养拥有外国国籍的未成年人的，应当通知老挝人民民主共和国驻该国大使馆或者领事馆。

第二百一十一条 外国人、永久居留外国人、无国籍人收养子女的审查

外国人、永久居留外国人、无国籍人申请收养拥有老挝国籍的未成年人的，应当向老挝人民民主共和国司法部提交书面申请。司法部应当依照相关规则与有关机关进行协商之后向内阁府提议。

第二百一十二条 外国人、永久居留外国人、无国籍人收养子女的效力

外国人、永久居留外国人、无国籍人收养子女，具有与本法第二百零五条规定同等的效力。

D. 继 子 女

第二百一十三条 继子女

继子女，是指夫妻一方与前妻或者前夫所生子女。

继子女享有与亲生子女、养子女同等的地位。但法律另有规定的除外。

第二百一十四条 继父母子女关系的终止事由

有下列情形的，继父母子女关系终止：

（一）继父母与亲生父母离婚；

（二）继父母与亲生父母之间的婚姻无效。

第八章　父母及子女的权利及义务

第二百一十五条 父母保护子女权利及利益的义务及权利

关于保护子女的权利及利益，父母双方享有平等的权利，负担相同的义务。父母作为未成年子女的法定代理人，负有保护子女的权利及利益在法院、工作单位、学校及其他场所不受侵害的义务。

第二百一十六条 父母教育子女的义务

父母应当教导其子女养成爱国、积极向上、善良、感恩等美德，并且应当给子女提供接受教育和开展有益于家庭及社会的工作、活动的环境。

第二百一十七条 父母照顾、抚养子女的义务

年满十八岁的子女没有行为能力或者工作能力的，例如患有精神疾病或者身体障碍等时，父母负有照顾、抚养的义务。

父母离婚或者婚姻无效的情况下，也应当履行对子女的抚养义务。直接抚养子女的父母一方在子女成年之前有权随时向法院请求判令另一方支付养育费用。

子女一人的养育费用，以国家公务员最低工资的一半作为基础，再参考当时的实际生活费用计算。

负有子女养育费支付义务的一方经济上陷入困境的，有权请求法院减少养育费用。

第二百一十八条 子女扶养、照顾父母的义务

父母因高龄、疾病、无法从事工作等原因需要帮助的，子女应当照顾、扶养、赡养父母。父母的扶养费用，由父母与子女协商，协商不成时由法院根据子女的经济能力决定并判令每月支付。

父母有不当行为的，例如滥用作为父母的权利、对子女实施恶劣的行为等，其子女有权请求法院终止扶养该父母的义务。

第二百一十九条 父母及子女的财产

父母及子女在对方生存期间对对方的财产不享有权利。

未成年人的财产由父母进行管理。

第二百二十条 亲权剥夺

未成年子女、父母一方或者近亲属、检察院检察长，可以依照本条第二款的规定请求法院剥夺父母对未成年子女享有的权利（亲权）。

父母有不履行教育子女的义务、滥用对子女享有的权利、对子女实施

恶劣行为、不尊重不体谅子女；子女作出忘恩负义行为的，例如，对父母实施暴力、胁迫等，法院可以剥夺该父母作为父母对其子女享有的权利（亲权）或者该子女作为子女对其父母享有的权利。

父母丧失亲权的，依照法院判决在子女成年之前仍须承担照顾、抚养的义务。

第二百二十一条 亲权恢复

被剥夺亲权的父母或者被剥夺监护权的子女悔改的，法院可以根据本人的请求对其权利恢复进行审理。

第九章 未成年人监护人的选任

第二百二十二条 选任未成年人监护人的方法

未成年人因父母死亡、父母被剥夺亲权、患有重疾无人照顾的，村长应当在收到通知之日起一个月内从该未成年人的近亲属中指定监护人。

被指定的近亲属拒绝担任监护人或者实施与未成年人利益相悖的行为的，村长应当请求法院通过判决重新指定其他监护人。

村长负有定期监督监护人行为的义务。

不得指定未成年人、无行为能力人、被剥夺亲权的人或者品行不端者为监护人。

第二百二十三条 未成年人监护人的权利及义务

未成年人的监护人负有抚养、教育未成年子女以及保护其权利、利益的义务。

监护人有权代理被监护人实施订立合同等法律行为。

第二百二十四条 未成年人监护人的解任及更换

监护人行为举止恶劣或者没有能力尽到监护义务或者履行监护义务不妥当的，法院可以判决解除监护人资格或者更换监护人。

第二百二十五条 未成年人监护的终止

有下列情形之一的，未成年人监护终止：

（一）未成年人成年；

（二）监护人死亡；

（三）监护人丧失行为能力。

第二百二十六条 未成年人监护人的条件，监护的终止及终止的效力

未成年人监护人的条件，监护的终止以及监护终止的效力，准用本法第七十九条、第八十三条、第八十四条的规定。

第四编　物、所有权以及对物的其他权利

第一章　物

第二百二十七条 物

物，是指具有价值的物质，包括有体物和无体物。

有体物，是指有形态的物，包括不动产和动产。

无体物，是指没有形态的物，例如：请求权，著作权、专利权、商标权等知识产权。

第二百二十八条 不动产

不动产，是指不可移动的物，包括土地及永久附着于土地之上的房屋、树木及其他建筑物等。

第二百二十九条 动产

动产，是指可以移动的物，例如：桌子、椅子、金项链、戒指、动物等。

第二百三十条 孳息

孳息，是指根据自然法则或者法律规定从物获取的物。

天然孳息，是指从物自然派生出来的物，例如：植物长的果实、动物产的幼崽等。

法定孳息，是指使他人租用或者借用的而获得的收入、利息、分红。

第二百三十一条 主物与从物

主物，是指独立存在，并且可以依照其功能使用的物。

从物，是指为主物的利益而使用，虽属于主物的一部分但可以与主物分离的物。

处分主物时从物视为一并处分。但是，当事人之间另有约定的除外。

第二百三十二条 可分物与不可分物

可分物，是指可以分割为几个部分，并且各个部分仍保持原来的性质及用途的物。例如：米、砂糖等。

不可分物，是指经分割后，各个部分将失去原来的性质及用途，或者原物受损、故障，或者分割需要过度高额费用的物，例如吉他与弦。但是，当事人另有约定或者法律另有规定的除外，有必要分割不可分物的，可对其价值进行分割。

第二百三十三条 可替代物与不可替代物

可替代物，是指具有相同的形状、性质、品牌、种类、数量、质量、版本及价值的一般的物，例如：手机、电脑等。

不可替代物，是指具有区别于他物的特有设计、形状、颜色等，不易找到代替品的物，例如：名画、雕像、古物等。

代替物有瑕疵或者灭失的，以其他代替物履行义务。但是，属于不可替代物的除外。

第二百三十四条 视为一体之物

视为一体之物，是指由各个独立的物组合、连接而形成的完整的物。一个部件缺失或者不契合，都会导致该物使用价值的消灭或者减少。例如机械与起重机。

视为一体之物，不得分割单独处分。

第二章 占　　有

第二百三十五条 占有

占有，是指对物的保持及管理。

占有的主要形态包括：

（一）物的直接及间接占有；

（二）善意及恶意占有；

（三）有权及无权占有。

第二百三十六条 物的直接及间接占有

一人将其占有之物交给他人占有的，例如租赁、借用等，移转占有一方成为间接占有人，接受占有一方成为直接占有人。

第二百三十七条 善意及恶意占有

善意占有，是指不知其占有物为他人所有而进行的占有。善意占有推定为对物的平稳、公开、持续性占有。

恶意占有，是指知道或者应当知道其占有物为他人所有物而进行的占有。恶意占有推定为对物的不平稳、隐秘、非持续性占有。

第二百三十八条 有权及无权占有

有权占有，是指有法律依据的占有。

法律依据包括：

（一）法律行为，例如：契约、遗嘱等；

（二）法律规定，例如：对没有所有权人的物的保管、拾得遗失物、对无人饲养动物的管理、发现有价值的物等；

（三）法律规定的其他情形。

无权占有，是指没有前款规定的法律依据的占有。

第二百三十九条 关于占有及占有者的推定

物的占有推定为平稳、公开的占有。

在两个时间节点之内的占有，即在始期与终期之内的占有推定为持续性占有。

对物的占有推定为有权占有。但是，对占有需要登记的物而言，登记证书中注明姓名的人推定为有权占有人。

第二百四十条 须经特别许可的物的占有

武器、有毒化学物质、部分高价金属等部分物质，获得有权机关特别许可的人才可以占有。

第二百四十一条 无权占有物产生的孳息

善意且无权占有他人所有之物的人，无须向所有人返还该物产生的孳息。但是，被无权占有的物属于国家或者集体所有的，占有人应当返还全部孳息。

相反，恶意且无权占有他人所有之物的人，应当向所有人返还使用占有物获得的收益在内的全部孳息。占有人使用、出卖占有物所生孳息或者给所有人造成其他损害的，占有人应当赔偿所有人损害或者该孳息的价值。

第二百四十二条 无权占有物的维护及改造

善意且无权占有人，修理占有物使该物恢复至原来状态的，有权请求物的所有人偿还修理费用。

善意且无权占有人对占有物进行改造的，若从占有物分割改造部分不会造成占有物的毁损或者故障时，占有人有权取回改造部分。从占有物无法分割改造部分时，善意无权占有人有权请求所有人偿还改造实际支出的费用。但是，请求费用不得超出占有物的增值部分。

恶意且无权占有人改造占有物的，所有人无须提供任何补偿。

第二百四十三条 无权占有物的返还

占有人善意且无权占有他人动产，所有人请求返还动产的，占有人应当向所有人返还该动产。但是，所有人应当向占有人补偿该物的价格及费用等，之后所有人可以请求交付该动产于占有人的人偿还其支付的补偿费用。

占有人善意且无权占有他人不动产，所有人请求返还不动产的，占有人应当向所有人返还该不动产。但是，占有人可以依照本法第二百四十二条第一款及第二款的规定请求所有人偿还维护管理或者改善不动产状态所支出的费用。另外，占有人有权请求向其交付不动产的人返还不动产的价格。

占有人基于赠与或者继承受领占有物的，不得请求补偿。

恶意且无权占有人，应当向所有人返还全部占有物。该占有人可以请求向其无权处分占有物的第三人赔偿损失，但是无权向法院提起诉讼。

第二百四十四条 无权占有人的责任

善意且无权占有人对其占有物的毁损或者故障不承担责任。善意且无权占有人因占有物的损害获得利益的，应当将现存的利益返还给所有人。但是，占有物为国家或者集体所有的，善意且无权占有人应当对占有物的毁损或者故障承担责任。

恶意且无权占有人因其过错造成占有物毁损或者故障的，应当向所有人赔偿包括孳息及改造部分在内的全部损害。

第二百四十五条 占有的变更

有下列情形之一的，占有发生变更：

（一）新占有人从原占有人处实际受领物；

（二）下列情形中，原占有人和新占有人之间达成合意：

1. 已由受领人实际占有物；
2. 由原占有人继续占有物；
3. 由第三人继续占有物，但应当通知该第三人。

第二百四十六条 占有的保护

有权占有人或者善意无权占有人有权请求返还原物、停止侵害、排除已经发生或者将来有可能发生的妨碍。

有权占有人或者善意无权占有人从侵害或者纠纷发生之日起一年之内，可以请求有关部门保护其占有。

对将来有可能发生的妨碍，随时可以向有关部门申请排除。

第二百四十七条 占有的终止

有下列情形之一的，本法第二百三十五条规定的物的占有终止：

（一）占有人放弃占有，停止对物的保持或者管理；

（二）他人侵害占有或者围绕占有发生纠纷时，占有人没有依据本法第二百四十六条第二款、第三款规定提出相关请求；

（三）直接占有人表示为自己或者第三人占有物；

（四）占有物毁损、灭失。

第二百四十八条 对无体物的占有

无体物的占有准用本章中有关物的占有的诸原则。

第三章 所 有 权

第二百四十九条 所有权

所有权，是指在法律规定的范围内所有人享有的占有、使用、收益、处分物的概括性且完整性权利。

第二百五十条 所有权包括的权利

所有权包括以下权利：

（一）占有权；
（二）使用权；
（三）收益权；
（四）处分权。

A. 占有权

第二百五十一条 所有人的占有权

占有权，是指保持、管理物的权利。

占有权人享有自由占有其物的权利，但不得损害或者侵害国家、集体的利益或者他人的正当权益。但是，法律另有规定的除外。

第二百五十二条 占有权的取得

为自己或者他人的利益合法保持或者管理物的人视为占有权人。

第二百五十三条 非所有权人的占有权

非所有权人依据合同约定或者法律规定享有占有他人所有之物的权利。

B. 使用权

第二百五十四条 使用权

使用权，是指所有权人或者非所有权人依照法律规定或者合同约定使用其占有物的权利。

第二百五十五条 所有权人的使用权

所有权人享有使用其所有物的权利，但不得损害或者侵害国家、集体的利益或者他人的正当权益。但是，法律另有规定的除外。

第二百五十六条 非所有权人的使用权

非所有权人依据法律规定或者合同约定享有使用他人所有物的权利。

C. 收益权

第二百五十七条 收益权

收益权，是指所有权人或者非所有权人依照法律规定或者合同约定合法收取物的占有、使用所生孳息的权利。

D. 处分权

第二百五十八条 处分权

处分权，是指所有权人享有的出卖、互易、赠与、附条件赠与、移转、放弃或者破坏其所有物的权利。

第二百五十九条 对处分权的限制

处分物的权利，只有在法律另有规定的场合才受到限制。

所有权人处分其具有重要历史及文化价值的文物时，国家有权优先购买。

第二百六十条 非所有权人的处分权

非所有权人依据所有权人同意或者法律规定享有处分他人所有物的权利。

第四章　所有权的形态

第二百六十一条 所有权的形态

所有权的形态包括：

（一）国家所有权；

（二）集体所有权；

（三）自营所有权；

（四）民间所有权。

A. 国家所有权

第二百六十二条 国家所有物的所有权人

国家是国家所有物的唯一所有权人，由国家机关对国家所有物进行管理。

国家机关享有占有、使用、收益及处分国家所有物的权利，在法律规定范围内且按照国家的计划，可以将国有物交给集体组织或者承租人。

第二百六十三条 国家所有权的对象

国家所有包括以下两种类型：

（一）构成社会的物质性、技术性基础且由国家管理的物，例如：工厂、陆海空交通工具、通讯设备、邮政、银行、企业及其他国家所有物；

（二）用于国家机关办公的物，例如：办公大楼、公用汽车、桌子、椅子、知识产权及其他物。

土地、矿藏、水流、空气、森林、森林内物质、水生生物、野生动物及其他自然资源归国家全体所有，由国家依照法律进行协调、管理。

第二百六十四条 国家所有权的取得

国家取得所有权的方式包括：

（一）国有化；

（二）国有性组织及企业的创立；

（三）税款征收；

（四）根据需要受领的物；

（五）物品没收；

（六）无主物的取得；

（七）遗失物的取得；

（八）发现高价物；

（九）无人饲养动物的捕获；

（十）购买及互易；

（十一）接受赠与；

（十二）继承；

（十三）法律规定的其他方式。

第二百六十五条 对国家所有不动产处分的规制

关于国家机关之间处分国家所有企业、办公大楼、公用建筑物、设备等不动产的规则，另行规定。

前款规定之物，不得向任何人移转其所有权。但是，依据相关规则可以买卖的不动产除外。

第二百六十六条 对流动资产及产品处分的规制

国家机关有权依照资产的用途及既定计划处分原材料、生产设备、现金等流动资产以及产品。

任何人都不得为追求自己的利益使用国家所有的物。

第二百六十七条 对国家所有物没收或者扣留的禁止

任何人不得没收或者扣押国家机关所有的企业、建造物、建筑物、设备以及其他动产。但是金钱或者法律另有规定的物除外。

对在国外的国家所有物，与在国内的国家所有物作相同的处理。

占有人无权占有国家所有物的，可以随时请求其返还占有物，且相关民事诉讼不受时效的限制。

B. 集体所有权

第二百六十八条 集体所有权

集体所有权，是指对开展自身业务所需的生产手段及机械、交通工具、耕耘机、动物、建筑物、工作物、企业、宿舍、固定资产、流动资产等享有的所有权。

集体分为合作组与其他集体组织。

第二百六十九条 合作组或者其他集体组织所有权的内容

合作组或者其他集体组织在法律规定的范围内享有占有、使用、收益及处分其所有物的权利，并且可以按照自己的章程行使权利。

合作组或者其他集体组织独立行使对集体所有物的处分权。他人不得擅自处分集体所有物。

第二百七十条 合作组或者其他集体组织所有权的取得

集体所有权的取得方式包括：

（一）成员出资；

（二）生产或者服务；

（三）购买或者互易；

（四）国家、组织及个人的赠与以及其他。

第二百七十一条 对合作组或者其他集体组织享有权利的土地的使用

合作组或者其他组织应当妥当使用其占有的土地，不以营利为目的使用土地的，国家可以依照耕地管理及使用规则的有关规定对合作组或者其他组织处以罚款或者直接收回其土地许可其他从事经济活动的单位及个人使用，并且国家对此不进行任何补偿。

C. 自营所有权

第二百七十二条 自营所有权的对象

自营所有权的对象包括生产手段、产品、商品。自营所有权属于农民集体、技术师、制造者及其他小规模自营主体的私人所有权。

第二百七十三条 自营所有权人的权利及义务

自营所有权人享有依照法律自由生产、提供服务、销售产品的权利。

自营所有权人应当遵守国家的经济政策及其他政策，履行法律规定的义务。

D. 民间所有权

第二百七十四条 民间所有权

民间所有权包括民间经济单位所有权和个人所有权。

民间所有权，是指对经济单位在生产经营活动中使用的生产手段、产品、商品及资产享有的私人所有权。

第二百七十五条 民间经济单位的权利及义务

民间经济单位享有从事生产、建设、运输、商业、服务及订立合同等活动；为订购国外原材料、生产设备等使用外汇等通货；依照法律自由销售其产品；参加国内外事业活动等权利。

民间经济单位应当在企业登记的范围内开展事业，严格遵守法律、国家经济政策及其他国家政策，缴纳税款，依照会计法完成会计记录。

民间经济单位自主管理其生产经营且对其销售、花费、盈利、亏损等活动承担全部责任。

第二百七十六条 对民间经济单位的措施

民间经济单位超出其章程规定的目的或者违反法律开展事业的，例如：不进行会计记录，不及时支付各种手续费，伪造或者转让及出借企业登录证等，有关国家机关依照相关法令采取相应措施。

第二百七十七条 个人所有财产

个人所有财产，包括消费品、以个人使用为目的的物品、生活用品、房屋、家具、牲畜、收入，等等。

第二百七十八条 个人所有权的内容

个人对自己所有的物及收入享有占有、使用、收益及处分的权利。但是，对自己所有物的使用不得侵害国家、集体、组织以及他人的合法权益。

第二百七十九条 合作组或者其他集体组织成员的个人所有权

合作组及其他集体组织成员的个人所有财产，包括未出资给合作组或者集体组织的劳动报酬、自己取得的物、继承的遗产或者受领的赠与物。

合作组或者其他集体组织的成员不得将合作组或者其他集体组织的财产归个人所有。

第五章 共同所有权

第二百八十条 共同所有权

共同所有权，是指一物之上有两人以上所有人之时的所有权。共同所有权依照法律规定或者当事人约定产生。

共同所有权包括：

（一）有份额的共同所有权；

（二）没有份额的共同所有权。

第二百八十一条 按份共有

按份共有，是指可以确定共有人各自份额的共同所有权。

第二百八十二条 共同共有

共同共有，是指没有规定共有人各自份额的共同所有权。此时推定各共有人持有相同的份额。

共同共有包括：

（一）可分物的共同共有；

（二）不可分物的共同共有。

第二百八十三条 共同体共同所有权

共同体共同所有权，是指村、多数村的集合、合法生产团体等共同体享有的没有规定共有人各自份额的共同所有权。

共同体共同所有权依照法律规定、习惯或者通过成员的捐赠以及个人、法人、组织的援助、赠与产生。

共同体成员享有依照法律、习惯合意占有、使用共有物并收取孳息的权利。

关于共同所有权的处分，由共同体全体成员依照法律进行合意。

第二百八十四条 共有人的占有权

共有人享有共同占有共有物或者使共有人之中的一人占有共有物的权利。但是，不得侵害其他共有人的权利。

第二百八十五条 共有人的使用权

任何共有人均享有在不侵害其他共有人权利的范围内使用共有物的权利。

第二百八十六条 共有人的收益权

共有人有权收取共有物或者共有物使用所生的孳息。

各共有人享有按照各自的份额收取孳息的权利。

第二百八十七条 共有人的处分权

共有人享有处分共同所有权中各自份额的权利。但是，向共有人之外的他人处分时，应当取得其他共有人的同意。

共有人出售其共有份额的，其他共有人享有优先购买权。出售共有份额的共有人应当及时通知其他共有人，倘若其他共有人在指定期间，即共有物为不动产时三个月、共有物为动产时一个月之内没有购买之时，可以出售给共有人之外的其他人。

共有人违反前款规定的，其他共有人在知道违反事实之日起三个月内有权请求法院返还已出售的共有份额。造成损害的，违反前款规定的共有人应当赔偿。

按份共有人放弃其共有份额或者死亡但没有继承人时，其份额归其他共有人共同所有。

第二百八十八条 共有物的管理、保护及维持

共有人负有共同管理、保护、维持共有物的义务。

任何共有人都有权不经其他共有人同意对共有物进行通常价格范围内的修理、保护、维持。但是，超出通常价格范围的修理、保护、维持应当征得一半以上共有人的同意。有紧急情况的，共有人可以不经其他共有人的同意为保护、维持共有物采取必要措施。但是，事后应当通知其他共有人。

共有人应当按照各自份额支付共有物的管理、保护、维持费用以及税款。

第二百八十九条 对利益继受者的效力

共有人之间关于共有物的占有、使用、收益以及处分的约定对利益的继受者同样具有效力。

第二百九十条 共有物的分割

共有人可以随时请求分割共有物。但是，法律另有规定或者共有人之间另有约定的除外。

共有物为不可分割的，应当对共有物的价值按照各自的份额进行分割。

第二百九十一条 共同所有权的终止

有下列情形之一的，共同所有权终止：

（一）分割共有物；

（二）经全体共有人处分共有物归个人单独所有；

（三）本法第三百一十五条至第三百一十九条规定的其他情形。

第六章 所有权的取得

第二百九十二条 所有权的取得

所有权的取得，经物的交付或者受领，发生效力。

根据合同，所有权也可以在物的交付或者受领之前取得。

依法需要登记之物的所有权从登记之日起取得。

第二百九十三条 所有权取得的依据

所有权取得的依据包括：

（一）合同；

（二）继承；

（三）无主物的取得；

（四）遗失物的拾得；

（五）无人饲养动物的捕获；

（六）高价物的发现；

（七）添附；

（八）时效；

（九）法律规定的其他情形。

第二百九十四条 物的交付

物的交付，是指将标的物移交特定的个人或者组织，接受标的物的人称为受领人。

物的交付需由第三人运送或者邮送的，对运送人或者邮送人的物或者文本的交付视为对受领人的交付。

第二百九十五条 简易交付

所有权人与占有人之间对占有人占有之物的所有权移转达成协议的，视为完成交付。

第二百九十六条 占有改定

原所有权人与新所有权人之间对标的物的所有权移转达成协议，但约定由原所有权人继续占有该标的物的，视为完成交付。但是，在新所有权人收取标的物之前，原所有权人对该物负担防止毁损或者故障的保管义务。

第二百九十七条 指示交付

原所有权人与新所有权人之间对第三人占有之物达成所有权移转协议的，视为完成交付。原所有权人应当通知占有人所有权移转的事实。

第二百九十八条 对孳息的所有权取得

物产生的孳息归物的所有权人所有。但是，法律另有规定当事人另有约定的除外。

第二百九十九条 基于继承的所有权取得

继承人基于法律或者遗嘱继承的遗产，从被继承人死亡之日起归继承人个人所有或者共同所有。

各个共同继承人从受领遗产之日起按照各自的遗产份额取得对遗产的所有权。

第三百条 无主物的取得

无主物，是指所有权人公然放弃其所有权的物。

为自己的利益占有无主物的，取得该无主物的所有权。

第三百零一条 遗失物的拾得与所有权取得

遗失物，是指所有权人遗失的物。

拾得遗失物的人知道该遗失物的所有权人的，应当及时通知该所有权人并返还遗失物或者及时告知警察、村长或者管理遗失物发现地的组织，使其联系遗失物所有权人，并移交拾得物。

不知道遗失物所有权人的，应当及时告知警察、村长或者管理遗失物发现地的组织使其公告失主前来认领，并移交拾得物。

遗失物不易保管或者有劣化、故障、毁损等危险的，警察、村长以及其他组织在通知或者公告失主之后可以处分遗失物。但是，应当为其所有权人保管处分所得的价款。

遗失物所有权人在公告之日起三个月内前来认领的，应当向其返还拾得物。

遗失物所有权人在前款指定期间内没有认领的，遗失物的所有权归拾得人。拾得人不接受遗失物所有权的，遗失物归国家所有。

遗失物拾得人没有进行通知的，不得取得遗失物的所有权。

第三百零二条 关于遗失物的酬谢金或者报酬及费用的补偿

遗失物拾得人有权受领相当于遗失物价格的百分之十五的酬谢金或者报酬。

遗失物拾得人没有在合理期间内进行通知的，不得受领酬谢金或者报酬。但是，拾得人有正当理由的除外。

遗失物拾得人以及保管遗失物的组织有权请求所有权人偿还为保管遗失物支出的费用。

第三百零三条 无人饲养动物的取得

捕获无人饲养动物的人知道该动物的所有权人的，应当及时通知所有权人并返还该动物。不知道所有权人的，在捕获动物之日起三日之内通知警察或者村长以便发布公告。

无人认领该动物的，将动物交给捕获人照顾、饲养、利用。发布公告之日起三个月内发现被捕获动物的所有权人的，应当向其返还。但是，所有权人应当偿还饲养费用以及本法第三百零二条规定的报酬。

捕获无人饲养动物的人不易照顾或者饲养该动物或者出现动物疫情的，临时饲养人可以经警察或者村长的同意处分该动物。但是，应当为其所有权人保管处分所得的价款。

发布公告之日起三个月内没有发现动物所有权人的，该动物归捕获人所有。

第三百零四条 高价物的发现与所有权取得

高价物，是指埋藏或者隐藏在地下、水中或者以其他方式隐藏的金银、其他金属、矿物质以及其他物品，且不能确定其所有权人的物。但是，具有文化、历史以及科学价值的珍贵物品，属于民族遗产，应当归全体国民共同所有的除外。

高价物发现人应当及时通知警察、村长使其公告所有权人前来认领，并移交拾得物。高价物不易移动的，可以由发现人保管。

高价物的所有权人在公告之日起三个月内前来认领的，应当向其返还高价物。

高价物的所有权人在前款指定的期间内没有认领的，高价物的所有权归发现人。发现人不接受遗失物所有权的，归国家所有。

发现人与高价物埋藏或者隐藏的土地的所有权人不是同一人，且高价物的所有权人在指定期间内没有认领的，发现人与土地所有人可以平等分割发现物。

发现人没有进行通知的，不得取得高价物的所有权。

第三百零五条 关于高价物发现的酬谢金以及报酬或者费用的补偿

高价物发现人有权受领相当于高价物价格百分之十五的酬谢金或者报酬。但是，发现高价物系发现人的职责的除外。

发现人在合理期间内没有进行通知的，不得受领酬谢金或者报酬。但是，发现人有正当理由的除外。

发现人以及保管高价物的组织有权请求所有权人偿还为保管高价物支出的费用。

第三百零六条 基于添附的所有权取得

添附，是指一物或者数物经附合、混同、加工成为新物的法律事实。

基于添附取得所有权的情形包括：

（一）动产与不动产的附合；

（二）不动产与不动产的附合；

（三）动产与动产的附合；

（四）动产与动产的混合；

（五）加工。

第三百零七条 动产与不动产的附合

与不动产相结合成为一物并不可分离的动产，归不动产所有权人所有。但是，法律另有规定或者合同另有约定的除外。

第三百零八条 不动产与不动产的附合

不动产之间的附合，是指不同不动产之间相互结合，成为不可分离的一个物。

附合之前不动产的所有权人按照各自不动产的比例或者价格共同所有附合不动产。但是，当事人之间另有约定的除外。

无法确定共同所有人各自份额的，按照相同的份额共同所有附合物。

第三百零九条 动产与动产的附合

动产之间的附合，是指动产之间相互结合，成为不可分离的一个动产。

附合动产的所有权，以发生附合之时的基础动产的价格为标准，归基础动产所有权人共同所有。

附合之前的动产中，可以视其中一动产为主物的，合成物的所有权归主物所有权人。但是，当事人之间另有约定的除外。

第三百一十条 动产与动产的混合

动产与动产的混合，是指一动产与其他动产混合成为不可分离的一个动产。

动产与动产之间的混合，适用有关动产与动产附合的本法第三百零九条规定。

第三百一十一条 加工

对一物或数物施以加工，使之成为新物时，加工而成的新物归被加工之物的所有权人所有。

加工行为的价值高于被加工动产之时，新物归加工人所有。但是，当事人之间另有约定的除外。

加工人进行加工时使用自己所有材料的，倘若加工行为的价值与加工材料的价格的总和高于他人提供之物的价格之时，新物归加工人所有。

第三百一十二条 第三者权利的终止

依照本法第三百零七条至第三百一十一条的规定，物的所有权人丧失其所有权时，存在于该物之上的第三人的其他权利也随之消灭。被加工之物的所有权人对新物取得共同所有权时，第三人在该所有权人对新物享有的份额范围之内继续享有权利。被加工之物的所有权人取得新物所有权的，第三人的权利及于新物的全部。

第三百一十三条 物的价额补偿

依照本法第三百零七条至第三百一十一条的规定丧失自身权利的人，有权请求新的所有权人对原物进行折价补偿。

第三百一十四条 取得时效

善意占有他人之物并依照本法第五十一条规定的取得时效取得占有物的所有权，原所有权人丧失对该物的所有权。

第七章 所有权的终止

第三百一十五条 所有权的终止

有下列情形之一的，所有权终止：

（一）所有权人完全放弃所有权；

（二）他人基于时效取得所有权；

（三）该财产被国家没收或被法院判决扣押、拍卖用于偿还债务；

（四）物已毁损或者灭失。

第三百一十六条 物的处分

所有权人以出卖、互易、赠与、附条件赠与、丢弃、破坏等方式处分物的，丧失对此物的所有权。

第三百一十七条 他人基于时效取得所有权

他人基于时效取得一物的所有权的，原所有权人丧失对此物的权利。

第三百一十八条 扣押拍卖物或者国家没收物

该物被法院依据判决扣押、拍卖或者被国家没收、归为国有的，所有权人丧失对此物的权利。

第三百一十九条 物的毁损或者灭失

火灾、洪水、雷害、地震等事由造成物的破坏或者灭失的，所有权人对此物的权利终止。

第八章 所有权的限制

第三百二十条 所有权的行使范围

所有权的行使，是指根据日常生活以及自己利益的需要使用自己所有的物。但是，不得损害或者侵害国家、社会以及他人的权益。

关于土地的使用，在可能并且能够享受利益的限度内使用，范围包括土地的上空以及地下。

第三百二十一条 紧急情况下所有权人的义务

在紧急情况下他人为了避免或者减轻已经发生或者即将发生的危险使用一物时，该物的所有权人无权阻止他人对该物进行使用或者对该物造成损害。

依据前款规定产生的损害，所有权人可以依照本法第四百八十三条的规定请求赔偿。

第三百二十二条 环境保护

所有权人行使所有权之时，应当防止且避免造成足以威胁他人生命、健康及财产安全或者影响社会秩序的环境影响，诸如大气污染、有害化学物质、辐射、震动、光线、颜色、噪音、恶臭，等等。

对环境造成损害的，行为人应当立即终止其行为，并且赔偿所造成的损害。

第三百二十三条 地界的确定

相邻土地之间的地界经有关自然资源环境部门许可由相邻土地的所有权人之间协议决定。

设置地界的费用由相邻土地的所有权人平均分担或者按照约定的份额负担。

第三百二十四条 围栏的设置

土地所有权人可以在其土地周围设置围栏，但是不得阻碍道路交通，或者超越相邻土地及法定道路预留地的地界。

在土地所有人取得土地使用权之前该土地之上已经存在用于通行的道路之时，应当适当维持通行或者安排其他通行道路。

第三百二十五条 对地界之上存在之物的共同所有权

地界之上存在的围栏、墙壁、水沟或者树木推定为相邻土地所有权人之间的共同所有，适用本法有关共同所有权的原则。但是，当事人证明不属于共同所有的除外。

第三百二十六条 房屋建筑或者植树的范围

有权建筑房屋或者其他建筑物的人，不得向相邻土地排放雨水或者污水，且不得使屋檐越过地界或者遮盖相邻土地及相邻房屋。

树木、果树、爬蔓等植物的种植，不得给相邻房屋的所有人造成损害或者阻碍交通。

第三百二十七条 因所有权的不当使用遭受损害之人的权利

基于本法第三百二十六条规定的事由受到损害之人，可以通知加害人排除妨碍，倘若加害人从接到通知之日起七日之内没有采取任何措施，受害人可以切除越过其土地的树枝、爬蔓或者屋檐，或者依照本法第三百三十六条的规定采取相应的权利救济手段。

另外，受害人有权向法院提起损害赔偿之诉。

第三百二十八条 通行许可以及电线架设

自己的房屋被他人享有使用权的房屋或者土地包围无法通行时，被包围的人有权向距离道路最近土地的使用权人请求通行。受到请求的土地使用权人应当允许通行，但是通行造成种植物或者建筑物损害的，有权请求通行人赔偿损失。

为了架设电线、电话线，设置排水沟、送水管、水道管横穿他人享有使用权的土地，对他人的种植物造成损害的，应当赔偿损失。受到损害的土地使用权人获得利益的，不得请求赔偿。

第三百二十九条 关于排水沟通过的许可

需要对自己居住土地进行排水的人有权请求相邻低位或者地处运河附近的土地所有权人横穿其土地挖通排水沟。受到请求的人应当许可排水沟的挖通，但是，挖掘排水沟对他人种植物或者建筑物造成损害的，应当赔偿损失。请求挖掘排水沟的人，应当保持排水沟的清洁，并且维持其适当的状态。

第三百三十条 房屋或者建筑物的建造

房屋、建筑物的建造应当与地界保持五十厘米的距离。但是，法律另有规定的除外。

建造违反前款规定的，相邻土地的所有权人有权请求中止建造，拆除建筑物。

虽然违反本条第一款规定，但从开始建造之日起超过一年或者已经完成建造的，相邻土地的所有权人仅享有请求赔偿损失的权利。

第三百三十一条 相邻土地的进入许可

土地的所有权人，认为有必要建造或者维修其房屋、建造物、围栏、墙壁等建筑物时，可以请求使用相邻土地。

进入相邻土地造成损害的，应当进行维修或者赔偿损失。

第三百三十二条 水井、水池的挖掘以及水泵的设置

土地所有权人可以在自己的土地上挖掘水井、水池或者设置水泵，但

是必须在远离地界至少两米之外的地点挖掘或者设置，且应当防止相邻土地地面崩裂或者坍塌。

实施前款挖掘或者设置给他人造成损害的，实施挖掘或者设置的土地所有权人应当立即中止自己的行为，恢复原状并赔偿损失。

第九章　所有权的保护

第三百三十三条　所有权的保护

所有权的保护，是指一人侵害他人所有权时，被侵害人为了恢复其权利及利益，采取法律规定的措施。

第三百三十四条　物的返还请求

一人没有法律依据占有他人之物时，所有权人有权请求占有人返还其占有之物。

与前款占有有关的孳息、费用、赔偿损失等请求，适用本法第二百四十一条至第二百四十四条的规定。

第三百三十五条　关于所有权的确认请求

围绕有关物的权利发生争议的，即使占有权没有受到侵害，所有权人仍有权请求法院确认自己对争议之物享有的权利。

第三百三十六条　停止侵害、排除妨碍之请求

他人侵害或者妨碍物的所有权人对其所有物进行占有、使用、收益及处分时，所有权人有权请求实施侵害或者妨碍之人停止侵害或者排除妨碍。

与前款侵害或者妨碍有关的孳息、费用、赔偿损失等请求，适用本法第二百四十一条至第二百四十四条的规定。

第三百三十七条　消除危险之请求

他人之物存在可能侵害或者妨碍自己所有物的危险之时，所有权人有

权请求提供危险之物的所有权人及时采取适当的措施。

第三百三十八条 基于水路、水池或者堤坝使用产生的损害赔偿请求

土地所有人因他人破坏水路、水池以及堤坝，或者阻断水流致使种植在该土地上的稻以及其他农作物受到损害，或者无法正常用水的，有权请求停止侵害、损害赔偿。

第十章 地役权

第三百三十九条 地役权

地役权，是指基于自然原因、法律、合同及其他法律行为须使他人利用土地的状态。

基于自然原因或者法律产生的地役权，适用本法第三百二十八条与第三百二十九条的规定。

第三百四十条 基于合同或者其他法律行为产生的地役权

基于合同或者其他法律行为产生的地役权，是指为了提高自己土地的效益按照合同或者其他法律行为中事先确定的目的利用他人土地的权利。

为他人土地提供便益的土地为供役地，该土地的所有权人为供役地所有权人。

从供役地享受方便和利益的土地为需役地，该土地的占有人为需役地占有人。

第三百四十一条 地役权的取得

地役权基于合同或者其他法律行为产生的，地役权人自依照法律规定完成登记之日起取得地役权。

基于合同或者其他法律行为产生的地役权已被权利人公然、持续行使的，地役权人根据本法第五十一条的规定基于时效取得地役权。

土地共同使用权人中的一人依照合同或者其他法律行为取得地役权的，其他共同使用权人也取得该项权利。

依照合同或者其他法律行为产生的地役权的登记，适用有关土地使用权活动登记的规则。

第三百四十二条 地役权与需役地使用权

依照合同或者其他法律行为产生的地役权与需役地使用权不得分别转让，转让需役地使用权时应当一并转移依照合同或者其他法律行为产生的地役权。但是，产生地役权的合同或者法律行为另有规定的除外。

第三百四十三条 地役权的行使

需役地所有权人可以在设立地役权的法律行为规定的范围内行使地役权。但是，不得侵害国家、社会及他人的权益。

第三百四十四条 供役地所有权人的义务

供役地所有权人依照设立地役权的合同及其他法律行为或者法律规定，应当保障需役地占有人从供役地中获得充分的利益。

第三百四十五条 需役地占有人的义务

需役地占有人依照设立地役权的合同及其他法律行为或者法律规定，应当对通过供役地享受的利益支付对价。

第三百四十六条 地役权的保护

需役地占有人为了维护自己的正当权利及利益，依照本法第三百三十六条及第三百三十七条的规定，在行使基于合同或者其他法律行为产生的地役权的必要范围内，有权采取法律规定的措施。

第三百四十七条 地役权的终止

有下列各项情形的，依照合同或者其他法律行为产生的地役权终止：

（一）合同或者其他法律行为规定的地役权的存续期间届满；

（二）合同或者其他法律行为没有规定地役权的存续期间的，二十年的期间届满；

（三）供役地或者需役地灭失的；

（四）连续十年没有行使地役权。

第三百四十八条 地役权登记的注销

地役权消灭的，供役地的所有权人应当按照相关规则申请注销地役权登记。

第三百四十九条 地役权终止的法律后果

依照合同或者其他法律行为产生的地役权终止的，需役地所有权人负有将土地恢复原状的义务。但是，合同或者其他法律行为另有规定的除外。

第十一章　地　上　权

第三百五十条 地上权

地上权，是指在土地使用权的范围内，依照合同或者其他法律行为使用他人土地建筑自己所有的建筑物，种植树木以及获得其他利益的权利。

使用土地获得的利益归使用土地的地上权人所有。

第三百五十一条 地上权的目的

当事人通过规定土地的面积、范围、体积，可以将土地的下部和上部空间也包括在地上权的目的之中。

土地已被他人租赁或者占有的，经承租人或者占有人的同意可以设定地上权。

第三百五十二条 地上权的取得

地上权，自依照法律规定完成登记之日起取得。

行使地上权的人，具备本法第五十一条规定的要件之时，依据时效取得地上权。

地上权的登记，适用有关土地使用权活动登记的规则。

第三百五十三条 地上权的行使

地上权人可以按照合同或者其他法律行为的规定行使自己的权利。但是，不得侵害国家、社会及他人的权益。

第三百五十四条 地上权设定人的义务

地上权设定人应当保障地上权人按照合同或者其他法律行为的规定可以充分行使地上权。

第三百五十五条 地上权人的义务

地上权人应当按照合同或者其他法律行为的规定支付土地使用费且按照法律规定履行其他义务。

第三百五十六条 地上权的保护

地上权人为了维护自己的正当权利及利益，依照本法第三百三十六条及第三百三十八条的规定可以和所有权人一样采取法律规定的措施。

第三百五十七条 地上权的转让

地上权人可以将自己的地上权转让给他人。

第三百五十八条 地上权的继承

地上权可以作为遗产继承。但是，合同或者其他法律行为另有规定的除外。

第三百五十九条 地上权的终止

有下列情形的，地上权终止：

（一）合同或者其他法律行为规定的地上权存续期间届满；

（二）合同或者其他法律行为没有规定地上权存续期间之时，地上权人通知地上权设定人一年之后放弃地上权或者通过支付下一年的全部地上权使用费的方式放弃地上权；

（三）合同或者其他法律行为没有规定地上权存续期间之时，根据土地的使用目的和使用状况以及对地上权进行合意之时的状况，自地上权成立之日起经过了二十年或者三十年。

第三百六十条 地上权登记的注销

地上权终止的，地上权人应当按照相关规则申请注销地上权登记。

第三百六十一条 地上权终止的法律后果

地上权终止的，地上权人应当将土地恢复原状。但是，合同或者其他法律行为另有规定的除外。

第五编 合同债务

第一章 一般原则

第三百六十二条 合同债务

合同债务，是指基于合同产生的法律关系，即合同当事人相互之间产生的可以行使的民事权利以及应当履行的民事义务。

第三百六十三条 合同债务的基本原则

合同债务适用本法第八条规定的原则。

第二章 合同的订立

第三百六十四条 合同

合同，是指设立、变更或者终止民事权利及义务的合同当事人之间的合意。

合同在以下主体之间订立：

（一）国家机关之间或者团体之间；

（二）国家机关或者团体与法人或者自然人之间；

（三）法人之间或者自然人之间；

（四）法人与自然人之间。

第三百六十五条 合同的特征

合同分为单务合同与双务合同。

单务合同，是指一方对另一方负担履行义务，另一方不给付对价的合意。

双务合同，是指双方相互负担履行义务的合意。

第三百六十六条 合同的要件

合同应当符合本法第十七条规定的法律行为的要件。

另外，作为合同成立的要件当事人应当具有合法动机。

第三百六十七条 合同当事人的自愿性

合同当事人应当具有本法第十九条规定的自愿性。

第三百六十八条 合同的动机

合同的动机，是指推动合同的订立，促使合同当事人行使权利、履行义务的内心原因。

合同的动机应当客观存在且合法。

第三百六十九条 合同的形式

合同采用本法第二十一条规定的形式。

合同采用书面形式的，合同书可以由合同当事人本人或者代理人通过手写、打印、印刷的方式制作。合同书应当写明年、月、日，并且由合同当事人或者其代理人署名或者按手印。

以书面形式订立的合同，在订立合同之时第三人或者村长可以作为见证人参加。

合同当事人可以对采用书面形式订立的合同进行公证，证明合同合法且真实存在。

第三百七十条 合同的内容

合同的内容主要包括：

（一）合同订立的日期、时间、场所；

（二）合同当事人的姓名以及住所；

（三）目的、价格、履行期、支付、受领；

（四）标的物的范围、数量以及质量；

（五）合同的履行地以及相互联络的义务；

（六）合同违反的法律后果；

（七）纠纷解决的方式以及机关；

（八）履行期届满之前变更或者终止合同的条件。

第三百七十一条 合同的要约以及承诺

以口头方式订立合同之时，要约人没有指定承诺期限的，无论何时何地受要约之人都可以即时进行承诺，承诺一经作出视为合同成立。

以书面形式订立合同之时，要约人没有指定承诺期限的，受要约人应当自收到要约书之日起十五日之内向要约人发送承诺书。要约人在上述期间内不得撤回要约书。

要约人指定承诺期限的，在指定期间内承诺书到达要约人，则视为合同成立。在指定期间内要约人不得撤回要约书。

受要约人在指定期间或者本条第二款规定期间之内发出承诺书，但承诺书晚于上述期间到达要约人的，要约人同意接受承诺之时视为合同成立。

承诺书对要约的内容作出增补、删除或者变更的，要约人同意并作出承诺之时视为合同成立。

第三百七十二条 悬赏广告

以广告、通知或者其他合法方式表示对完成一定行为的人给予报酬的人，对完成该行为的人负有支付报酬的义务。

给予报酬的表示中没有指定期限的，在有人完成指定行为之前，表示人有权以相同的方法作出撤回表示。

给予报酬的表示中指定期限的，表示人不得在期限到来之前撤回表示。

第三百七十三条 有奖竞赛的表示

有奖竞赛的表示，是指委员会或者举办方基于自身决定作出的向特定活动或者作品竞赛的优胜者提供奖励的广告、通知以及其他合法方式。

有奖竞赛的表示中应当指定期限，在指定期限内不得撤回表示。

第三百七十四条 合同的解释

合同当事人对合同的内容发生争议的，当事人或者法院应当按照合同当事人订立合同的目的或者实际适用的不与法律相冲突的习惯进行解释。

第三百七十五条 合同的效力

合同按照约定的内容约束合同当事人。

另外，合同的履行应当符合合同的性质、法律、实务习惯以及正义原则。

第三章 无效合同

第三百七十六条 无效合同

无效合同，是指不具备合同生效要件的合同。

合同无效包括相对无效、绝对无效以及全部无效、部分无效。

当事人主张合同绝对无效的，适用本法第二十六条的规定。

当事人请求撤销相对无效合同的，适用本法第二十七条的规定。

第三百七十七条 无效合同的法律后果

无效合同的法律后果包括：

（一）发生本法第二十八条规定的法律后果；

（二）合同内容显失公平的，双方当事人应当各自返还已受领的物。

第四章 合同的履行

第三百七十八条 合同的履行

合同当事人应当按照合同约定或者法律规定的履行期、履行地诚实、完全地履行合同。

合同当事人无权拒绝履行合同或者单方面变更合同的内容。但是，法律另有规定的除外。

合同当事人有权拒绝受领不完全、不正确等不符合合同约定或者法律规定的履行。但是，当事人另有约定或者法律另有规定的除外。

第三百七十九条 合同内容的补充

当事人对标的物质量没有约定或者约定不明确的，合同当事人应当按照关于标准质量的法律及其他有关法令或者符合合同目的及习惯的标准履行。

当事人对标的物价格或者报酬没有约定或者约定不明确的，按照履行合同时履行地的市场一般价格或者政府定价履行。

第三百八十条 合同的履行期

合同应当按照约定的期限合法履行。

当事人没有约定履行期的，债权人有权随时请求履行，债务人也有权随时履行。债权人请求履行的，债务人应当在接到履行请求之日起十五日内履行合同。

债务人在履行期前履行合同的，应当事先取得债权人同意且提前履行不违反合同目的和法律。

第三百八十一条 合同的履行地

合同应当在当事人约定或者法律规定的地点履行。没有约定履行地的，适用下列规定：

（一）交付建筑物的，应当在建筑物所在地履行。

（二）金钱债务应当在合同成立之时债权人的住所履行。但是，国家机关、团体组织以及社会组织履行金钱债务的除外。债权人变更其住所的，应当及时通知债务人，债务人应当在债权人的新住所履行合同，因此增加的费用由债权人承担。

（三）其他债务应当在合同成立之时债务人的住所履行。债务人为法人的，应当在其主要办事机构履行。

第三百八十二条 清偿

清偿，应当根据当事人的约定以支付金钱、银行转账、票据、交付物或者提供劳务的方式进行。

债权人请求清偿的，应当事先制作请求书。

债权人应当独自制作收据或者其他书面材料，并且应当在债务人履行合同之时或者在履行之后十五日内完成制作。

以票据清偿的，债权人获得票据付款之日视为清偿之日。以银行转账方式清偿的，金钱转到债权人账户之日视为清偿之日。以邮寄方式清偿的，债务人将金钱或者物交给邮局的日期视为清偿之日。

第三百八十三条 清偿的顺序

负债清偿应当按照当事人的约定进行。对清偿的顺序发生争议的，应当按照下列顺序进行清偿：

（一）费用或者其他；

（二）违约金或者借款利息；

（三）金钱债务或者借款合同中的本金。

第三百八十四条 免除

负债或者义务的免除，是指债权人作出的不再请求债务人履行负债或者义务的意思表示。

负债或者义务的免除应当采用书面形式。

第三百八十五条 抵销

负债或者义务的抵销，是指消灭合同当事人互负的负债或者义务。但是，法律另有规定的除外。

负债或者义务的抵销应当采用书面形式。

第三百八十六条 合同履行困难的通知

合同履行发生困难，一方当事人无法正常履行其义务的，该当事人应当在合同履行期到来之前及时通知另一方当事人造成履行困难的事由。

履行困难的通知，不属于债务人的免责事由，困难消除之后，债务人仍须依照合同继续履行其义务。

第三百八十七条 合同履行的中止

合同当事人一方有下列情形之一且可能造成另一方损害的，部分履行自己义务的另一方当事人，应当及时通知对方并中止自己义务的履行：

（一）法院受理破产诉讼或者申请；

（二）失去商业信用，因此存在不能履行合同的风险；

（三）存在不能履行合同的情形。

合同当事人在上述事由不存在的情况下擅自中止其义务履行的，应当赔偿因此给相对方造成的损害。

收到中止履行通知的一方证明自己有履行义务的能力或者提供适当担保的，中止履行的一方应当继续履行其义务。没有证明或者没有提供适当担保的，中止履行的一方可以解除合同。收到中止履行通知的一方应当对解除合同的一方已经履行的部分进行补偿。

本条规定可以适用于所有类型的合同，但是单务合同除外。

第五章 合同履行的保障措施

第三百八十八条 合同履行的保障措施

为了确保合同的合理履行，法律允许合同当事人利用质权、抵押权、定金、个人或者法人保证以及违约金等措施。

设定质权、抵押权、个人或者法人保证的，适用本法第七编有关“担保”的规定。

第三百八十九条 定金

定金，是指为了证明合同的成立以及确保合同的履行，依照合同当事人之间的合意，一方向对方给付的一定金钱。

给付定金的一方违反合同的，无权要求返还定金。但是，当事人之间另有约定的除外。

收受定金的一方违反合同的，应当双倍返还定金。但是，当事人之间另有约定的除外。

第三百九十条 违约金

违约金，是指对不履行合同一方的措施。

合同当事人可以在不违反特别法令的范围内约定违约金。

第六章 合同不履行

第三百九十一条 合同不履行

合同不履行，是指合同当事人一方对合同的全部或者部分的违反，以及不适当履行。例如，标的物质量不符合约定，不在约定的期限或者地点履行，等等。

第三百九十二条 合同不履行的法律后果

合同当事人一方不履行合同的，对方有权请求合同履行、损害赔偿或者解除合同。

第三百九十三条 履行请求

合同有效成立的，合同当事人应当严格按照约定的内容履行合同。当事人一方不履行合同的，对方有权请求其履行或者向法院提起诉讼。

第三百九十四条 损害赔偿

合同当事人一方不履行合同的，应当对发生的损害承担赔偿责任。但是，合同不履行是因不可抗力造成的除外。

损害赔偿额的计算，适用本法第四百八十一条的规定。

第三百九十五条 解除

合同当事人一方违反合同的重要内容给对方造成不利后果的，对方可以解除合同。但是，合同当事人之间另有约定的除外。

当事人一方解除合同的，应当通知对方。

采用书面形式订立的合同，应当以书面形式解除。

合同解除的，已经相互履行的部分视为消灭；一方先履行其义务的，未履行义务的另一方应当给予补偿；对相互未履行的义务，终止履行。

第三百九十六条 债权人代位权

债务人怠于请求其债务人清偿债务，给债权人造成损害的，债权人有权代替债务人以诉讼的方式请求清偿债务。但是，债务人的权利专属于债务人自身的除外。

债权人代位的费用由债务人承担。

第三百九十七条 债权人撤销权

债务人与恶意第三人以免除第三人债务为目的实施法律行为，造成债权人损害的，债权人有权向有关部门提出异议或者请求法院撤销该法律行为。

第七章 合同的变更、解除以及终止

第三百九十八条 合同的变更

合同当事人协商一致，可以变更合同。

以书面形式订立的合同，应当采用书面形式变更。

第三百九十九条 合同的合意解除

合同当事人协商一致，可以解除合同。

以书面形式订立的合同，应当采用书面形式合意解除。

第四百条 合同的终止

有下列情形之一的，合同终止：

（一）合同得到适当且完全地履行；

（二）债权债务归于一人；

（三）合同当事人协商一致；

（四）合同履行不能；

（五）合同解除；

（六）合同当事人一方死亡，他人无法继续履行其债务；

（七）作为合同当事人的法人解散或者破产。

法人解散或者破产的，对方当事人有权请求对该法人的物负有义务的人偿还费用或者赔偿损失。

第八章 债权人以及债务人变更

第四百零一条 债权人的变更

债权人可以将自己的权利转让给他人。但是，法律或者合同禁止转让的除外。

债权人转让权利的，应当将有关权利凭证交给受让人。被转让的权利不存在的，债权人应当承担责任。

第四百零二条 债务人的变更

债务人也可以将自己的义务转移给他人，使其代替自己履行义务。但是，应当事先取得债权人同意。

第四百零三条 权利义务的移转

合同当事人一方可以将自己基于合同产生的全部权利及义务，通过合同当事人及他人的书面协议，移转给他人。

第九章 合同对第三人的效力

第四百零四条 关于合同对第三人效力的原则

合同限于为第三人订立的情形，对第三人发生效力。

第四百零五条 为第三人订立的合同

为第三人订立的合同，是指合同当事人为给予第三人利益订立的合同。

第三人同意接受该利益的，合同规定的第三人权利及利益受到保护，合同当事人不得随意撤销该利益。

第十章 合同的种类

A. 买卖合同

第四百零六条 买卖合同

买卖合同，是指以出卖人转移标的物所有权于买受人，买受人受领标的物且支付约定价款为内容的合同当事人的合意。

出卖人可以出卖其所有的任何物。出卖人出卖的物根据法院判决或者经济纠纷解决机构的判断被没收的，出卖人应当赔偿买受人的损失。

他人对买卖标的物享有租赁权等权利的，出卖人应当在订立合同之际通知买受人。出卖人没有通知的，买受人有权解除合同并请求赔偿损失或者减价。

出卖人交付标的物之前买受人已经取得标的物所有权的，出卖人负有在买受人受领标的物之前妥善保管该标的物的义务。

有下列情形之一的，买卖标的物的所有权归于买受人：

（一）出卖人交付标的物且买受人支付价款的；

（二）按照当事人约定，出卖人交付标的物之前买受人已支付价款的或者买受人支付价款之前出卖人已交付标的物的；

（三）需要办理登记的标的物，买受人完成登记的。

第四百零七条 买卖标的物质量

买卖标的物质量应当符合当事人约定。当事人对标的物质量没有约定或者约定不明确的，出卖人应当按照质量基准法、其他有关法律或者通常习惯所认可的质量履行义务，例如，符合合同的目的且与其价格相应的质量。

交付的标的物质量不符合前款规定的，出卖人应当赔偿买受人的损失。

买受人知道标的物质量不符合要求的，有权在请求修理、更换、减价或者解除的同时请求赔偿损失。

买受人应当检验标的物的质量。发现标的物有瑕疵的，应当及时通知出卖人。买受人怠于通知的，由买受人对瑕疵承担责任。但是，当事人另有约定或者法律另有规定的除外。

第四百零八条 分期付款买卖

分期付款买卖，是指买受人在一定期限内分期支付标的物价款，出卖人将商品交付买受人即取得商品所有权的合同。商品需要登记的，买受人自登记之日起取得所有权。

买受人没有支付全额价款或者连续三次没有支付分期价款的，出卖人有权解除合同或者请求买受人一次性支付剩余全部价款。对分期付款买卖中出卖人的权利可以进行动产担保登记。

买受人应当按照商品出售之时约定的价格支付价款。分期付款买卖的商品价格在出卖后发生波动的，不影响约定的价格。

第四百零九条 出卖人为无权处分人的动产的买卖

动产的善意买受人，是指相信自己购买了合法动产的人。此时，善意主要体现为，以合理的市场价格购买动产，并且公开、持续、平稳地使用该动产。动产的所有权人可以请求善意买受人返还动产。但是，应当补偿善意买受人向无处分权的出卖人支付的价款。动产的所有权人有权向法院起诉无权处分其所有物的出卖人。

恶意的动产买受人，是指明知或者应当知道自己购买的动产并非合法。此时，恶意主要体现为，以明显低于市场的价格购买，并且隐蔽、短暂使用动产。动产的所有权人有权请求恶意买受人返还动产。恶意买受人有权请求出卖人返还价款，但无权请求法院判令出卖人返还价款。

第四百一十条 出售商品或者物品的运送

买受人和出卖人可以对出售商品或者物品的运送进行协商。当事人没有约定的，根据合同的具体内容出卖人可以将出售商品或者物品运送至买受人的住所或者其他场所，买受人必须受领。运送费用的负担依照双方当事人的合意确定。

出卖人没有在约定的期间运送出售商品或者物品的，买受人有权拒绝受领该商品或者物品。

买受人已经支付价款及运送费用的，买受人有权请求出卖人赔偿合理的可得利益的损失。

出卖人已经运送出售商品或者物品，但运送商品或者物品不符合合同约定的数量、质量的，买受人有权拒绝受领该商品或者物品且拒绝支付价款。买受人已经支付价款的，出卖人应当返还该价款且向买受人赔偿损失。

B. 互易合同

第四百一十一条 互易合同

互易合同，是指以一方将其所有物交付给对方，对方也将其所有物作为对价交付为内容的合同当事人的合意。

第四百一十二条 互易中的补充价款

一方当事人用于交换的所有物价格低于对方所有物的，可以补充价款。

第四百一十三条 互易合同的规则

互易合同准用买卖合同的有关规则。

互易合同，在当事人双方互相交付其所有物之时发生效力。

C. 附所有权移转特约租赁合同

第四百一十四条 附所有权移转特约租赁合同

附所有权移转特约租赁合同，是指以出租人将产品出租给承租人使用，承租人按照约定的次数分期支付租赁物的全部价款时取得该租赁物的所有权为内容的合同当事人的合意。

附所有权移转特约租赁合同中租赁物的价格依照合同成立之时当事人的约定确定。

附所有权移转特约租赁合同应当采用书面形式。

第四百一十五条 出租人的权利及义务

附所有权移转特约租赁合同的出租人享有下列各项权利：

（一）按照约定的期日，请求承租人支付租金；

（二）承租人连续三次未支付租金的，出租人可以催告其支付。承租人在接到催告通知之日起三十日内仍未支付的，出租人可以解除合同并请求返还租赁物，但是出租人无须返还承租人已支付的租金。因承租人的过错致租赁物毁损、灭失的，出租人有权请求赔偿损失。

附所有权移转特约租赁合同的出租人负有下列各项义务：

（一）按照约定向承租人交付租赁物；

（二）承租人支付全部价款的，转移租赁物的所有权于承租人；

（三）对租赁物的质量，依照本法第四百零六条的规定承担责任。

第四百一十六条 承租人的权利及义务

附所有权移转特约租赁合同的承租人享有下列各项权利：

（一）依照约定请求出租人提供标的物；

（二）自占有标的物时起，收取标的物的孳息；

（三）支付标的物全部价款时，取得该标的物的所有权；

（四）依照本法第四百零七条的规定，请求出租人对标的物质量承担责任；

（五）经出租人同意可以随时解除合同，但是应当返还标的物且对标的物造成的故障或者毁损承担赔偿责任。

附所有权移转特约租赁合同的承租人承担下列各项义务：

（一）依照约定，分期支付标的物价款；

（二）按照通常的状态使用标的物，并且对其进行妥善管理；

（三）三次连续未支付租金的，应当返还标的物；

（四）承租人无权对标的物的全部或者部分进行出售、赠与、交换或者其他处分。但是，当事人另有约定的除外。

第四百一十七条 物的处分

附所有权移转特约租赁合同的承租人在合同期限届满之前对标的物全部或者部分进行出售、赠与、交换或者其他处分的，该承租人承担刑事责任。标的物所有权人或者遭受损害的人有权依照法律提起诉讼。但是，当事人另有约定的除外。

D. 赠与合同

第四百一十八条 赠与合同

赠与合同，是指以赠与人将其所有物无偿交付给受赠人，受赠人同意受领该物为内容的合同当事人的合意。

赠与合同的对象包括动产、不动产以及债权。

第四百一十九条 赠与的范围

赠与范围与本法第五百九十二条规定的设立遗嘱的权利范围相同。

第四百二十条 动产赠与

动产赠与，是指可使用的资产的赠与。受赠人接受赠与物时取得赠与物的所有权。

需要登记的动产的赠与，应当采用书面形式，并且未经登记不发生效力。

第四百二十一条 不动产赠与

不动产赠与，是指赠与人将其所有的不动产赠与他人，并且赠与的不动产须存在能够证明所有权或者合法使用权的权利凭证。

不动产赠与，应当采用书面形式。

不动产的受赠人自登记之日起取得赠与物的所有权。

第四百二十二条 债权的赠与

债权的赠与，是指赠与人基于法律或者合同取得债权并将该债权转让给受赠人的赠与。

债权的赠与，应当采用书面形式。赠与人应当通知被赠与债权的受益人债权赠与的事实。

第四百二十三条 赠与物的瑕疵通知义务

赠与物存在瑕疵或者特殊事项的，赠与人应当通知受赠人。没有通知的，赠与人应当对该赠与物瑕疵或者特殊事项造成的损害承担赔偿责任。

E. 附义务赠与合同

第四百二十四条 附义务赠与合同

附义务赠与合同，是指以赠与人将自己的所有物赠与受赠人，受赠人在接受受赠物之前或者之后应当履行一定义务为内容的合同当事人的合意。

受赠人完全履行义务之时取得赠与物的所有权。受赠人不履行或者不完全履行义务的，赠与人可以解除该附义务赠与合同。

第四百二十五条 附义务赠与的范围

附义务赠与的范围与本法第五百九十二条规定的设立遗嘱的权利范围相同。

第四百二十六条 赠与物的瑕疵通知义务

附义务赠与的物存在瑕疵或者特殊事项的，附义务赠与人应当通知受赠人。没有通知的，附义务赠与人应当对该赠与物的瑕疵或者特殊事项造成的损害承担赔偿责任。

F. 附买回特约买卖合同

第四百二十七条 附买回特约买卖合同

附买回特约买卖合同，是指买卖标的物为动产时在三年以内，为不动产时在五年以内，出卖人有权以买受人购买标的物相同的价格买回标的物的买卖合同。

合同当事人在订立合同时对买回权行使期限的延长有约定的，在前款规定的期限届满之后，出卖人可以延长买回权行使期限，但是不得超过一年。

期限届满，出卖人没有买回标的物的，买受人取得标的物的所有权。

附买回特约买卖合同的标的物为不动产的，应当办理土地使用权活动登记。办理登记，标的物为动产的，应当按照担保登记制度办理登记。

第四百二十八条 附买回特约买卖合同的孳息

附买回特约买卖标的物产生的孳息归已支付标的物全部价款的买受人所有。买受人没有支付标的物全部价款的，无权取得标的物所生孳息。但是，当事人另有约定的除外。

第四百二十九条 附买回特约买卖合同标的物的保管

买受人应当妥善保管附买回特约买卖标的物，买受人为了保管标的物支出的费用由出卖人承担。支出的费用微少的，由买受人自己承担。买受人有权使用附买回特约买卖的标的物。出卖人在期限内买回标的物的，买受人应当按照原状返还标的物。

G. 消费借贷合同

第四百三十条 消费借贷合同

消费借贷，是指以出借人将自己所有的金钱或者物交付给借用人所有，借用人在约定的期限内将相同数额的借款或者同种类、同数量、同品质的物返还给出借人为内容的合同当事人的合意。

消费借贷合同没有约定期限的，合同的履行请求准用本法第三百八十条的规定。

金钱消费借贷既可以收取利息也可以不收取利息，但合同另有约定的除外。借款人迟延履行其债务造成贷款人损失的，应当对该损失承担责任。

物的消费借贷既可以收取对价也可以不收取对价，但合同另有约定的除外。借用人迟延返还借用物造成出借人损失的，应当对该损失承担责任。

消费借贷合同应当采用书面形式。

第四百三十一条 金钱消费借贷的利息

依法设立的银行或者其他金融机构实施的金钱消费借贷，应当按照借款银行或者金融机构的规则履行。银行或者其他金融机构以外的出借人实施的消费借贷，其利率不得超过年利率的百分之三十六。

消费借贷不得将利息计入本金。

合同履行期届满，出借人没有合理依据不收取借用人返还的金钱或者物的，逾期不受领期间的利息不予计算。

外国机构或者国际机构的消费借贷，按照当事人的约定计算利息。

H. 借用合同

第四百三十二条 借用合同

借用合同，是指以出借人无偿交付标的物供借用人使用，借用人按照约定的期限原状返还标的物为内容的合同当事人的合意。

第四百三十三条 借用人的责任

借用期间标的物发生毁损、故障的，借用人应当赔偿损失。但是，当事人另有约定的除外。

标的物灭失或者不能使用的，借用人应当经出借人同意，按照补偿时的市场价格以金钱或者其他物补偿出借人。

借用人无权转借借用物供他人使用。

I. 租赁合同

第四百三十四条 租赁合同

租赁合同，是指以出租人交付所有物于承租人供其暂时使用，承租人依照合同约定及租赁物的性质合理使用租赁物，并且按照约定价格及期间支付租金为内容的合同当事人的合意。

租赁合同没有约定租赁期间的，出租人或者承租人可以随时解除合同。但是，应当提前通知对方。租赁物为土地、房屋以及其他建筑物等不动产的，应当提前三个月通知对方；租赁物为机动车、船舶或者动物等动产的，应当提前一个月通知对方。

解除耕地租赁合同的，应当在农作物收割期之后到接下来的耕种期开始之前通知对方。

租赁物存在瑕疵或者特殊事项的，出租人应当在交付租赁物之前通知承租人。出租人怠于通知致使租赁物毁损、灭失的，承租人不承担任何责任。

租赁合同应当采用书面形式。

第四百三十五条 租金的支付

承租人可以按日、按周、按月或按年支付租金，也可以预先支付租金。因承租人不履行合同义务，出租人在租赁期间届满之前解除租赁合同的，出租人应当返还承租人预先支付租金的剩余部分，但有权请求承租人赔偿损失。

出租人不履行合同义务的，承租人有权请求返还预先支付租金的剩余部分以及赔偿损失。

第四百三十六条 租赁物的使用及维修

承租人应当按照约定及租赁物的性质使用租赁物且对其进行妥善管理，合同终止之后应当按照原来的状态返还租赁物。因承租人的过错造成租赁物毁损、灭失的，承租人应当承担责任。

租赁物在使用过程中发生钥匙更换、船体漏水、机动车轮胎更换等小范围维修的，由承租人承担维修义务；发生房屋修理、机动车翻修等大范围维修的，由出租人承担维修义务。

承租人经出租人同意用自己的资金对租赁物进行大范围维修的，承租人有权请求出租人返还维修费用或者从租金中扣除维修费用。

承租人请求大范围维修，出租人有维修能力却不予维修的，承租人可以解除合同并有权请求返还预先支付的租金。

第四百三十七条 租赁物所有权人的变更

出租人将租赁物赠与或者出卖给他人的，租赁合同对受赠人或者买受人继续有效。出租人应当通知新的所有权人租赁合同的存在。

第四百三十八条 转租

承租人经出租人同意可以将租赁物转租给他人。但是，转租合同的期间及条件不得超过原租赁合同的范围。承租人未经出租人同意转租的，出租人可以解除租赁合同。

J. 承包经营合同

第四百三十九条 承包经营合同

承包经营合同，是指以依照老挝人民民主共和国法律及合同的特殊条件，以赋予法人运营特定事业或者开发特定项目的权利为内容的国家与法人之间的合意。

承包经营合同应当采用书面形式。

第四百四十条 合同当事人的权利及义务

承包经营合同的当事人可以约定各自的权利及义务。但其内容不得违反老挝人民民主共和国的相关法令。

K. 保 管 合 同

第四百四十一条 保管合同

保管合同，是指以寄存人交付保管物给保管人保管，保管人在寄存人请求时按照原来的状态返还保管物于寄存人为内容的合同当事人的合意。

合同当事人可以约定支付或者不支付保管费。但是，相关规则另有规定的除外。

当事人约定保管期间的，保管人不得提前返还保管物，但存在不得已事由的除外。寄存人可以提前请求返还保管物。

当事人没有约定保管期间的，寄存人可以随时领取保管物，保管人有权选择合适的时间请求保管人领取保管物。

保管费根据实际保管的期间计算。但当事人另有约定的除外。

第四百四十二条 保管人的权利及义务

保管人享有下列各项权利：

（一）按照约定，收取保管费；

（二）寄存人迟延领取保管物的，请求保管所需费用。

保管人负担下列各项义务：

（一）妥善保管保管物，防止保管物毁损、故障、变质；

（二）按照原来的状态返还保管物于寄存人；

（三）保管物毁损、故障、变质的，赔偿相应的损失，但是，损失因不可抗力造成的除外；

（四）可能造成保管物损害的事实或者情况发生时，保管人应当及时通知寄存人。没有通知的，保管人承担赔偿责任。

保管人无权使用保管物或者将其交由他人保管。但是，经寄存人同意的除外。保管物所生孳息归寄存人所有。

第四百四十三条 寄存人的权利及义务

寄存人享有下列各项权利：

（一）随时请求返还保管物；

（二）保管人造成保管物毁损、故障、变质的，请求赔偿损失。

寄存人负担下列各项义务：

（一）保管物存在瑕疵或者特殊事项的，寄存人应当通知保管人，并且与保管人共同检验保管物的状态，寄存人没有通知保管物的瑕疵或者特殊事项致使保管人或者保管物遭受损害的，寄存人应当承担赔偿责任；

（二）保管期间届满后领取保管物，按照约定支付保管费；

（三）当事人约定自保管合同成立之日起支付保管费的，寄存人对保管物的逾期交付承担责任；

（四）寄存人逾期领取保管物的，应当根据逾期的天数支付增加的保管费；

（五）偿还保管人为管理保管物支出的费用。

第四百四十四条 易变质、易腐烂物品的保管

保管物容易变质、腐烂且寄存人没有及时领取保管物的，保管人有权处分该保管物且从处分所得的价款中扣除保管费以及处分费用，但扣除之后所剩的价款应当予以返还。

保管人恶意处分保管物的，承担刑事责任。

第四百四十五条 宾馆或者旅馆主人的责任

住宿客人通知宾馆或者旅馆主人保管其所有的交通工具的，宾馆或者旅馆的主人对该交通工具的损害承担赔偿责任。

住宿客人将其所有的金、银或者其他高价首饰等贵重物品交给宾馆或者旅馆主人保管并告知保管物是贵重物品的，由宾馆或者旅馆主人对该贵重物品的毁损、灭失承担责任。

L. 委 托 合 同

第四百四十六条 委托合同

委托合同，是指以受托人为委托人的利益以委托人的名义处理一定事务，委托人依照合同约定或者法律规定向受托人支付报酬为内容的合同当事人的合意。

受托人没有委托授权书的，不得处理被委托事务。但是，委托人委托事务的重要性低的除外。

委托期间不得超过三年。当事人没有约定委托期间的，委托自制作委托授权书之日起一年内有效。

第四百四十七条 委托人的权利及义务

委托人享有下列各项权利：

（一）可以随时解除合同，但解除给受托人造成损失的，应当承担赔偿责任；

（二）受托人没有按照委托人的指示或者超越受托范围处理事务的，委托人可以拒绝承认。

委托人负担下列各项义务：

（一）提供受托人处理事务所需的物；

（二）接受受托人在受托范围之内处理事务的结果；

（三）按照合同约定向受托人支付报酬及受托人因处理委托事务所支出的费用。

委托人因怠于认可受托人完成的事务及支出的费用给受托人造成损失的，应当对其承担全额赔偿责任。

第四百四十八条 受托人的权利及义务

受托人享有下列各项权利：

（一）可以随时解除合同，但解除给受委托人造成损失的，应当承担赔偿责任；

（二）按照合同约定，请求委托人支付报酬。

受托人负担下列各项义务：

（一）按照委托人的指示或者合同约定的范围，亲自处理委托事务，并且如同处理自己事务般诚实地处理委托事务；

（二）应当及时向委托人报告委托事务的处理情况，并且将处理委托事务时取得的物、金钱或者书面材料转交给委托人；

（三）没有按照委托人的指示或者超出委托范围处理事务的，赔偿因此给委托人造成的损失。

M. 服务合同

第四百四十九条 服务合同

服务合同，是指以服务方提供制作、建议等服务，委托方支付约定服务费为内容的合同当事人的合意。

第四百五十条 服务合同的种类

服务合同包括：

（一）一般服务合同；

（二）专业服务合同。

一般服务合同，是指服务方提供特定服务的合同，包括修理、理发、服装定制、导游、饮食，等等。

专业服务合同，是指服务方提供调查、分析、信息提供、建议、指导、编程、研究报告书及其他要求具备较高专业知识的服务的合同。

约定支付高额服务费的一般服务合同及专业服务合同，应当采用书面形式。

第四百五十一条 服务方的权利及义务

服务方享有下列各项权利：

（一）按照合同约定收取服务费；

（二）委托方不支付服务费的，可以停止提供服务并留置作为服务行为对象的物。

服务方负担下列各项义务：

（一）服务方应当使用专业、质量合格、符合委托方需求的设备；

（二）妥善管理委托方提供的物；

（三）在约定期间内向委托方交付符合质量要求的服务成果；

（四）保守委托人的秘密；

（五）当事人约定的服务期间届满但服务方没有完成服务内容的，服务方应当继续完成服务内容。但委托方另有表示的除外。

第四百五十二条 委托方的权利及义务

委托方享有下列各项权利：

（一）请求返还作为服务行为对象的物；

（二）请求服务方改善、解决瑕疵；

（三）拒绝受领不符合合同约定的服务；

（四）变更服务方，但应当向原服务方支付已经完成部分的服务费。

委托方负担下列各项义务：

（一）向服务方提供必要的设备或者信息；

（二）受领服务方提供的服务成果并支付服务费。

N. 建设工程合同

第四百五十三条 建设工程合同

建设工程合同，是指以承包方依照发包方的目的使用发包方提供的或者自己的材料、车辆进行建筑，发包方接收建筑物、支付价款，并且与承包方共同检查建筑成果为内容的合同当事人的合意。

第四百五十四条 发包方的权利及义务

发包方享有下列各项权利：

（一）检查建筑物。因不符合或者违反合同要求，建筑物未达到技术以及设计标准或者已发生毁损的，发包方可以通知承包方在合理期间内改善、维修或者自己进行维修。发包方自己进行维修的，有权向承包方请求赔付支出的费用。

（二）承包方接到通知后在合理期间内未作出相应改善或者维修的，发包方可以解除合同并请求赔偿损失。

发包方负担下列各项义务：

（一）按照约定的价格以及期限支付建筑价款；

（二）按照约定的期限提供符合技术及质量标准的建筑材料及车辆；

（三）法律有特别规定的，应当遵守其规定。

第四百五十五条 承包方的权利及义务

承包方享有下列各项权利：

（一）发包方作出的指示不准确或者提供的建筑材料、车辆不符合技术标准无法使用的，承包方可以通知发包方，发包方在合理期间内没有解决问题的，承包方可以解除合同并有权请求赔偿损失；

（二）按照约定的价格以及期限请求支付建筑物的价款。

承包方负担下列各项义务：

（一）按照发包方提供的建筑计划在约定的期限内完成施工；

（二）应当妥善管理并合理使用发包方提供的建筑材料及车辆，没有合理使用的，承包方向发包方承担责任；

（三）承包方负有向发包方提交建筑材料使用记录及返还剩余材料的义务；

（四）转包给第三人的，对第三人的行为承担责任；

（五）对建筑过程中发生的损害承担责任；

（六）法律有特别规定的，应当遵守其规定。

第四百五十六条 建筑物的品质保证

承包人应当按照技术标准、规则、特别法的规定保证建筑物的质量。

发包人接收建筑物之后发现建筑物有瑕疵的，在保证期内有权请求承包方无偿进行修理。

O. 雇佣合同

第四百五十七条 雇佣合同

雇佣合同，是指以受雇者按照合同约定金额以及期间等条件从事工作，雇主支付月薪或者酬金并提供福利保障及其他支援为内容的合同当事人的合意。

第四百五十八条 雇主的权利及义务

雇主享有下列各项权利：

（一）测试受雇者的能力；

（二）要求受雇者按照合同的约定报到并从事工作；

（三）依照劳动法的规定解除雇佣合同；

（四）行使有关法律规定的其他权利。

雇主负担下列各项义务：

（一）依照雇佣合同约定或者有关法律规定支付月薪或者薪酬，并提供社会福利保障以及其他支援；

（二）管理、保护、保障受雇者在劳动过程中的安全；

（三）履行有关法律规定的其他义务。

第四百五十九条 受雇者的权利及义务

受雇者享有下列各项权利：

（一）依照雇佣合同约定或者有关法律请求雇主支付月薪或者酬金，并提供社会福利保障以及其他支援；

（二）要求雇主保障休息、健康管理以及安全，可以向有关部门申请解决劳动争议；

（三）依照劳动法的规定解除雇佣合同；

（四）行使有关法律规定的其他权利。

受雇者负担下列各项义务：

（一）按照雇佣合同的约定进行劳动；

（二）诚实负责地完成自己的职责；

（三）履行有关法律规定的其他义务。

P. 运输合同

第四百六十条 运输合同

运输合同，是指以承运人按照对方当事人的目的将旅客、行李或者物、商品、书面材料等运送物运送至目的地，旅客或者物、商品的托运人支付约定票款或者运输费为内容的合同当事人之间的合意。

运输合同，自承运人接收乘客、行李或者物、商品之时起发生效力，乘客到达目的地或者托运物品的所有人、有权领取之人领取托运物品之时终止。

第四百六十一条 运输合同的种类

运输合同包括：

（一）陆路运输，包括火车运输；

（二）水路运输；

（三）航空运输。

各种运输的规则以及程序由特别法规定。

第四百六十二条 承运人的权利及义务

承运人享有下列各项权利：

（一）按照约定的价格以及规则收取乘客、携带行李或者物、商品、书面材料等运送物的票款或者运送费用；

（二）拒绝接收没有监护人陪同的具有精神障碍的人、依照当事人约定或者法律规定禁止携带的行李，以及当事人约定或者法律规定禁止托运的物、商品、书面材料等运送物；

（三）行使有关法律规定的其他权利。

承运人负担下列各项义务：

（一）在约定的期限内将乘客、行李或者物、商品、书面材料等运送物安全地运送至目的地，并将运送物按照接收时的数量及质量交给具有领取该运输物权利的人；

（二）发生事故的，承运人应当对旅客的伤亡以及运送过程中发生的物、商品、书面材料等运送物的毁损、灭失承担责任，但是，事故属于偶发性事故或者不可抗力的除外；

（三）旅客突发疾病或者临产的，及时将该旅客送至最近的医疗机构；

（四）履行有关法律规定的其他义务。

第四百六十三条 旅客或者运送物所有人的权利及义务

旅客或者运送物的所有人享有下列各项权利：

（一）在约定的期限内安全到达目的地；

（二）享受旅程信息、便利；

（三）请求承运方赔偿因其过错造成的损失；

（四）行使有关法律规定的其他权利。

旅客或者运送物的所有人负担下列各项义务：

（一）按照约定支付票款或者运送费用；

（二）维持清洁、平静的环境，保持文明，按照旅行规则申报贵重物品、危险物品、武器，并且对超过限量的部分支付增加的费用；

（三）履行有关法律规定的其他义务。

第四百六十四条 运输费用

旅客可以按照不同时期的政府定价或者当事人的约定在移动之前或者移动之后支付票款。

物或者商品的所有人可以按照约定在运送之前或者运送之后支付运输费用。

Q. 保险合同

第四百六十五条 保险合同

保险合同，是指以投保人支付保险费，保险人根据保险合同约定事由的发生向投保人或者保险金受领人支付保险金或者填补损失为内容的投保人与保险人之间的合同。

老挝人民民主共和国境内的各种保险合同，必须与在老挝人民民主共和国设立并获得营业许可的保险人订立。

保险合同应当采用书面形式。

第四百六十六条 保险合同的种类

保险合同的包括：

（一）人身保险合同；

（二）财产保险合同；

（三）责任保险合同。

各种保险合同由有关法令规定。

R. 合伙合同

第四百六十七条 合伙合同

合伙合同，是指以两人或者多数当事人各自提供资金、物或者劳动力进行活动，以共分收益、共担责任为内容的合同当事人之间的合意。

第四百六十八条 合伙合同的终止

合伙合同，有本法第四百条规定的情形之时终止。另外，有下列各项情形之一的也终止：

（一）合伙合同规定的期间届满；

（二）合同当事人中一人破产或者丧失行为能力的，但是当事人另有约定的除外。

第四百六十九条 盈余或者债务的分配

合伙合同终止的，按照每个人的份额分配盈余或者债务。但是，当事人另有约定的除外。

第六编 非合同债务

第一章 一般原则

第四百七十条 非合同债务

非合同债务，是指不基于合同发生的法律关系。

第四百七十一条 非合同债务的种类

非合同债务包括：

（一）不法行为；

（二）未经他人的委托处理他人事务（无因管理）；

（三）对无权受领的物或者利益的受领（不当得利）。

第二章 不法行为

第四百七十二条 不法行为

不法行为，是指一人因故意或者过失实施的与法令相抵触的行为或者不作为。不法行为造成他人损害的，行为人应当承担责任。但是，损害因正当防卫、履行法定职责或者受害人过错造成的除外。

第四百七十三条 损害的性质

损害，必须是既已发生或者将来确实会发生的损害。

将来有可能发生或者不可能发生的损害，不属于损害。

第四百七十四条 因果关系

行为人的行为与损害之间没有满足下列条件的因果关系的，行为人不承担损害赔偿责任：

（一）行为人的行为，必须是导致损害发生所不可或缺的事实；

（二）行为人的行为，必须发生在损害之前；

（三）行为人的行为，必须是损害发生的直接事由。

第四百七十五条 损害的种类

损害包括：

（一）财产损害；

（二）健康或者生命损害；

（三）荣誉、名誉或者尊严损害；

（四）精神损害。

第四百七十六条 财产损害

财产损害，是指财产因遭受破坏、毁损或者变质，导致受害人无法使用其全部或者部分，从而发生的损害。

第四百七十七条 健康或者生命损害

健康或者生命损害，是指对人的生命或者身体造成的伤害或者导致人的死亡。

第四百七十八条 荣誉、名誉或者尊严损害

荣誉、名誉或者尊严损害，是指因诽谤、中伤、侮辱或者公开个人信息而发生的损害。

第四百七十九条 精神损害

精神损害，是指因他人行为，内心受到冲击之人的悲伤、痛苦以及失落。

第四百八十条 损害的种类与具体损害的确定

不同种类损害的具体内容，是基于受害人的请求，由受害人与加害人合意或者法院通过考虑下列要素认定的方式确定：

（一）财产损害：财产的价格、修理费用、迟延损害；

（二）生命损害：丧葬费、精神损害赔偿、死者生前抚养的未成年子女或者有精神障碍、无工作能力的成年子女的抚养费；

（三）健康损害：身体的治疗费以及疗养费、可得利益、接受治疗期间的护理费用、接受治疗期间的子女养育费用、仪式费用及其他费用；

（四）荣誉、名誉、尊严的损害：通过赔礼道歉对受害人荣誉、名誉、尊严的恢复、通过新闻媒体更正报道、对可得利益的支付；

（五）精神损害：通过适当的方法的恢复、金钱支付、仪式及其他形式。

第四百八十一条 损害金额的计算

损害金额的计算，应当与不法行为人的过错程度一致。

受害人参与不法行为的，根据自己的参与度对不法行为造成的损害承担责任。

全部损害的主要原因在于受害人的，受害人应当承担责任。

损害赔偿按照该损害的实际价格计算。

A. 基于自己行为承担的不法行为责任

第四百八十二条 因权利滥用造成的损害

行为人故意滥用自己的权利造成他人损害的，应当承担赔偿责任。

第四百八十三条 因紧急避险造成的损害

因紧急避险造成损害的，应当赔偿。但是，法院可以根据实际情况判令因引起险情的人的行为获得利益的紧急避险人或者第三人承担赔偿责任。

第四百八十四条 因防卫过当造成的损害

为了国家或者社会利益、自身或者他人健康、生命、权利及正当利益免受不法行为的侵害所采取的行为属于正当防卫。因正当防卫造成损害的，行为人不承担责任。但是，正当防卫超过必要限度的，行为人对因此造成的损害承担赔偿责任。

第四百八十五条 因多数人行为造成的损害

多数人共同造成他人损害的，共同承担损害赔偿责任。法院可以判令引起损害的一人或者数人赔偿全部损害。但是，支付超出自己赔偿份额的不法行为人有权向其他不法行为人追偿其应当赔偿的份额。

B. 基于自己管理的他人的不法行为、动物或者物发生的责任

第四百八十六条 用人者责任

被管理者因执行工作任务造成他人损害的，用人者承担损害赔偿责任。

损害因被管理者的重大过失造成的，被管理者承担损害赔偿责任。但是，应当先由用人者赔偿损害。赔偿损害的用人者可以向被管理者进行追偿。

为自己的利益接受他人劳务的，适用本条第一款规定。

第四百八十七条 父母、监护人或者管理人的责任

父母、监护人或者学校、医院等管理人，应当对其管理的未成年子女或者有精神障碍的人因过错造成的损害承担责任。

第四百八十八条 动物所有人或者占有人的责任

动物所有人或者占有人，对动物造成的损害有过错的，应当承担责任。但是，所有人或者占有人能够证明自己根据动物的种类、特性、习惯尽到了管理上的注意或者因受害人自己的过错造成损害的，不承担责任。

因第三人过错致使动物造成他人损害的，应当先由所有人或者占有人

赔偿损害。赔偿损害的所有人或者占有人可以向该第三人进行追偿。

第四百八十九条 物件损害责任

物件所有人或者占有人因其过错致使物件造成他人损害的，应当承担赔偿责任。

第四百九十条 树木所有人或者占有人责任

树木因树枝坠落、果实坠落、树木折断等原因造成他人损害的，树木所有人或者占有人应当承担赔偿责任。

第四百九十一条 房屋或者其他建筑物所有人的责任

房屋或者其他建筑物的所有人、管理人以及使用人，对自己所有或者负有管理责任的房屋或者其他建筑物不进行妥善管理、维护，致使该房屋或者其他建筑物倒塌或者腐朽造成他人损害的，应当承担赔偿责任。

第四百九十二条 建设工程承包方的责任

建设工程承包方因建筑或者管理、维护上的瑕疵造成他人损害的，应当承担赔偿责任。建设工程承包方在建筑或者管理、维护上的瑕疵，包括建筑物损伤、建筑材料不合格、技术不合格、挖沟或者挖坑没有采取安全措施、设置障碍物，等等。

第四百九十三条 产品或者商品造成损害的责任

从事制造或者销售的自然人、法人或者组织，因其制造的产品或者销售的商品质量不合格造成他人损害的，应当承担赔偿责任。

第四百九十四条 危险物造成损害的责任

因危险物造成损害的，危险物所有人或者管理人应当承担责任。但是，危险物所有人或者管理人对损害发生没有过错的除外。危险物，包括机动车、输电系统、工业领域的制造工厂、兵器、易爆物品、有传染性的物品、有毒物品、放射性物质、化学物质，等等。

第四百九十五条 环境污染责任

自然人、法人或者组织引起污染造成环境以及他人损害的，应当立即中止其行为，并对损害承担赔偿责任。

第三章 无因管理

第四百九十六条 无因管理

无因管理，是指一人未经他人委托，为该他人利益实施一定行为。例如，房屋的所有人或者占有人不在之时未经其委托为其利益修理房屋，代为清偿债务，等等。

第四百九十七条 无因管理的要件

无因管理的要件包括：

（一）行为人未经所有人或者占有人的委托；

（二）行为人须为善意；

（三）为了所有人或者占有人的利益而实施行为；

（四）应当根据自己的能力或者条件实施行为；

（五）应当尽到与管理自己事务相同的注意；

（六）代替他人进行工作的人知道或者应当知道所有人或者占有人的意图的，应当按照其意图进行工作。

第四百九十八条 无因管理者的义务

无因管理者负担下列各项义务：

（一）及时通知物件所有人或者占有人代为实施的行为及其结果；

（二）直至行为结束或者所有人、占有人接手为止继续实施行为；

（三）在实施行为期间造成损害的，应当承担责任。

另外，依据本法第四百四十八条的规定，负担与受托人相同的义务。

第四百九十九条 所有人或者占有人的义务

无因管理人的行为结束，结果良好或者所有人、占有人接受其行为结果的，所有人或者占有人应当偿还必要或者有益费用。

第五百条 他人生命、荣誉、财产的保护

为了从突发危险中保护他人生命、荣誉或者财产实施行为的，行为人对因此造成的损害不承担任何赔偿责任。但是，损害因行为人的故意或者重大过失造成的除外。

第四章　不当得利

第五百零一条 不当得利

不当得利，是指没有法律依据受领他人的物或者利益，致使他人丧失该物或者利益。此时，受益人应当将受领之物或者利益返还给权利人。

基于无效合同受领他人之物或者利益的，适用本条第一款规定。

第五百零二条 基于错误的不当得利

基于错误取得他人的物或者利益的，应当返还该物、利益以及自受领之后产生的孳息、收入于权利人。受益人为了管理、维护受领之物或者其产生孳息支付费用的，可以请求偿还费用以及受领财产增值部分的价额。

受领物或者利益已消费或者毁损、灭失的，受益人应当偿还与其价值相当的金额。但是因不可抗力造成受领物毁损、灭失的除外。

经受益人修理、改良及其他行为受领物增值的，物的所有人应当偿还与增值部分相当的金额。

孳息已消费或者毁损、灭失的，受益人不承担责任。

第五百零三条 基于故意的不当得利

明知自己没有法律依据受领他人的物或者利益却故意受领的，应当返

还受领之物、利益以及自受领之后产生的孳息于权利人。

受领物、利益及其孳息已消费或者毁损、灭失的，受益人应当偿还所有人与其价值相当的金额。

第五百零四条 不得请求交付之物返还的情形

有下列情形之一的，向他人交付物的人无权请求对方返还其交付之物：

（一）履行期到来之前的义务履行；

（二）罹于时效的义务的履行；

（三）明知没有义务作出的履行；

（四）他人义务的履行；

（五）触犯法律之义务的履行。

第五百零五条 履行期前的义务履行

义务人在约定或者法定的履行期到来之前履行义务的，无权请求对方返还其交付的物。但是，义务人基于错误履行该义务的除外。

第五百零六条 罹于时效义务的履行

义务人履行罹于时效的义务的，无权请求对方返还其交付之物。

第五百零七条 明知没有义务而作出的履行（非债清偿）

明知自己没有义务而作为义务的履行交付物的，无权请求对方返还其交付之物。

第五百零八条 他人义务的履行

一人基于错误向不是自己债权人的他人履行义务，致使善意的债权人失去有关债务清偿或者义务履行的所有凭证、注销担保或者时效期间届满的，无权请求债权人履行返还义务。

履行他人义务之人有权向原义务人或者担保人请求赔偿。

第五百零九条 触犯法律之义务的履行

向他人履行损害国家、社会利益或者违反传统习惯、规则、法律的义务的，无权请求对方返还。

第七编 担 保

第一章 一般原则

第五百一十条 担保

担保，是指根据法律规定或者合同约定保障义务的履行。

第五百一十一条 担保的种类

担保包括：

（一）法定担保；

（二）约定担保。

第五百一十二条 担保的优先顺位

基于担保的义务，履行按照下列优先顺序进行：

（一）法定担保的优先权；

（二）约定担保的优先权。

债务人不履行其义务或者法院作出破产判决的，适用上述优先顺序。

第五百一十三条 担保物上担保权人权利之存续

债务人即使变更担保物的形式或者处分担保物，在担保设定合同中约定的权利及义务履行完毕之前，担保权人对担保物的权利依然存在于处分担保物所得金钱或者其他财产。

第五百一十四条 担保物的善意买受或者善意承租

以市场价格购买或者租赁担保物且公开、平稳地使用该担保物的买受人或者承租人，不知道出卖人或者出租人为了债务清偿或者特定义务的履行已经对该物设定了担保或者已经进行了担保登记的，对被担保债务或者义务不承担责任。

第五百一十五条 对融资购买之物的优先权

为他人购买物品提供资金的投资方（债权人），在融资方（债务人）占有融资购买物之日起七日之内对该物享有优先于其他债权人的权利。该期间经过且没有进行担保登记的，该优先权消灭。

第五百一十六条 饲养动物担保的优先权

占有债务人饲养动物的债权人，享有优先于为购买该饲养动物饲料、药物提供金钱的债权人以及饲养人的其他债权人获得债务清偿的权利。但其他债权人进行登记的除外。

第五百一十七条 农作物担保的优先权

农作物的担保权人，优先于种植该农作物的耕地的担保权人获得债务清偿或者义务履行。

第二章 法定担保

第五百一十八条 法定担保

法定担保，是指法律根据人道主义以及国家利益规定的对债务清偿或者其他义务履行的保障。

第五百一十九条 法定担保的优先权

法定担保按照下列顺序清偿：

（一）报酬、月薪或者劳动法规定的其他利益的支付；

（二）关税、税金的支付；

（三）保障国家利益实现的其他支付，但基于国家与个人、其他组织之间的合同产生的债务或者利益除外。

第三章 约定担保

第五百二十条 约定担保

约定担保，是指债权人与债务人之间保障债务清偿、义务履行的合意或者债权人与第三人之间对该第三人代替债务人清偿债务、履行义务的合意。

约定担保包括：

（一）物的担保；

（二）人的担保。

物的担保，是指债权人与债务人或者债权人与第三人之间对本法规定的质押或者抵押的合意。

人的担保，是指自然人或者法人与债权人之间约定债务人不清偿债务或者不履行其义务时由该自然人或者法人代替债务人清偿债务或者履行义务的合意。

第五百二十一条 可供设定担保的财产

可供设定担保的财产包括动产、不动产或者权利。

可供设定担保的动产包括：

（一）贵重物品；

（二）机械设备；

（三）交通工具；

（四）库存商品或者生产原材料；

（五）农作物；

（六）消费性商品；

（七）合同当事人约定的其他动产。

可供设定担保的不动产包括：

（一）自然人、法人以及组织的土地使用权；

（二）公寓、建筑物，例如房屋、建造物、大厦的所有权；

（三）基于合法土地租赁合同或者土地承包经营合同产生的财产。

可供设定担保的权利包括：

（一）应收账款债权；

（二）具有让与性的金融凭证，例如证券、支付保证书；

（三）银行存款；

（四）知识产权；

（五）合同当事人约定的其他权利。

第五百二十二条 关于担保物的特征及价格的记载

设定担保之时，合同中应当以能够特定的方式记载担保物。

合同当事人对担保物的价格达成合意的，可以记载于合同之中。

第五百二十三条 一物之上的多个担保

一物之上为多数债权人设定担保，是指拥有本法第五百二十五条规定质押或者抵押担保的多个债权人，以同一物为担保物获得多数债务清偿或者多数义务履行之保障的情形。

为多数债权人设定担保的一物应当具备以下要件：

（一）设定担保之物需是债务人所有之物，在他人之物上设定担保之时应当依照法律取得所有人的书面同意，但法律有其他规定的除外；

（二）根据债权人和债务人的协议或者有关组织及机关的估价对设定担保之物确定的价值，应当超过包含担保设定之时已设定担保债务之内的债务总额；

（三）第一顺位债权人及其他后顺位债权人应当在各自的担保合同中注明设定担保之物剩余价值，但是，担保合同另有约定的除外；

（四）在一物之上为多数债权设定的担保的债务人，应当在设定之日起十五日之内书面通知新的债权人有关前顺位担保的情况，以便新债权人检查是否要求债务人提供追加担保；

（五）为多个债权人设定担保的一物为不动产的，债权人及债务人应当依照本法第五百六十二条的规定进行登记。

在一物之上设定担保的多个债权人之间的优先顺位，依照本法第五百二十四条规定的担保程序予以确定。

第五百二十四条 约定担保的优先顺位

债权人有下列情形之一的，享有优先于在同一担保物之上设定约定担保的其他债权人获得债务清偿或者义务履行的权利：

（一）同时存在完成担保登记、实际占有担保物、进行担保权管理的多个债权人的，先于其他债权人完成登记、实际占有、进行管理的债权人优先；

（二）已进行登记的多数债权人之间，登记在先者优先；

（三）享有担保权的多数债权人都没有进行登记的，优先于其他债权人占有担保物或者进行担保权管理的债权人优先；

多数债权人既没有进行担保登记，又没有占有担保物，也不进行担保权管理的，按照各自的债权比例获得清偿。

第五百二十五条 约定担保的形态

约定担保包括：

（一）质押；

（二）抵押；

（三）自然人或者法人保证。

A. 质　　押

第五百二十六条 质押

质押，是指按照约定质权设定人交付担保物于质权人或者其他人占有，并以此保障债务清偿或者义务履行的担保类型。

第五百二十七条 质押的种类

质押包括：

（一）动产质押；

（二）不动产质押；

（三）权利质押。

A1. 动产质押

第五百二十八条 动产质押

动产质押，是指质权设定人按照约定交付动产于质权人或者第三人，并以此确保债务清偿或者义务履行的担保类型。

第五百二十九条 动产质押的要件

动产质押应当具备下列要件：

（一）存在应当清偿的债务或者履行的义务；

（二）有质押的合意；

（三）质押动产系质权设定人的所有物或者质权设定人具有处分权限的他人之物；

（四）按照约定，交付动产于质权人或者第三人。

第五百三十条 动产质押的效力

质押动产，由质权人或者第三人按照约定实际占有，但仍然归质权设定人所有。质权人对质押动产享有优先于其他债权人的权利。但是，有本法第五百二十四条规定情形的除外。

质权人或者占有质押动产的第三人，无权使用质押动产或者收取孳息。但是，质权设定人书面同意的除外。负责维护、管理质押动产的质权人或者第三人，因其过错致使质押物毁损、灭失的，应当承担责任。

他人造成质押动产毁损、灭失或者盗取质押动产的，负责维护、管理质押动产的质权人或者第三人有权请求赔偿或者返还质押动产。

第五百三十一条 质押动产的返还与买卖

债务人清偿全部债务或者履行全部义务的，质权消灭。质权人应当返还质押动产于质权设定人。

债务人在约定的期限内不清偿债务或者不履行义务之时，倘若质押动产的价值相当于债务金额的，享有优先权的债权人可以使用质押动产并以此代替清偿。

质押动产的价值高于债务金额时，债权人可以按照约定的价格取得质押动产或者拍卖质押动产。本金和利息之外的剩余部分应当返还于质权设定人。拍卖质押动产所得价款不足以清偿全部债务的，不足部分由债务人继续清偿。

在自己的动产之上为债务人设定质权的第三人，清偿债务或者以质押动产履行义务的，依照本法第五百五十八条第四款的规定有权向债务人追偿。

第五百三十二条 当铺质押

当铺质押，适用本法第五百二十八条至第五百三十一条以及当铺规则的规定。

第五百三十三条 权利凭证质押

权利凭证质押，是指为了保证债务清偿，债务人向债权人交付有关动产所有权的权利凭证的质押形态。交付所有权凭证之后，债务人仍然有权继续使用该动产。

所有权凭证质押的债务人系质押动产的所有权人且有权使用质押动产，但无权出卖、转让或者再设定质权。此外，债务人应当维持质押动产的现状。

约定履行期届满债务人不清偿债务或者不履行义务的，质权人可以请求质权设定人交付质押动产。

债务人占有质押动产的，债权人有权请求该动产的交付。

第五百三十四条 库存商品质押

库存商品质押，是指债务人将库存商品的权利凭证作为债务清偿或者义务履行的担保交付于债权人的质押。库存商品的权利凭证可以交付于第三人。

库存商品的买受人，即使明知买卖标的物之上设有担保，仍然可以取得该商品的所有权，无须承担库存商品质押合同中约定的责任。

库存商品，包括流动资产，销售、租赁的商品，用于生产的原材料或者生产设备。

A2. 不动产质押

第五百三十五条 不动产质押

不动产质押，是指质权设定人按照约定交付不动产于质权人或者第三人，并以此确保债务清偿或者义务履行的担保类型。

第五百三十六条 不动产质押的成立要件

不动产质押应当具备下列要件：

（一）存在应当清偿的债务或者履行的义务；

（二）有质押的合意；

（三）质权设定人对质押不动产享有所有权；

（四）质押期间不得超过五年，期间届满当事人可以协商延长，但延长期间不得超过五年；

（五）质权人占有质押不动产；

（六）采用书面形式订立质押合同，并且在自然资源环境事务所或者有关机关进行登记。

第五百三十七条 不动产质押的效力

质押不动产，由质权人占有，但归质权设定人所有。质权人有权使用质押不动产并收取孳息，但无权请求债务人支付利息。质权人对质押动产享有优先于其他债权人的权利。但是，有本法第五百二十四条规定情形的除外。

第五百三十八条 不动产保存费用的支付

质权人应当支付质押不动产管理、维护、修理及其他所需的费用。质权人或者负责维护管理质押不动产的人，因其过错造成质押不动产毁损、灭失的，应当承担损害赔偿责任。

第五百三十九条 不动产返还或者买卖

债务人完全履行其义务的，质权消灭。质权人应当按照原来的状态返还质押不动产于质权设定人，并且进行质权消灭登记。

履行期届满债务人不清偿负债或者不履行义务，并且债权人与债务人无法达成合意的，债权人有权按照此时的市场价格变卖或者拍卖质押不动产。变卖或者拍卖所得的价款高于债务金额的，扣除债务金额及其他费用之后的剩余部分债权人应当予以返还。质押不动产的价额不足以清偿全部债务的，不足部分债务人继续清偿。

在自己的不动产之上为债务人设定质权的第三人，以质押不动产清偿债务或者履行义务的，依照本法第五百五十八条第四款的规定有权向债务人追偿。

A3. 权 利 质 押

第五百四十条 权利质押

权利质押，是指以债权、其他权利、营业或者项目成果，确保债务清偿或者义务履行的质押。

第五百四十一条 债权质押

债权质押，是指在银行存款、公司债券、证券、合同权利、借据以及其他债权之上设定的质押。

第五百四十二条 其他权利质押

其他权利质押，是指在股票、知识产权、执行某种事业的权利以及其他权利之上设定的质押。

第五百四十三条 营业或者项目成果权利质押

营业或者项目成果权利质押，是指在有关整体项目、营业实施及项目预期成果，例如项目可得收益、农作物的权利之上设定的质权。

第五百四十四条 权利质押的成立要件

权利质押应当具备下列要件：

（一）存在应当清偿的债务或者履行的义务；

（二）有质押的合意；

（三）权利归属于质权设定人；

（四）债权质押，适用本法第四百零一条的规定；

（五）股票或者记名公司的债券质押，必须事先在发行公司进行记录；

（六）营业或者项目利益质押，必须是以将来产生的营业利益或者项目成果作为质押物。

第五百四十五条 权利质押的效力

权利质押的效力包括：

（一）占有质押权利的质权人享有优先于其他债权人获得债务清偿的权利；

（二）质权人可以请求质押权利的义务人直接向其支付；

（三）质押债权为金钱债权的，质权人可以在被担保债权的范围内直接受领质押债权的支付；

（四）质押权利的履行期先于被担保债权的履行期到来的，质权人可以请求被质押权利的债务人将约定支付的金钱交于质权人或者第三人占有管理。

本法第五百三十一条第四款的规定也适用于权利质押。

B. 抵　押

第五百四十六条 抵押

抵押，是指不转移物的占有于抵押权人，而是对该物进行抵押登记，并以此确保债务清偿或者义务履行的担保形态。

第五百四十七条 抵押的种类

抵押包括：

（一）不动产抵押；

（二）动产抵押。

B1. 不动产抵押

第五百四十八条 不动产抵押

不动产抵押，是指不交付抵押不动产于抵押权人，而是对该不动产进行抵押登记，并以此确保债务清偿或者义务履行的抵押。

第五百四十九条 不动产抵押的成立要件

不动产抵押应当具备下列要件：

（一）存在应当清偿的债务或者履行的义务；

（二）有抵押的合意；

（三）抵押不动产不在抵押权人的占有之下；

（四）抵押不动产为抵押权设定人所有；

（五）应当采用书面形式，并向自然资源环境事务所或者其他有关国家机关进行登记。

第五百五十条 不动产抵押的效力

抵押不动产仍归抵押权设定人所有，抵押权设定人有权占有、使用完成抵押登记的不动产并收取孳息。

抵押权设定人应当对抵押不动产进行维护、管理，保持其原来的状态以及价值。对抵押不动产进行修理、改造或者增建的，增加的价值算入担保的范围。

抵押权设定人无权出卖、赠与、再次抵押已设定抵押的不动产或者与他人的财产进行交换。抵押权设定人有此类行为的，抵押权人有权请求返还抵押不动产。请求返还抵押不动产所生费用以及因抵押权设定人的行为造成的损害，由抵押权设定人承担责任。

债务人完全履行其义务的，抵押权消灭，抵押权登记也随之消灭。

在自己的不动产之上为债务人设定抵押权的第三人，以抵押不动产清偿债务或者履行义务的，依照本法第五百五十八条第四款的规定有权向债务人追偿。

第五百五十一条 抵押权人对抵押不动产的权利

履行期届满债务人不清偿债务的，为了获得债务清偿以及利息或者其他义务的履行，抵押权人有权变卖或者拍卖抵押不动产。

抵押权人享有优先于对抵押不动产不具有抵押权的债权人或者后顺位抵押权人获得债务清偿的权利。但是，有本法第五百一十二条规定情形的除外。

B2. 动 产 抵 押

第五百五十二条 动产抵押

动产抵押，是指对抵押动产进行登记，不转移其占有于抵押权人，并以此保障债务清偿或者义务履行的抵押。

能够设定抵押权的动产限于能够进行所有权登记的动产。

第五百五十三条 动产抵押的成立要件

动产抵押的成立要件包括：

（一）存在应当清偿的债务或者履行的义务；

（二）有抵押的合意；

（三）抵押动产不在抵押权人的占有之下；

（四）抵押动产为抵押权设定人所有；

（五）采用书面形式，并向国家有关机关进行登记。

第五百五十四条 动产抵押的效力

动产抵押具有与本法第五百五十条规定的不动产抵押相同的效力。

第五百五十五条 抵押权人对抵押动产的权利

抵押权人对抵押动产享有与本法第五百五十一条规定的不动产抵押权人相同的权利。

C. 保　　证

第五百五十六条 保证

保证，是指债务人不清偿债务或者不履行其他义务时，其他自然人或者法人代替债务人清偿债务或者履行其他义务的合意。

第五百五十七条 保证合同

保证合同应当采用书面形式。保证合同可以与主合同同时或者分别订立，但是，保证合同应当取得公证机关或者村长的证明，并且订立保证合同之时应当有见证人参加。

第五百五十八条 保证人的责任范围

保证人依照保证合同的约定担保债务人的债务或者其他义务的全部或者部分的清偿或者履行。保证人清偿债务之时，仅对本金负有清偿义务。但是，当事人另有约定的除外。

主债务履行期届满的，债权人应当先请求债务人清偿债务。债务人不清偿债务之时，债权人有权请求保证人清偿。

保证人和债务人均负有对自己的清偿相互通知的义务。

保证人代替债务人清偿其全部或者部分债务的，成为该债务人的新债权人，有权请求债务人偿还其支付的本金，保证人和债务人约定支付利息的，还可以请求支付利息及其他费用。

第五百五十九条 共同担保

债务可以通过单个合同或者多个合同，由二人或者多个保证人共同担保。

各个共同保证人，按照约定可以共同担保全部或者部分债务。各个共同保证人担保全部债务的，债权人有权请求共同保证人中的任何一人清偿全部债务。

按份保证之时，债权人有权请求各个共同保证人按照其责任承担份额清偿债务。

债务人清偿部分债务，并且各个共同保证人担保全部债务的，债权人有权请求共同保证人中的任何一人清偿剩余所有债务；按份保证的，债权人有权请求各个共同保证人按照其责任承担份额清偿剩余债务。

第五百六十条 保证人死亡或者丧失行为能力

保证人死亡的，由其继承人或者遗产管理人承继保证人的地位。

保证人丧失行为能力的，由其监护人履行保证责任。但是，债权人要求债务人提供新的保证人的除外。

第五百六十一条 保证的终止

有下列情形之一的，保证人不再承担保证责任：

（一）债务人清偿全部债务或者履行全部义务；

（二）保证人依照合同约定履行自己的义务；

（三）未经保证人同意，债权人和债务人变更两者之间的合同。

第四章 担保登记、优先权的放弃及担保的转让

第五百六十二条 登记

不动产质押与抵押应当在不动产所在地的自然资源环境事务所进行土地使用权登记。在同一土地的土地使用权之上为多数债权人设定质权或者抵押权的，在进行土地使用权登记之时，土地使用权人应当向土地所在地的自然资源环境事务所提供土地权利凭证。

动产抵押应当向财务局或者其他有关部门进行登记。

质押与抵押的登记手续应当公开透明。此外，有关质押或者抵押登记的信息无须经过许可便可以阅览。

关于质押或者抵押登记的程序及方法，由其他规则加以规定。

第五百六十三条 担保登记的注销

有下列情形之一的，可以注销担保登记：

（一）抵押权人或者质权人申请注销登记记录；

（二）法院通过判决注销该担保。

第五百六十四条　担保顺位的放弃以及担保的让与

享有优先权的质权人或者担保物权人可以放弃自己的优先顺位，将其转让给其他质权人或者担保物权人，但不能超过自己的债权数额。

质权人或者抵押权人有权将自己的担保转让给同一债务人的不具有担保的其他债权人。但是，担保不得超过债权人的债权范围。

质权人或者抵押权人有权将其与担保有关所有权益转让给第三人。此时，该担保的优先受偿顺位也随之转移。但是，不得超过债权人的债权范围。

第八编　继　　承

第一章　继承的原则

第五百六十五条　遗产

遗产，是指死者生前所有的物，包括其权利及义务。但是，法律规定或者当事人约定需要死者生前亲自行使的权利及履行的义务除外。

第五百六十六条　继承

继承，是指依照法律或者遗嘱由继承人承继死者的遗产。

第五百六十七条　被宣告死亡人的遗产

被宣告死亡人的遗产由继承人承继。被宣告死亡的人重新出现的，继承人应当返还其受领遗产的现存部分。继承人为维护、管理遗产支付费用的，被宣告死亡的人应当予以补偿。

被宣告死亡的人并没有实际死亡，但是自法院作出宣告死亡判决之日起动产为三年、不动产为六年之内没有请求继承人返还其物的，该物归继承人所有。

第五百六十八条 继承开始的时间

继承自被继承人死亡之日起开始。法院对被继承人作出宣告死亡判决的，继承自法院判决确定之日起开始。

第五百六十九条 继承开始的场所

继承开始的场所是被继承人最后的住所。被继承人的住所不明确或者有多个住所的，在主要遗产的所在地开始继承。

第五百七十条 遗产相关费用的优先支付

继承人之间对扣除下列费用之后的剩余遗产进行分割：

（一）丧葬费用；

（二）被继承人的债务；

（三）遗产的维护、管理费用，税金等继承相关费用及其他费用。

第五百七十一条 继承的种类

继承包括：

（一）法定继承；

（二）遗嘱继承。

第二章 法定继承

第五百七十二条 法定继承

法定继承，是指继承人依照本法的规定继承遗产。

第五百七十三条 发生法定继承的情形

有下列情形之一的，发生法定继承：

（一）没有立遗嘱的遗产；

（二）遗嘱无效；

（三）遗嘱继承人在继承开始之前死亡；

（四）遗嘱继承人放弃继承；

（五）遗嘱继承后有剩余遗产。

第五百七十四条 法定继承人

法定继承人包括：

（一）被继承人的亲生子女、养子女、继子女以及胎儿，胎儿继承的财产由其母亲进行管理；

（二）被继承人的配偶；

（三）被继承人的父母、祖父母、外祖父母、曾祖父母；

（四）被继承人的兄弟姐妹、叔父叔母、侄子侄女、外甥外甥女。

（五）本法规定的国家、法人或者其他第三人。

第五百七十五条 遗产继承的顺序

本法第五百七十四条规定的继承人分割遗产之时，首先由被继承人血缘上最近的亲属继承遗产。被继承人没有血缘上最近的亲属的，才能由仅次于最近的亲属的继承人继承。

第五百七十六条 死者的配偶与其子女之间的遗产分割

配偶一方死亡的，其子女有权继承死者婚前财产的四分之三，剩余的四分之一由死者的配偶继承。

婚后财产，由死者的配偶获得一半，剩余的部分由子女平均分割。

第五百七十七条 死者子女之间的遗产分割

被继承人的不同子女之间的遗产分割按照下列方法进行：

（一）被继承人只有亲生子女的，各个子女平均分割被继承人的婚前财产与婚后财产，但是，有本法第五百七十六条规定情形的除外；

（二）被继承人有亲生子女、养子女以及继子女的，各个子女依照前款规定平均分割被继承人的婚后财产；

（三）死者的养子女与亲生子女有权继承死者的婚前财产，但继子女无权继承继父母的婚前财产；

（四）养子女无权继承其亲生父母的遗产。但是，亲生父母通过遗嘱立被他人收养子女为受赠人的除外。

亲自或者以自己的财产照顾、护理被继承人至去世，并且为其举办葬礼或者对管理、增值被继承人的财产作出贡献的亲生子女、养子女以及继子女，可以比其他继承人多分得一份遗产。

第五百七十八条 死者的配偶与死者直系血亲之间的遗产分割

死者没有子女的，其配偶与直系血亲的遗产分割按照以下方法进行：

（一）死者婚前财产的三分之一由其配偶继承，剩余的三分之二由其血缘上最近的直系血亲平均分割；

（二）死者的婚后财产，由其配偶全部继承。

第五百七十九条 死者直系血亲之间的遗产分割

死者既没有子女又没有配偶的，其全部遗产由血缘上最近的直系血亲平均分割。

第五百八十条 死者的配偶与死者旁系血亲之间的遗产分割

死者既没有子女又没有直系血亲的，由血缘上最近的旁系血亲继承死者婚前财产的一半，剩余婚前财产和全部婚后财产由死者的配偶继承。

死者血缘上最近的旁系血亲对可继承的遗产平均分割。

第五百八十一条 死者旁系血亲之间的遗产分割

死者既没有子女也没有配偶又没有直系血亲的，其全部遗产由血缘上最近的旁系血亲平均分割。

第五百八十二条 死者只有配偶的场合

死者既没有子女又没有直系血亲、旁系血亲的，由死者配偶继承其全部遗产。

第五百八十三条 雇主及雇员之间的继承

死者没有配偶、子女、直系血亲、旁系血亲的，由在其住所工作满三年的雇主继承遗产。

雇员有前款规定之情形的，由雇主继承其遗产。

死者没有配偶、子女、直系血亲、旁系血亲的，照顾死者生前生活并为其举办葬礼的人有权向法院申请继承遗产。

第五百八十四条 僧侣、见习僧以及其他宗教信徒的继承

僧侣、见习僧或者其他宗教信徒，有权将其出家前或出家后获得的财产赠与、附条件赠与或者遗赠给他人及组织、团体，同时有权依照法律将自己的财产转让给其他继承人。

僧侣、见习僧或者其他宗教信徒死亡，有本法第五百八十五条第一款规定的无继承人的情形或者生前没有通过立遗嘱将其财产赠与给任何个人、组织或者团体的，死者全部财产归其生前所属寺院或者其他宗教设施所有。

第五百八十五条 无人继承的遗产

死者没有继承人或者继承人下落不明，在死者死亡之日起六个月内没有人主张继承遗产的，全部遗产由国家管理。

本法第六百零八条规定的时效期间届满的，前款规定遗产归国家所有。

公证人或者村长可以用死者遗产支付死者的丧葬、宗教仪式等费用以及清偿其债务。

第五百八十六条 别居夫妇的继承权

别居中的配偶一方死亡的，另一方有权继承死者遗产。

第五百八十七条 精神损害抚慰金、死亡补偿金的分割

精神损害抚慰金、死亡补偿金，由死者的父母、配偶及子女平均分割；死者没有子女的，由其父母及配偶平均分割；死者没有父母的，由其

配偶及子女平均分割；死者既没有父母也没有子女的，由其配偶全部继承；有其他情形的，参照适用本法第八编的其他规定。在分割精神损害抚慰金、死亡补偿金之前，应当先将其用以支付死者的丧葬费用、供养费用、偿还借款所需费用及清偿其他债务。

第五百八十八条 代位继承

法定继承人先于被继承人死亡的，由其继承人代位继承被继承人的遗产。代位继承人也死亡的，由代位继承人的法定继承人代位继承被继承人的遗产。代位继承人的代位继承人死亡的，亦同。

第五百八十九条 代位继承的要件

代位继承人应当满足下列要件：

（一）系法定继承人；

（二）系有权继承先于死亡父母遗产的子女。

第三章 遗嘱继承

第五百九十条 遗嘱

遗嘱，是指物的所有人以书面或者口头方式在其死亡后将其物赠给其他自然人、法人或者组织的意思表示。

遗嘱，从物的所有人死亡之日起发生法律效力。

第五百九十一条 立遗嘱的权利

国民有权在生前依照本法第五百九十三条规定的方式立遗嘱，将其所有财产赠给一人或者数人、国家机关、公共团体及社会组织、基金、财团等主体，或者保留部分财产用于礼拜以及抚养无劳动能力的亲属。

第五百九十二条 遗嘱的范围

遗嘱的范围包括：

（一）遗嘱人有一名子女的，赠给他人的财产不得超过其全部财产的一半；

（二）遗嘱人有两名子女的，赠给他人或者指定子女一人继承的财产不得超过其全部财产的三分之一；

（三）遗嘱人有三名以上子女的，赠给他人或者指定部分子女继承的财产不得超过其全部财产的四分之一。

遗嘱超出前款各项规定范围的，超出部分归于无效并依照法定继承对超出部分进行分割。

第五百九十三条 立遗嘱的方式

立遗嘱的方式包括：

（一）书面遗嘱；

（二）口头遗嘱。

第五百九十四条 书面遗嘱

书面遗嘱的形式包括：

（一）遗嘱人亲笔书写的遗嘱；

（二）由他人代为书写遗嘱的，应当有不少于三个的见证人参与，并且在遗嘱开封或者继承开始之前不得公开或者泄漏遗嘱的内容。

遗嘱中应当注明书写场所，日期，遗产的种类及数量、遗嘱人及继承人、书写人及见证人的姓名。

遗嘱人、书写人、见证人必须在遗嘱中署名并按手印。

书写好的遗嘱应当用胶水或者动物胶密封，并在遗嘱人所在地或者邻接地的公证机关进行登记，遗嘱人所在地或者邻接地没有公证机关的，在管辖该居住地的村政府进行公证。

第五百九十五条 书面遗嘱中不能继承遗产之人

在书面遗嘱中无权继承遗产的人包括：

（一）遗嘱代书人；

（二）遗嘱见证人；

（三）遗嘱代书人及见证人的配偶或者子女。

第五百九十六条 口头遗嘱

因发生即将死亡的危急情况、健康状况恶化或者其他事由，遗嘱人无法立书面遗嘱的，可以通知见证人到场立口头遗嘱。

前款见证人应当通知公证机关或者村政府遗嘱人指示的所有内容，并以书面说明遗嘱人无法立书面遗嘱的原因。公正机关及村政府应当记录所有指示内容。

遗嘱人恢复健康，并经过一个月的，口头遗嘱失效。

第五百九十七条 替补继承人

遗嘱人有权指定替补继承人，使其在遗嘱继承人或者受遗赠人死亡或者放弃遗嘱继承之时继承遗产。

第五百九十八条 遗嘱继承人的权利

遗嘱指定的法定继承人，有权继承法定继承的份额。

第五百九十九条 遗嘱遗产的管理人

遗嘱人在指定未成年人或者患有精神障碍的人为遗嘱继承人或者受遗赠人时，有权在遗嘱中指定遗产管理人。

遗嘱中指定的遗产管理人，可以委托他人代替自己管理遗产。但是，遗嘱中另有规定的除外。

第六百条 遗嘱的变更或者撤销

遗嘱人可以通过立新遗嘱变更或者撤销旧遗嘱。

新立遗嘱，旨在部分或者全部变更、撤销与旧遗嘱相抵触的内容。

第六百零一条 遗嘱的失效事由

有下列情形之一的，遗嘱失去法律效力：

（一）遗嘱继承人先于被继承人死亡；

（二）遗嘱继承人放弃遗嘱继承；

（三）遗嘱继承或者赠与的财产灭失或者在遗嘱继承开始之前被遗嘱

人毁损；

（四）遗嘱根据本法第六百零二条的规定归于无效。

第六百零二条 无效遗嘱

有下列情形之一的，遗嘱归于无效：

（一）无行为能力人立的遗嘱；

（二）目的不明确的遗嘱；

（三）受强迫、欺诈所立的遗嘱，伪造的遗嘱；

（四）受遗赠人属于本法第五百九十五条规定的不能通过书面遗嘱受赠遗产之人。

第六百零三条 遗嘱执行人的选任

有权选任遗嘱执行人的包括：

（一）遗嘱人；

（二）遗嘱继承人或者受遗赠人；

（三）遗嘱人没有指定遗嘱执行人，被选任的遗嘱执行人死亡、失踪、无行为能力、不能或者没有诚实地执行遗嘱的，经遗嘱利害关系人的申请，由人民法院选任。

第六百零四条 遗嘱执行人的权利及义务

遗嘱从遗嘱人死亡之日起开始执行。

遗嘱执行人为了执行遗嘱并取得法律后果，有权实施必要且适当的措施。

遗嘱执行人不得收取执行遗嘱的报酬，但有权请求维护、管理遗产等必要费用的偿还。

关于遗嘱执行，遗嘱执行人负有向遗嘱继承人或者受遗赠人报告的义务。

第六百零五条 遗嘱的开封

遗嘱人死亡的，保管遗嘱的村长或者公证机关工作人员应当在遗嘱人死亡之后的十五日之内将遗嘱带到继承人处当面开封。

第四章　遗产的继承、放弃及继承权丧失

A. 遗产的继承及放弃

第六百零六条　遗产分割的申请

遗产所有人死亡的，任何遗产继承人都有权随时请求遗产分割。但是，遗嘱另有规定或者当事人另有约定的除外。

继承人中有未成年人的，可以等到该继承人成年之后再分割遗产。在未成年继承人成年之前分割遗产的，必须有公证机关工作人员或者村长参加。

无论在任何场合，死者的配偶再婚的，死者的子女都有权请求分割遗产。

第六百零七条　遗产目录的制作

遗产分割之前，应当按照以下分类对被继承人的遗产制作目录：

（一）婚前财产与婚后财产；

（二）被继承人生前贷款、借款，交给他人保管或者设定担保的财产，被他人诈取、骗取、侵占的财产；

（三）丧葬费及被继承人的债务。

收支结算之后，继承人可以按照各自的继承份额分割遗产。

第六百零八条　遗产请求权的时效

遗产请求权，可以在被继承人死亡之日起三年内行使。超过此期间的，请求权消灭。但是，被继承人死亡之时继承人未满十八岁的或者有充分理由的除外。

第六百零九条　对继承人中一人管理遗产的分割申请

管理未分割遗产的继承人，在本法第六百零八条规定的期间届满之后，也有权随时申请其管理遗产的分割。

第六百一十条 遗产的继承

法定继承人在继承遗产之前应当向继承开始的村政府作出受领遗产的意思表示。

遗嘱继承人在继承遗产之前应当向保管遗嘱的公证机关或者没有公证机关的地区的村政府作出受领遗产的意思表示。

继承人必须在继承开始之日起六个月内受领遗产。

部分继承人放弃继承的，欲继承其继承份额的其他继承人应当在六个月的剩余期间内作出受领该继承份额的意思表示。剩余期间不足三个月的，继承人有权申请法院延期，但不得超过三个月。

公证机关或者村长，应当向继承人开具遗产继承证明书。

第六百一十一条 期间内没有受领的遗产

因部分继承人在本法第六百一十条第三款规定的期间内没有受领遗产，其应当继承的遗产被其他继承人或者国家收取的，没有及时受领其遗产的继承人可以与其他继承人或者国家协商返还其应当继承的部分。其他继承人或者国家不同意返还的，被收取遗产的继承人可以向法院提出请求。继承人对于没有及时受领其遗产份额有充分理由的，法院可以判令其他继承人或者国家返还该继承人应当继承的份额。

继承开始之后，法定或者遗嘱继承人在本法第六百一十条第三款规定的期间内因死亡没有受领其遗产份额的，死者的继承人有权受领该遗产份额。

第六百一十二条 遗产的放弃

法定或者遗嘱继承人，可以放弃其遗产，并将遗产赠与其他自然人、法人、国家机关、财团、基金。遗产的放弃应当在继承开始之日起六个月内实施。

放弃法定遗产的，继承人应当以书面形式向村组织表示放弃遗产的意思，同时应当载明受赠人姓名或名称。

放弃遗嘱遗产的，应当以书面形式通知公证机关受赠人姓名或名称。

没有注明受赠人姓名或名称的，由其他继承人依据法律规定继承该遗产。

继承人在本法第六百一十条第三款规定的期间内没有作出接受继承的意思表示的，视为放弃遗产，由其他继承人依据法律规定继承该遗产。

第六百一十三条 无行为能力人的遗产放弃

未满十八岁或者患有精神障碍的继承人，不能放弃遗产。但是，经父母或者监护人同意的除外。

第六百一十四条 遗产放弃者的权利

放弃自己遗产份额的继承人，仍享有代位继承的权利。但不包括其已经放弃的部分。

B. 继承权的丧失

第六百一十五条 继承权的丧失

有下列情形之一的，继承人丧失继承权：

（一）骗取或者侵吞遗产的；

（二）法院作出继承权丧失判决的；

（三）法律或者遗嘱规定的继承权丧失的其他情形。

第六百一十六条 遗产的骗取、侵吞

法院判定骗取、隐匿、侵吞超出自己继承份额的继承人，不得收取被继承人的遗产，已经收取的应当全部返还。

骗取、隐匿、侵吞的遗产少于或者等于自己继承份额的，不得再收取其他遗产。

本条对遗嘱继承人不发生效力。

第六百一十七条 基于法院判决丧失继承权

法院判决剥夺法定监护人权利的父母无权继承其子女的遗产。同时，子女也无权继承该父母的遗产，但是，子女未成年的除外。

经法院认定没有履行子女抚养义务的父母无权继承其子女的遗产。经法院认定没有履行父母扶养义务的子女同样无权继承其父母的遗产。

第六百一十八条 基于法律或者遗嘱取得继承权的丧失

有下列情形之一的，继承人丧失基于法律或者遗嘱取得的继承权：

（一）法院判决认定，继承人为夺取遗产故意伤害被继承人或者其他继承人造成其死亡或者重大伤害或者未遂；

（二）毁坏、隐匿或者伪造遗嘱；

（三）与死者居住在同一个县或者市，并且知道或者应当知道死者死亡的事实，但无合理理由没有出席死者葬礼或者没有派他人代为出席葬礼；

（四）威胁遗嘱人书写、撤销或者变更全部或者部分遗嘱；

（五）包庇对被继承人的生命或者身体实施违法行为并造成其重大伤害、身体残疾以及死亡的人；

（六）因对被继承人或者其他继承人作出不实主张，依照刑法典的规定获得有罪判决的人。

有上述情形的，物的所有权人以书面主张相关继承人丧失继承权时，该继承人丧失继承权。但是，前款第一项、第三项以及第五项规定中被继承人死亡的除外。

基于法律或者遗嘱有权取得遗产的人，不受父母管教实施不当行为，可以照顾年迈或者患病的父母却不予照顾的，丧失其继承权。对此准用本法第六百一十七条第二款的规定予以处理。

第六百一十九条 继承权丧失的撤销

遗产所有权人，可以依照本法第六百一十八条的规定，通过提出证据或者证人证言撤销继承权的丧失。

第五章　继承人对遗产管理以及被继承人债务的责任

A. 遗产管理

第六百二十条　遗产管理

继承人、债权人申请遗产管理或者有遗产管理的必要的，为了保障继承人、债权人的权益，继承开始地村长或者公证机关以及法院应当采取有关遗产管理的强制措施或者选任遗产管理人。

第六百二十一条　不得担任遗产管理人的人

有下列情形之一的人，不得担任遗产管理人：

（一）无行为能力人；

（二）因破产处于禁止担任管理人期间的人；

（三）根据民事诉讼法及本法第六百一十七条、第六百一十八条的规定被剥夺法定监护权利的人以及丧失继承权的人。

第六百二十二条　遗产管理人的权利及义务

遗产管理人享有的权利及负担的义务包括：

（一）在所有继承人的见证下制作遗产目录。无法参加目录制作的继承人应当通知遗产管理人，见证遗产目录制作的继承人不得少于所有继承人的三分之二，遗产管理人应当在被选任之日起一个月内完成遗产目录制作。

（二）继承人在分割遗产之前，应当按照债权人提交的履行请求书支付被继承人的债务。

（三）根据各个继承人的继承份额分割遗产。

遗产管理人无权请求支付遗产管理报酬。但是，继承人同意支付的除外。

第六百二十三条　对无行为能力人继承遗产的管理

对无行为能力人继承遗产的管理，适用本法第五百九十九条的规定。

无行为能力人通过法定继承取得的遗产或者遗嘱中没有指定无行为能力遗嘱继承人的遗产管理人的，由其父母或者其他监护人担任遗产管理人。

未成年人年满十八岁或者患有精神障碍的人恢复健康的，遗产管理人的权利终止。

第六百二十四条 遗产管理的撤销、变更

公证机关或者村长采取的有关遗产管理的强制措施不符合实际情况或者违反法令的，继承人有权请求法院撤销或者变更该强制措施。

遗产管理人不履行或者不诚实地、恶意地履行其义务的，继承人有权请求法院撤销该遗产管理人选任新的遗产管理人。

B. 继承人对被继承人债务的责任

第六百二十五条 债务清偿

法定或者遗嘱继承人，在其遗产份额的范围内对被继承人的债务承担责任。

在遗产分割之前，债权人有权请求遗产管理人清偿其全部债权。

已分割遗产的，债权人有权请求继承人中的任何一人清偿债务。继承人超出自己应当支付的比例清偿债务的，对超出的部分应当由其他继承人平均分担。

部分继承人不能依照其份额清偿债务的，其他继承人应当平均分担该继承人应当清偿的部分。

被继承人的债务，仅以作为遗产的财产予以清偿。

第六百二十六条 清偿请求的期限

债权人在继承开始之日起三年内有权直接请求取得遗产的继承人、遗产管理人、遗产执行人清偿债务，或者向相关公证机关、村长、法院提交申请书。

债权人在三年期间内没有请求清偿债务或者提交申请书的，其权利消灭。但是，债权人关于没有请求或者提交申请书有正当理由的情形除外。

第六百二十七条 遗产处分权的范围

在收到遗产分割或者遗产继承证明书之前，管理遗产的监护人或者继承人无权处分遗产。但是，下列费用的支出除外：

（一）照顾、护理遗产所有权人的费用或者丧葬费用；

（二）照顾、抚养受遗产所有权人监护之人的费用；

（三）对劳动报酬以及遗产所有权人其他义务的履行；

（四）维护、管理遗产的费用。

第六百二十八条 对无法达成合意的遗产的分割

继承人之间对遗产分割没有达成合意的，由法院根据当事人的请求进行判决。

第九编 附 则

第六百二十九条 执行机关

本法由老挝人民民主共和国政府、最高人民法院、最高人民检察院执行。

在老挝人民民主共和国境内生活或者从事商业、事业活动或者进行劳动的老挝人民、外国人、永久居留外国人、无国籍人以及所有组织都应当遵守本法的规定。

第六百三十条 生效

本法自老挝人民民主共和国国家主席颁布主席令之日起三百六十五日且司法部公告十五日后生效。

本法生效之前成立并产生权利义务的法律行为，不适用本法的规定。但是，法律另有特别规定的除外。

本法取代合同内外债务法、家庭法、所有权法、继承法、担保法，其他法律对民事关系的规定与本法不一致的，适用本法。

老挝人民民主共和国继承法[①]

（1990年6月27日第二届最高人民议会第四次会议第03/90/SPA号决议通过，1990年7月27日国家主席令颁布）

第一部分　总　　则

第一章　遗产和继承的基础

第一条　遗产

遗产是指死者的全部财产，包括其权利和义务，但法律或合同规定由死者本人履行的除外。

遗产包括个人财产和夫妻共同财产。

个人财产是指夫妻一方婚前所有的财产，或者婚后通过继承、赠与、有条件的赠与取得的明确属于夫妻一方的财产，并且上述财产目前存续或者被转化成新的财产。

夫妻共同财产是指夫妻婚后共同取得的财产，但价值较低的个人用品除外。

第二条　继承

继承是指根据法律或遗嘱由继承人承继死者的财产。

第三条　法院宣告死亡之人的遗产

被法院宣告死亡的，遗产由其继承人继承。宣告死亡的人被证明仍然存活的，该继承人应当返还全部或者剩余部分的财产。

---

① 译者注：根据《老挝人民民主共和国民法典》第六百三十条的规定，本法被废止。

第四条 继承开始的时间

继承从被继承人死亡之日开始。被法院宣告死亡之人的继承从法院宣告死亡之日起开始。

第五条 继承开始的地点

继承开始的地点是指被继承人的最后经常居住地。居住地不明的，重要财产所在地作为继承开始的地点。

继承应当在公证人或者村长在场的情况下进行。

第二章 遗产继承人

第六条 遗产继承人

遗产继承人包括：子女（亲生子女、养子女、继子女）、被继承人尚健在的配偶。被继承人没有子女或配偶的，其亲属将按下列顺位继承遗产：

1. 直系亲属：父母、祖父母、外祖父母、曾祖父母、外曾祖父母；
2. 旁系亲属：兄弟姐妹、叔姑舅姨、侄子女、外甥子女；
3. 本法规定的国家、法人和其他人。

遗产分配时，与被继承人关系最密切的亲属享有优先继承权。无关系最亲密亲属的，由其他顺位的亲属继承遗产。

第三章 丧失继承权

第七条 侵占遗产

遗产继承人通过隐藏、转移等方式取得多于自己应得的遗产份额的，不得继承遗产。侵占、隐藏、转移的遗产少于继承人应继承份额的，无权获得剩余部分。

本条不适用于被继承人已事先向其作出有条件赠与的遗嘱继承人。

第八条 丧失继承权

父母因法院的判决被剥夺父母权利的，无权继承子女的财产；同样，子女也无权继承父母的财产。

法院判决认定父母不履行抚养子女义务的，无权继承子女的财产。法院判决认定成年子女不履行赡养父母义务的，无权继承父母的财产。

第九条 丧失继承权的原因

有下列情形之一的，行为人丧失法定继承权或遗嘱继承权：

1. 为争夺遗产，经法院认定故意伤害被继承人或其他继承人致人死亡或造成重伤的；

2. 全部或者部分毁灭、隐匿、伪造遗嘱的；

3. 与被继承人在同一个省或区，知道其死亡，无正当理由未参加或委托他人参加其葬礼的；

4. 胁迫被继承人设立、撤销或变更全部或部分遗嘱的；

5. 包庇、隐藏致被继承人重伤或残疾的犯罪嫌疑人的；

6. 根据《刑法》第一百五十二条的规定，法院认定其诽谤被继承人或其他继承人的。

除本条第一项、第三项、第五项规定的被继承人死亡的情形外，被继承人以书面形式明确表示的，行为人丧失继承权。

被继承人可以恢复继承人丧失的继承权，但应当以书面形式表明。

第四章 接收和放弃遗产

第十条 受领遗产

法定继承人或遗嘱继承人在继承开始地向公证机关或村长表示受领遗产的，视为遗产接收人。

遗产受领应当在继承开始的六个月内进行。

部分继承人放弃遗产继承的，其他继承人应当在剩余期限内提出受领申请。剩余期限不足三个月的，前述遗产受领人有权请求法院延期，但不得超过三个月。

公证机关或村长应当向继承人出具继承证明作为证据。

第十一条 未在规定期限内受领遗产

继承人未在本法第十条第二款规定的期限内受领遗产，遗产已被其他继承人受领或上交国家的，经已受领遗产的继承人同意，该遗产将全部退还该继承人。未得到其他继承人同意，当事人有充足理由的，法院将作出有利于该继承人的判决。

法定继承人或遗嘱继承人在继承开始后死亡且未在本法第十条第二款规定的期限内受领遗产的，其继承人有权受领遗产。

第十二条 处置遗产的权利

继承开始前或收到继承证明前，其他遗产继承人尚未参与遗产分配，除下列费用外，遗产保管人或继承人无权处置遗产：

1. 被继承人的医疗费、护理费或丧葬费；
2. 被继承人对他人的赡养费和抚养费；
3. 被继承人对他人应付的工资和其他费用；
4. 遗产保管费用。

第十三条 放弃遗产

继承开始六个月内遗产继承人有权放弃遗产。

放弃遗产的继承人应当以书面形式向公证机关或村长说明，同时表明遗产转让人的身份。无法确认遗产转让人的，遗产由其他继承人继承。

放弃遗产的继承人和他的继承人无权再次要求继承已放弃的遗产。

第十四条 未成年人和无行为能力人放弃遗产

未经父母或监护人同意，未成年人和无行为能力人不得放弃遗产。

第二部分　法定继承权

第一章　法定继承人之间的遗产分配

第十五条　法定继承的情形

以下情况为法定继承：

1. 无遗嘱确定遗产继承人；
2. 遗嘱无效或继承人在继承开始前死亡；
3. 遗嘱指定的继承人拒绝接受继承；
4. 遗嘱继承后有剩余遗产。

第十六条　被继承人配偶和子女之间的遗产分配

被继承人死亡，留有配偶和子女的，子女有权继承其个人财产。夫妻共有财产应当平均分配，一半由配偶继承，另一半由其子女平均继承。

被继承人的配偶有权管理未成年子女继承的遗产。

第十七条　被继承人配偶和直系亲属之间的遗产分配

被继承人死亡无子女的，配偶和直系亲属间的遗产分配按下列规定执行：

1. 直系亲属按照关系的密切顺序平均分割被继承人的个人财产；
2. 配偶仅继承被继承人的夫妻共同财产部分。

第十八条　被继承人配偶和旁系亲属之间的遗产分配

被继承人死亡无子女和直系亲属的，旁系亲属有权继承其一半的个人财产，另一半个人财产和全部夫妻共同财产由其配偶继承。

旁系亲属对可继承的遗产平均分割。

第十九条 被继承人子女之间的遗产分配

被继承人子女之间的遗产分配按下列规定执行：

1. 若均为亲生子女，则平均分配遗产。

2. 有亲生子女、养子女和继子女的，养子女和继子女的继承份额与亲生子女相同。无论在何种情况下，继子女只能继承属于被继承人部分的夫妻共同财产。

3. 被继承人的养子女无权继承其亲生父母的遗产。

4. 上述子女对父母行为不当，拒绝接受父母监管，有能力但未在父母年迈或病重时赡养的，将视为丧失继承权并适用本法第九条第二款的规定。

第二十条 胎儿的继承权

被继承人尚未出生的子女有权继承遗产。

第二十一条 雇主与雇员之间的继承

雇主死亡无继承人，家中雇员照顾房屋和患病人员三年以上的，有权继承遗产。

雇员死亡无继承人，雇主有权继承其遗产。

第二十二条 无继承人的遗产

被继承人无继承人或继承人无法确定，且在六个月内无人提出诉求的，全部遗产由国家管理。

超过本法第三十条规定的诉讼时效的，遗产归国家所有。

参与继承的国家公证机关或村长有权决定将部分遗产用于被继承人的丧葬费用和偿还其他债务。

第二十三条 僧侣的遗产

僧侣死亡无继承人或未将其遗产赠与其他人或组织的，全部遗产归寺庙所有。

第二十四条 分居夫妻的继承权

分居但尚未离婚的夫妻仍有权相互继承遗产。

第二章 代位继承

第二十五条 代位继承人

法定继承人先于被继承人死亡，代位继承人有权继承属于继承人的遗产份额。代位继承人死亡的，则由其代位继承人继承，以此类推。

第二十六条 代位继承的条件

代位继承应当满足以下条件：

1. 必须是法定继承人；
2. 必须是已死亡的继承人的子女。

第二十七条 放弃遗产的权利

继承人放弃遗产并被其他人受领的，仍有权成为该遗产的代位继承人。

第三章 分割遗产的要求

第二十八条 分割遗产的要求

除合同另有规定外，继承人有权要求分割遗产。

继承人尚未成年的，法院有权决定推迟遗产分割至该继承人成年或者认为当时有必要进行遗产分配。

夫妻一方死亡，其配偶再婚的，子女有权要求分割遗产。

第二十九条 遗产清单

遗产分割前，应当设立被继承人的财产目录，内容如下：

1. 被继承人出借、寄存、抵押的财产。生前被他人侵占、隐匿、挪用的财产。

2. 被继承人的丧葬费和其他债务。

遗产目录确定之后，各继承人可以按照其份额分割遗产。

第三十条 继承的诉讼时效

自被继承人死亡或继承人知道或者应当知道被继承人死亡之日起三年内，继承人可以请求继承遗产。除非有充分理由，超过诉讼时效的请求权消灭。

第三十一条 继承人管理的遗产分配

对尚未分配的遗产进行管理的继承人，任何时候都有权要求分配该遗产，即使本法第三十条规定的诉讼时效届满。

第三部分 遗嘱继承权

第一章 设立遗嘱

第三十二条 遗赠权或遗嘱权

公民生前有权根据自己的意愿进行遗赠、附条件遗赠或者设立遗嘱，将自己的财产转移给其他个人或多人，或国家机关、集体组织和社会组织。

遗赠指财产所有人生前决定将自己的财产在其死亡后无条件赠与他人。受益人自受领财产之日起成为所有人。

附条件遗赠指财产所有人生前决定将自己的财产在其死亡后有条件赠与他人。受益人履行完毕与赠与人约定的条件的，成为该财产的所有人。

第三十三条 遗赠、附条件遗赠或设立遗嘱的权利范围

被继承人有其他作为继承人的子女的，其生前无权通过遗赠、附条件

遗赠或设立遗嘱的方式将自己全部财产转移给一个子女或他人。

遗赠、附条件遗赠或设立遗嘱应当按照下列规定执行：

1. 有一个子女的，不得超过全部财产的一半；
2. 有两个子女的，不得超过全部财产的三分之一；
3. 有三个以上子女的，不得超过全部财产的四分之一。

第三十四条 书面遗嘱

被继承人可以亲自设立书面遗嘱。遗嘱由他人代写的，应当有三个以上见证人在场见证，见证人应当保密直到遗产继承开始。

遗嘱应当注明遗嘱设立的日期和地点，遗产的种类和数量，遗嘱人、继承人、书写人和见证人的姓名。

遗嘱人、书写人和见证人应当在遗嘱上签字或按手印。

遗嘱书写完成的，应当封入信封，在被继承人居住地的国家公证机关或村长处登记。

第三十五条 口头遗嘱

由于濒临死亡或健康不佳等原因无法设立书面遗嘱的，当事人可以在三个以上见证人在场的情况下设立口头遗嘱。

见证人应当将被继承人的口头遗嘱及时向国家公证机关或村长说明，并说明被继承人无法设立书面遗嘱的原因。

被继承人恢复健康一个月后，所立口头遗嘱无效。

第三十六条 备选继承人

被继承人有权指定备选继承人，以代替在遗嘱公开之前死亡或拒绝继承遗产的在先继承人。

第三十七条 遗嘱继承人的权利

被继承人生前设立遗嘱将部分遗产给予任一法定继承人的，该继承人除可获得遗嘱的遗产份额外，还可获得法定的遗产份额。

第三十八条 书面遗嘱中无权获得财产的人

遗嘱的书写人、见证人及以上当事人的配偶、子女无权获得遗嘱中的财产。

第三十九条 委任遗产管理人

被继承人设立遗嘱将遗产给予未成年人或无行为能力人的，有权委任遗产管理人。

除被继承人在遗嘱中另有规定外，遗产管理人可以委任其他人代替其管理财产。

继承人成年或恢复行为能力的，遗产管理人的权利终止。

第二章 撤销遗嘱

第四十条 修改或撤销遗嘱

被继承人有权在任何时候通过设立新的遗嘱修改或撤销已立的遗嘱。

新的遗嘱替代已立遗嘱的全部内容或与新遗嘱相抵触的部分内容。

第四十一条 遗嘱的失效事由

有下列情形之一的，遗嘱失去法律效力：

1. 遗嘱继承人先于被继承人死亡的；
2. 遗嘱继承人主动放弃遗产继承的；
3. 遗产由被继承人丢失或破坏的；
4. 遗嘱无效的。

第四十二条 无效遗嘱

有下列情形之一的，遗嘱被视为无效：

1. 未成年人或无行为能力人设立遗嘱的；
2. 遗嘱对象不明确的；
3. 受逼迫、欺诈设立遗嘱的，或伪造遗嘱的；
4. 设立遗嘱将财产分配给本法第三十八条规定的人员的。

第三章 履行遗嘱

第四十三条 委任遗嘱执行人

下列人员可以委任遗嘱执行人：

1. 被继承人；

2. 遗嘱中指定的人或遗产继承人。

被继承人生前未委任遗嘱执行人，委任的遗嘱执行人失踪，遗嘱执行人不忠实履职或无法履职的，由法院委任遗嘱执行人。

第四十四条 遗嘱执行人的权利和义务

被继承人死亡后才能执行遗嘱。

遗嘱执行人有权采取一切必要和充分的措施执行遗嘱。

遗嘱执行人不得因执行遗嘱而领取报酬，但可以获得其支出的遗产保护和管理所需费用的补偿。

遗嘱执行人有义务根据继承人的请求报告自己的活动。

第四部分 遗产保护和继承人的职责

第一章 遗产保护

第四十五条 遗产保护措施

根据遗产管理的要求或者必要，由继承开始所在地的公证机关或者村长确定遗产保护措施或者指定遗产管理人，以保障国家、继承人和债权人的利益。

第四十六条 不得担任遗产管理人的范围

下列人员不得担任遗产管理人：

1. 未成年人；

2. 无行为能力人；

3. 被法院判决破产的人。

第四十七条 遗产管理人的权利和义务

遗产管理人有下列权利和义务：

1. 在继承人在场时列出遗产目录。有多个继承人的，应当有两个以上的继承人在场，遗产目录应当自被指定遗产管理人之日起一个月内完成。

2. 在继承人继承遗产前，接受债权人的请求，清偿被继承人的债务。

3. 根据继承人的继承份额进行遗产分配。

除继承人同意外，遗产管理人无权在遗产管理期间获得报酬。

第四十八条 撤销遗产管理人

遗产管理人不认真或不善意履行权利义务的，相关的公证机关或者村长有权撤销遗产管理人，并自撤销之日起七日内委任新的遗产管理人。

第二章 遗产继承人的职责

第四十九条 清偿债务

法定继承人或遗嘱继承人应当在其取得的遗产份额内清偿被继承人的债务。

遗产未分配的，债权人仍有权要求继承人或遗产管理人清偿全部债务。

遗产已经分配的，债权人有权要求任一继承人清偿债务。继承人偿还债务超过自己继承的遗产份额的，其他继承人应当按照各自的比例向该继承人清偿。

继承人不能按其份额清偿债务的，其他继承人应当按照各自的份额向债权人清偿债务。

被继承人的债务只能从遗产中进行清偿。

第五十条 继承人的未清偿债务

遗产管理人可以将全部或部分遗产移交给任何继承人，该继承人应当受领遗产，并且清偿属于自己份额的债务。

第五十一条 请求清偿债务的期限

继承开始后六个月内，债权人有权向已受领遗产的继承人、遗产管理人或遗嘱执行人请求清偿债务，或向继承开始所在地的国家公证机关、村长或法院递交债务清偿申请。债权人未在六个月内请求清偿债务或递交债务清偿申请的，除非有充分理由，否则债权消灭。

第五十二条 遗产分配无法达成一致

继承人无法就遗产分配达成一致的，由法院作出裁决。

老挝人民民主共和国所有权法[①]

（1990年7月10日第二届最高人民议会第四次会议第01/90/SPA号决议通过，1990年7月27日国家主席令颁布）

第一章 总 则

第一条 所有权

所有权是指在法律规定的范围内，国家、集体、个体、私营经济单位和个人对特定财产在占有、使用、收益和处分上享有的完整和绝对的权利。

第二条 所有权形式

所有权包括下列五种形式：

（一）国家所有权；

（二）集体所有权；

（三）个体所有权；

（四）私营所有权；

（五）个人所有权。

集体所有权分为合作社所有权和其他集体组织所有权。

国家依法保护上述所有权。

第二章 国家所有权

第三条 国有财产所有权人

国家是国有财产的唯一所有权人。国有财产由国家机关所有。

① 译者注：根据《老挝人民民主共和国民法典》第六百三十条的规定，本法被废止。

国家机关对国有财产行使占有、使用、收益和处分权，也可以根据法律规定或国家工作计划将国有财产租赁给集体组织或个体。

第四条 国家所有的财产

国家所有的财产包括两类：

（一）构成国家管控下的社会物质和技术基础的财产，如工厂、陆水空运输工具、通信设施、邮政、银行、企业和国家所有的其他财产；

（二）用于国家机关运行的各种财产，如建筑物、车辆、桌子、椅子和其他财产。

土地、地下资源、水、森林、水生动物和野生动物，属于国家代表的全民所有的自然资源，国家可以将其占有、使用、转让和继承的权利，授予其他组织、经济单位和个体。

其他组织、经济单位和个体可以转让或继承土地，但不得用于交易。

第五条 国家所有权的取得

国家所有权来源于：

（一）国有化；

（二）国家机构和企业的建设；

（三）国家征税；

（四）必要的财产购买；

（五）财产没收；

（六）获得无主财产；

（七）获得遗失物；

（八）发现有价物；

（九）获得无主动物；

（十）购买和交换；

（十一）捐献给国家的财产；

（十二）遗产继承。

第六条 国有固定资产的处分规定

国家机关之间转移国有企业设施、建筑物、构筑物、设备和其他固定资产的，另行规定。

个人不得取得上述资产的所有权，但根据规定可以出售的财产除外。

第七条 流动资产和产品的处分规定

国家机关对原材料、材料、资金、流动资产及其加工产品，按照其用途和计划，享有单独的处分权。

任何人不得使用国有资产谋取私利。

第八条 国有资产的没收规定

国有企业设施、建筑物、构筑物、物资和国家机关的其他固定资产不得用于担保，不得因债权人起诉被扣押或没收，但法律规定的财务文件和其他资产除外。

境外国有资产适用国内国有资产的规定。

国家有权随时要求非法持有者返还国有资产，该请求不受诉讼时效的限制。

第三章 集体所有权

第九条 合作社或其他集体组织所有的财产

合作社或其他集体组织所有的财产包括生产工具和其他实施工作必需的资产，如机器、运输工具、推土机、拖拉机、动物、建筑物、构筑物、国有企业设施、住房、固定资金、流动资金及其他。

第十条 合作社或其他集体组织的所有权内容

合作社或其他集体组织根据法律规定和内部文件规定对自己的财产享有占有、使用、收益和处分的权利。

财产处分权由合作社或其他集体组织独立行使，任何个人不得处分上述财产。

第十一条 合作社或其他集体组织的所有权的取得

合作社或其他集体组织所有权来源于：

（一）各成员的捐献；

（二）生产和服务所得；

（三）购买和交换；

（四）国家、其他组织、个人等赠与的物资和资金支持。

第十二条 合作社或其他集体组织对土地的使用

合作社或其他集体组织应当正确使用其所有的土地，否则将根据农业土地管理和使用规定予以罚款，国家有权无偿收回土地并交由其他经济单位和个人使用。

第十三条 合作社或其他集体组织财产的没收规定

合作社或其他集体组织的建筑物、构筑物、推土机、拖拉机、运输工具和其他固定资产不被没收，但法律规定的财务文件及其他财产除外。

第四章 个体、私营和个人所有权

第十四条 个体所有的财产

个体所有的财产包括小规模农民、工匠、生产制造者等所有的生产工具、产品和商品。

第十五条 个体所有人的权利和义务

个体所有人有权依法自由从事生产活动、服务提供和产品销售。

个体所有人应当遵守法律、国家经济政策和其他政策，并完整地向国家履行纳税义务。

第十六条 私营所有的财产

私营所有的财产包括生产工具、产品、商品及经济单位在经营活动中使用的资金。私营财产属于相关企业，并为国家发展和人民生活条件的改善作贡献。

经济单位自行管理和决定商业生产，自负盈亏。

第十七条 私营经济单位的权利和义务

私营经济单位有权从事生产经营、建造、运输、贸易、服务提供及各种签约活动，有权使用货币进口原材料等，依法自由销售其产品，在国内外开展经营合作。

私营经济单位应当根据其营业执照的规定开展生产经营，此外还应当严格遵守法律、国家经济政策和其他政策，完整向国家履行纳税义务并按会计法的规定设立会计账目。

第十八条 对私营经济单位所有权的承认

私营经济单位具有法人地位。

国家承认私营经济单位对其各种财产的所有权。

任何个人不得侵犯该经济单位的权利。

第十九条 对私营经济单位的措施

私营经济单位违反章程规定进行经营活动或者有其他违法行为的，如未按照会计法持有账目、未按时缴费、伪造或向其他人出借、出租企业经营执照的，将按照私营企业登记注册法的规定予以处罚。

第二十条 个人所有的财产

个人所有的财产包括消费品、个人物品、生活用品、房屋及屋内物品、个人所需饲养的牲畜和其他收入。

第二十一条 个人所有权

所有权人根据需要有权对自己的财产和收入行使占有、使用、收益和处分权，但对自己所有物的使用不得损害国家、集体和其他个人的合法利益。

第二十二条 闲置土地

任何人闲置土地未进行开垦或生产的，都将根据农业土地管理和使用规定予以罚款，国家有权无偿收回该土地并交由他人使用。

第二十三条 没收个体、私营和个人财产

个体、私营和个人财产可以被没收或扣押，但刑法规定的债务人及其扶养人生存所必要的食品、衣物、日用品、饲养牲畜和其他财产除外。

第二十四条 合作社或其他集体组织成员个人所有的财产

合作社或其他集体组织成员个人所有的财产包括其工作收入，通过继承获得的财产，以及给予个人的非合作社或其他集体组织财产。

根据规定作为合作社或其他集体组织所有的特定财产，成员个人不得所有。

第二十五条 共同所有的财产

国有企业设施、建筑物、房屋、围栏、院子等财产可以成为国家机关、集体组织或个人共同所有的财产。

经协商一致，共有人对共有财产享有占有、使用、收益和处分权；各共有人共同承担纳税、保管、维修、债务及其他费用。

经协商一致，共有人有权要求分割其共有财产份额。共有财产无法分割的，共有人有权根据其份额价值获得赔偿。

第二十六条 夫妻共同财产

夫妻共同财产是指夫妻双方在婚姻存续期间取得的财产，但价值较低的个人物品除外。

夫妻对共同财产享有平等的权利，不论该财产由谁实际获得。

夫妻婚前的财产或婚姻期间通过继承或接受赠与明确只属于夫妻一方的财产，不被视为夫妻共同财产。

婚姻存续期间获得的衣物及其他个人使用的财产，不被视为夫妻共同财产，但宝石、黄金和珠宝等有价财产除外。

第二十七条 夫妻共同财产分割

夫妻离婚后应当分割共同财产。夫妻分居、夫妻一方不合理使用共同财产或对该共同财产有不良企图的，可以在离婚前分割共同财产。

夫妻共同财产应当平均分割。

夫妻一方对婚姻关系破裂存在过错或损害共同财产的，只能获得三分之一的共同财产。

子女未成年的，抚养子女的一方经法院裁判可以多分财产。

第五章 所有权的产生和终止

第二十八条 所有权的产生

所有权自财产依法转让或受领时取得。所有权也可以按照合同约定自财产转让或受领之前取得。

财产转让合同或财产需要登记的，所有权自登记时取得，不论财产是否已经移交。

第二十九条 财产移交

财产移交是指将财产交付给指定的组织或个人。

通过承运人或邮政服务交付财产并且移交了运输凭证或包裹的，视为财产移交。

第三十条 合法占有

合法占有是指个人根据有关规定和原则占有资产。固定资产应当登记，相关权利由登记人或登记人授权的人行使。

第三十一条 特许物品的占有

持有武器、有毒物质、贵重金属等物品的，应当经有关部门特别许可。

第三十二条 转让文物和艺术品的规定

向他人出售或转让文物、艺术品的，应当经文物保护部门批准。国家对购买文物享有优先权。

违反前款规定向他人出售或转让文物的，该行为无效并适用无效合同的规定。

第三十三条 移交时因意外事件或不可抗力导致财产灭失或损坏

移交时因意外事件或不可抗力导致财产灭失或损坏，是指非因移交人、承运人或受领人的过错而在财产移交时所发生的事件。发生上述情形的，除合同另有规定外，损失由当时的财产所有人承担。

因移交人、承运人或受领人迟延移交、运输或受领导致损害发生的，损失由相关人员承担。

第三十四条 孳息归属

除法律另有规定或合同另有约定外，孳息由所有权人取得。

第三十五条 遗产的所有权

法定继承人或遗嘱继承人自遗产受领时取得遗产的所有权。

没有继承人的，遗产归国家所有，但继承法第二十三条规定的僧侣的遗产除外。

第三十六条 无主财产

无主财产是指由于超过诉讼时效丧失权利、所有权被抛弃或所有权人不明的财产。

只有财政部门有权向法院建议将无主财产收归国有。无主财产属于抛弃或丧失占有的合作社成员的，上述财产归财产所在地的合作社所有。

第三十七条 无主财产的执行办法

被确认为无主财产的，收归国有。

财产移交国家后，没有超过合同法第三十五条规定的诉讼时效的，财产所有人有权向人民法院提起诉讼要求返还财产或赔偿损失。

第三十八条 拾得遗失物

拾得遗失物的，应当及时通知并返还权利人；权利人不明的，应当张贴通知并向警察局或村长送交遗失物进行保管。在企业或办事处拾得遗失物的，应当将遗失物送交企业或办事处负责人保管。

遗失物自张贴通知之日起六个月内无人认领的，归拾得者或国家无偿所有。

第三十九条 对拾得者的补偿

遗失物拾得者有权获得因保管和返还遗失物所支出费用的补偿。遗失物收归国有的，由有关国家机构给予补偿。

遗失物拾得者有权向失主或有权受领遗失物的人要求获得不超过遗失物价值百分之十五的酬金。

遗失物拾得者未及时通知的，无权获得酬金。

第四十条 无人看管的牲畜

捕获无人看管或走失的牲畜的，应当及时通知并返还所有人，或自捕获牲畜之日起三日内向警察局或村长报告。

所有人未认领的，上述牲畜由捕获者看管、饲养和使用。

自通知之日起六个月内发现所有人的，应当归还牲畜，所有人应当依照本法第三十九条的规定向捕获者赔偿牲畜看管和饲养费用并给予酬金。

牲畜捕获者看管和饲养牲畜有困难或牲畜感染疫病的，经警察局或村长同意，可以出售该牲畜，但应当为牲畜所有人保管该出售的价款。

六个月内未发现牲畜所有人的，所有人丧失牲畜所有权。

第四十一条 发现贵重物品或古董

贵重物品是指隐藏或埋藏在地下或以任何其他方法隐藏的金、银或贵重金属和矿物，其所有人无法确定或所有人丧失该贵重物品所有权或无法主张所有权。在此种情况下，贵重物品将收归国有，发现人应当将上述物品移交财政部门。

除执行职务外，发现并上交贵重物品或古董的人有权获得该贵重物品实际价值百分之十五的酬金。

第四十二条 善意占有他人财产取得所有权

善意占有他人财产的，不动产持续占有二十年，动产持续占有五年，占有人取得该财产所有权。善意占有是指公开、持续和稳定的占有。超过上述期限的，原所有人无权对该财产提出权利主张。

初始占有人未达到前款规定期限并将财产移交他人善意占有的，财产所有权取得期限应当从初始占有人占有之日起计算。超过相应期限的，新占有人取得该财产所有权。

不论是否超过第一款规定的期限，国家或集体的财产都不得被他人善意占有取得。

第四十三条 财产征收

财产征收是指政府基于国家或社会利益获得他人财产并给予补偿。

政府在必要或紧急情况下可以征收财产，如开发、抗拒自然灾害或疫病等。

财产征收应当根据实际情况在适当的期限内给予补偿。

非法征收财产的，所有权人有权向征收机构的上级主管部门提出申诉，并有权要求返还财产和赔偿损失。

第四十四条 没收财产

没收财产是指将违法个人的全部或部分财产无偿收归国家所有。

没收财产应当由法律明确规定。

非法没收财产的，所有权人有权要求返还财产并赔偿损失。

除本法第八条、第十三条规定的情形外，国家或集体财产不得被没收。

第四十五条 所有权终止

有下列情形之一的，所有权终止：

（一）所有权人处分财产的；
（二）财产因雷击、洪水、地震等意外事件或不可抗力被毁坏的；
（三）所有权人未在诉讼时效期间向法院起诉要求返还财产的；
（四）该财产被国家没收或被法院判决扣押拍卖用于偿还债务的。

第六章　所有权的使用范围

第四十六条　所有权使用

所有权使用是指所有权人为满足日常生活需求或其他目的而使用自己的物品或财产，但不得损害或妨碍国家、社会或其他人的权益。

第四十七条　允许建造住宅或种植树木的区域

经批准建造住宅或其他建筑的个人，不得修建过高屋顶使雨水倾倒进或覆盖相邻的他人土地或房屋。

个人在有使用权的土地上修建房屋、种植树木或从事其他事务，不得对相邻房屋的所有人造成损害或者妨碍交通。

第四十八条　因所有权使用不当遭受损害一方的权利

因本法第四十七条第二款所述原因而遭受损害的一方，至少提前七日通知所有权人但其不予解决的，有权自行砍掉侵入其土地的树枝、藤蔓或树根；受损害方也可以依照本法第六十三条和第六十四条的规定保护自己的利益。

此外，受害人有权要求赔偿遭受的损失。

第四十九条　允许道路通行

被他人房屋或土地环绕无法通行的个人，有权向距道路最近的土地所有人请求通行。被请求人应当给予通行便利，但有权就其土地用作通道时对植物或建筑造成的损害要求合理赔偿。

电缆、电话线、下水道、水管或饮用水管需要穿行他人土地，对树木或庄稼造成损害的，所有人有权要求赔偿遭受的损失。但土地所有人从通行中获益的，无权获得赔偿。

第五十条 允许排水

需要从居住地排水的个人有权要求下水道通过邻近的或靠近运河的邻居土地。被请求方应当同意，但有权要求赔偿对农作物或建筑物造成的损害。请求排水的个人应当保持下水道的良好卫生和适当状态。

第五十一条 土地或园地看管人的权利

土地或园地看管人有权根据与所有权人达成的协议使用农作物。

第五十二条 土地或园地看管人的义务

土地或园地看管人有义务保护和照管土地上的农作物。

农作物受损的，看管人应当向土地或园地所有人赔偿损失，但前述损失非因看管人造成的除外。

看管人不合理使用农产品的，应当向土地或园地所有人支付大于约定数额的赔偿。所有权人有权禁止看管人从农作物中获益。

第五十三条 土地或园地所有人的权利

土地或园地所有人有权在其财产周围设置围栏，但不得妨碍交通，阻碍先前土地上的通道或侵入相邻土地。

第五十四条 土地或园地所有人的责任

看管人发现看护的土地作物因存在缺陷的篱笆、害虫或其他原因而遭受损害，土地或园地所有人获得通知后仍漠不关心的，由所有人承担前述损失。看管人使用自己财物防止损害的，土地或园地所有人应当赔偿看管人支出的费用。

第五十五条 对闲置土地和退化林地使用权的认可

个人、合作社和其他集体组织自愿利用闲置土地或退化林地进行恢复和发展，或者自费进行种植或畜牧的，国家承认其使用权。

第七章 所有权的保护

第五十六条 所有权的保护

所有权的保护是指对侵害他人所有权的人采取法律措施，以恢复被侵害的所有人权益。

第五十七条 返还财产之讼

所有权财产被他人非法占有的，相关权利人有权依法提起诉讼要求返还该财产。

非法占有者是指违反法律规定非法占有他人财产或从无权转让人手中获得财产的人。

第五十八条 善意非法占有财产者

善意非法占有财产者是指不知道或不应当知道占有的财产为他人所有的人。

原所有权人要求返还财产的，占有人应当返还，但所有权人应当根据财产价值向占有人赔偿。原所有权人也有权要求非法转让财产的人赔偿损失。

占有人通过赠与或继承获得财产的，无须对财产价值或损害进行赔偿。

第五十九条 恶意非法占有财产者

恶意非法占有财产者是指知道或应当知道占有的财产为他人所有的人。恶意非法占有财产者应当将财产返还所有人。占有人有权要求非法转让财产的人赔偿损失，但无权向法院提起诉讼。

第六十条 非法占有的财产产生的孳息

恶意非法占有财产者应当向所有权人返还非法占有的财产产生的孳息。相关当事人消费、出售或使用孳息的，应当向所有权人赔偿损失或返还孳息价值。

本法第五十八条规定的善意非法占有财产者无须返还占有财产产生的孳息。

第六十一条 改善非法占有的财产

分割占有财产的改善部分不会对财产造成损害或导致缺陷的，善意非法占有财产者有权保留对占有财产的改善部分。财产改善部分无法分割的，善意非法占有财产者有权要求所有人对其改善部分进行赔偿，但赔偿不得超过财产的原有价值。

本法第五十九条规定的恶意非法占有财产者在占有期间对财产进行改善的，财产改善部分由所有人无偿享有。

第六十二条 所有权确认之诉

他人对自己财产主张权利的，即使所有权未遭受侵害，所有人也有权向法院提起诉讼要求确认其所有权。

第六十三条 排除妨碍之诉

即使所有权未遭受侵害，所有权人也有权对妨碍财产使用、收益和处分的人提起诉讼，要求排除妨碍。

第六十四条 损害赔偿之诉

对他人财产造成损害的，所有权人有权向法院提起诉讼要求损害赔偿。

第六十五条 因用水引起的损害赔偿之诉

溪流、池塘、湖泊或运河阻塞导致作物被淹或无法用水的土地所有人，有权向法院提起诉讼要求行为人停止侵害并赔偿损失。

第六十六条 返还财产之诉

所有权人将其财产委托他人保管或将其财产出租、交由他人使用，持有人拒绝返还的，所有权人有权向法院起诉要求返还财产。因持有人原因造成财产毁损、变质的，除合同另有约定外，持有人应当赔偿损失。

第六十七条 无正当理由获得财产

没有正当理由获得他人财产的，应当向所有权人返还该财产。

第六十八条 财产持有人的权利保护

承租人、看管人或借用人等财产持有人享有与所有权人相同的权利，有权根据本法第五十七条的规定向法院起诉要求他人返还财产并排除妨碍。

老挝人民民主共和国合同法[①]

（1990年7月10日第二届最高人民议会第四次会议第02/90/SPA号决议通过，1990年7月27日国家主席令颁布）

第一部分　总　　则

第一章　一般规定

第一条　合同的目的和功能

合同是组织机构之间、组织机构与个人之间或个人之间设立、变更或终止民事权利和义务的一种协议。

合同旨在确立各经济部门和经济行业之间的财产关系，加强组织机构和个人履行义务的责任，提升和扩大人民日常生活中的财产关系和国民经济基础的商品货币关系。

第二条　合同当事人

合同可以由以下各方签订：

（一）国家机构之间或集体组织之间；

（二）国家机构或集体组织与其他法人或个人之间；

（三）法人之间或个人之间。

① 译者注：根据《老挝人民民主共和国民法典》第六百三十条的规定，本法被废止。

第二章 合同的条件和内容

第三条 合同双方

合同双方包括债权人和债务人。

债务人是指有义务为债权人利益而履行特定事务，如移交财产、完成工作、支付款项等，或不履行特定事务的人。

债权人是指有权要求债务人履行上述义务的人。

第四条 合同的种类

合同可由单方、双方或多方订立。

单方合同是指由一方设立的而另一方无对等义务的协议，如移交财产。

双方和多方合同是指在合同双方或多方之间产生权利和义务的约定。

以商业经营为目的的民事合同，应当认定为经济合同。

第五条 合同的条件

适当的合同应当具备以下条件：

（一）合同双方自愿订立；

（二）合同双方具备行为能力；

（三）合同目的明确、客观存在、合法；

（四）合同动机合法；

（五）合同形式符合法律规定。

第六条 合同双方的自愿行为

合同双方均同意订立合同的，视为自愿订立合同。

合同一方因错误、欺骗、胁迫、暴力订立合同，或合同不利于其中一方的，将不被视为自愿订立合同。

合同目的不符合双方之间约定的，该合同应当视为错误合同。

合同一方采取欺诈手段误导对方同意订立合同的，该合同应当视为欺诈合同。

合同一方因害怕危及自己、家庭、财产和亲属的行为同意订立合同的，该合同应当视为以胁迫或暴力订立的合同。

合同双方的合同利益不平等的，该合同应当视为显失公平的合同。

第七条 行为能力

行为能力是指通过自己的行为设立民事权利和义务的能力。

十八岁以上且精神正常者视为具有行为能力。

未满十八岁但已合法结婚者视为具有行为能力。

具有法人地位的组织机构视为具有行为能力。

第八条 合同的目的

合同目的是指双方设立合同时希望达到的目标。

合同目的应当明确、客观存在、合法，不扰乱公共秩序并切实可行。

第九条 合同的动机

合同动机是指推动合同订立和促使合同当事人行使权利和履行义务的动力。

合同动机应当客观存在且合法。

第十条 合同的形式

合同应当以书面形式订立。价值低于五千基普的合同可以通过口头方式订立，借用财物的合同除外。

书面合同应当包含日期和合同双方的签字。合同可手写或者打印，并采取下列三种形式之一：

（一）在政府公证员或村长与三名见证人在场的情况下订立；

（二）合同双方自己订立并由政府公证员或村长证明；

（三）仅由合同双方自己订立；

国家机构之间或集体组织之间的合同以及组织机构与个人之间的合同应当采用书面形式。

第十一条 合同的内容

合同的内容是指为确保合同双方能够相互行使权利和履行义务所必需的约定事项。

上述约定包括：

（一）目的、价格、履行期限、结算方式、交付细节；

（二）标的物范围、数量、质量；

（三）合同履行地、通知义务；

（四）违约后果、争议解决机构；

（五）履行期届满前变更或者终止合同的条件。

目的、价格和履行期限是各类合同都必须具备的内容。

第十二条 合同的要约和承诺

要约方未规定承诺期限的口头合同，受要约方可随时随地承诺，合同自承诺之日起生效。

要约方未规定承诺期限的书面合同，受要约方应当自接到要约之日起三十日内回复。

要约方规定承诺期限，合同自承诺按期到达要约方之日起生效，要约方无权撤销。

承诺在规定期限内完成，超过三十日后到达要约方，要约方接受的，该合同视为有效。

承诺对要约作出增加、删减和修改，要约方接受的，该合同视为有效。

第三章　无效的合同

第十三条 无效的合同

未按本法第五条规定的条件订立的合同为无效的合同。

合同无效包括相对无效和绝对无效、全部无效和部分无效。

第十四条 相对和绝对无效的合同

（一）相对无效的合同是指仅涉及个人权利和义务的无效合同。

相对无效的合同包括：

1. 欺诈、胁迫和一方利益受损的合同；
2. 由无行为能力的人订立的合同；
3. 由无意识的人订立的合同；
4. 由出于恶意目的的代理人订立的合同；
5. 在特别危急的情况下因需要而订立的合同。

相对无效的合同经利益受损的一方同意后，视为有效的合同。

（二）绝对无效的合同是指涉及国家和社会公共利益的无效合同。

绝对无效的合同包括：

1. 违背国家和公共利益的合同；
2. 法人订立的与该法人的公司章程相抵触的合同；
3. 以虚伪表示订立的合同；
4. 违反法律对合同形式的要求订立的合同。

合同双方无权决定和同意绝对无效的合同。

第十五条 全部和部分无效的合同

若导致合同无效的原因涉及合同的各方面，则该合同全部无效。

若导致合同无效的原因仅涉及合同的一部分，则涉及该合同的部分无效，其余部分有效。

第十六条 无效合同的撤销

无效合同可以撤销。

合同一方当事人知道合同无效的，应当及时通知相对方，以便撤销该合同。

被通知方不同意撤销合同的，通知方可向法院起诉撤销合同。

未成年人和精神障碍者的父母和监护人，有权要求撤销无效合同。

未成年人自达到成人年龄之日起或精神障碍者自恢复行为能力之日起

三年内，有权撤销自己订立的合同。

相对无效的合同，只有合同双方可以撤销。绝对无效的合同，利害关系人都有权撤销。

第十七条 无效合同的后果

违反法律规定的合同、与法人活动目标相违背的合同以及未成年人、精神障碍者、意识不清者订立的或损害合同一方利益的合同为无效合同，相关财物应返还各方当事人。

以欺诈或胁迫手段订立的合同无效，应返还利益受损一方的财物，另一方的财物收归国有。

违背国家和社会利益订立的合同无效，相关财产应收归国有。

第四章 合同的履行

第十八条 合同履行的原则

合同双方应当根据合同约定或法律规定的时间和地点，善意且完整地履行合同。

禁止合同一方当事人拒绝履行合同义务或变更合同条件，法律允许的情况除外。除法律另有规定或者合同另有约定外，债权人有权拒绝不完整的合同履行。

第十九条 合同履行的期限

合同义务应当在合同约定或法律规定的期限内履行。

没有规定履行义务期限的，债权人有权随时要求履行，债务人有权随时履行。债权人要求履行的，债务人应当在接到履行请求之日起十五日内履行义务。

不违背合同约定或法律规定并经债权人同意的，债务人可在期限前履行义务。

第二十条 合同履行的地点

合同义务应当在合同约定或法律规定的地点履行。没有规定履行地点的，应当在下列地点履行：

（一）交付建筑物的，应当在建筑物所在地履行；

（二）金钱债务应当在合同成立之时债权人的住所履行，但是，国家机关、集体组织以及社会组织履行金钱债务的除外；

债权人变更其住所的，应当及时通知债务人，债务人应当在债权人的新住所履行合同，因此增加的费用由债权人承担；

（三）其他债务应当在合同成立之时债务人的住所履行。债务人为法人的，应当在其主要办事机构履行。

第二十一条 结算

进行结算时，债权人须自行或按债务人的要求出具收据。收据应当及时出具，最迟不得超过自债务履行完毕后的两个星期。收据出具后，视为结算发生。

收据持有人被视为已收到收据中标明的金额，合同另有约定的除外。

经债权人同意，可以用现金、转账、支票、实物或劳务进行结算。

以支票进行结算的，债权人接收支票之日为结算日。以转账进行结算的，债权人收到转账到户通知之日为结算日。以邮寄方式结算的，汇款和财物邮寄之日为结算日。

第二十二条 难于履行合同的通知

履行合同出现困难，合同一方已尽最大努力仍不能以正常方式履行其合同义务的，当事人应当在履行期限届满前的适当时间内将履行困难原因通知另一方。

难于履行合同的通知不构成免除债务人责任的理由。困难消除后，债务人应当继续履行合同义务。

第二十三条 合同对其他人的约束效力

债权人有权将向债务人索要财物的权利转让给新债权人。

债权人须将各种有关债权的文件移交给新债权人，并对转让权利的真实性负责。

债权人死亡的，遗产继承人也有权向债务人索要财物。

债务人有权将自己的义务移交给新债务人，但应当事先征得债权人的同意。债务人死亡的，其遗产继承人应当代替债务人继续履行义务。

第五章 保障合同履行的措施

第二十四条 保障合同履行

为保障合同的履行，满足债权人的要求或赔偿可能由不履行合同和履行合同不合理而造成的损失，法律允许采取以下方法：抵押、担保和违约金。

第二十五条 抵押

抵押是指合同一方当事人（抵押人）将财产抵押给另一方当事人（抵押权人），以保障债务的履行。抵押人有权在借贷合同规定的期限内赎回抵押的财产。

抵押人未在规定的期限内赎回抵押财产的，该财产归抵押权人所有。抵押财产的价值高于债务的，抵押权人可以保留财产并返还差额或出售财产。出售的财产金额扣除本金和利息后，剩余金额交还抵押人。

出售的财产金额不足以偿还债务的，抵押权人有权向抵押人索要相应的差额。

第二十六条 抵押的形式和财产

抵押应当采取书面形式，可以与借贷合同同时进行也可以之后作出。抵押合同可以写入借贷合同，也可以单独订立。

抵押财产应当属于抵押人所有。转移抵押财产占有的，可以是抵押人或其他人。

第二十七条 抵押权人和抵押人的权利和义务

抵押财产产生的权益归抵押人所有。抵押权人希望保留该利益的，应当支付对价。

抵押期间，抵押权人有义务保管抵押财产，但无权使用，合同另有约定的除外。

因抵押权人的过错造成抵押财产损害的，抵押权人应当承担责任，损害因意外事件和不可抗力发生的除外。

抵押权人因保管抵押财产而支付的费用有权要求抵押人支付。

抵押人有权在规定的期限内赎回抵押财产。

抵押人在赎回财产期限届满之前死亡的，其继承人有权赎回财产。

第二十八条 债务优先受偿权

有抵押权的债权人较其他没有抵押权的债权人在抵押财产范围内享有债务优先受偿权。

抵押财产出售后，应当优先清偿抵押权人的债务，余额用于偿还其他债权人的债务。

第二十九条 资产保证

资产保证是指债务人用财产的所有权证明文件而非财产本身作为担保。

第三十条 个人或法人保证

个人或法人保证是指个人和法人同意在债务人不履行借贷合同时代替债务人清偿债务的一种担保。

为债务人进行债务担保时，保证人可以担保全部债务，也可以担保部分债务。合同到期后，债权人应当首先向债务人要求履行债务，债务人无法清偿债务时债权人有权向保证人追偿。

保证人应当按照合同约定代替债务人赔偿全部或部分债务。

清偿时，保证人仅有偿还本金的义务；利息和其他费用由债务人清偿。合同另有约定的除外。

债务人仅清偿部分债务的，保证人须代为清偿剩余部分。代为偿还债务后的保证人将成为债务人的债权人，并有权向债务人追偿已支付的本金和利息。

保证人有权保护自己担保的债务人。债务人和担保人有相互通知债务清偿情况的义务。

第三十一条 违约金

违约金是指对不履行合同、履行合同不完整和不按期履行合同的人采取的措施。

违约金应当根据相关部门的规定，没有规定的，按照当事人之间的约定。

第六章　合同的变更、解除和终止

第三十二条 合同的变更或解除

经合同双方当事人一致同意，合同可以变更或解除。

存在违约情形的，合同受损一方可以单方面变更或解除合同。

书面合同的变更和解除应以书面形式作出。

合同解除的，双方互为履行的义务视为完成。一方已履行义务的，另一方也应当履行。双方均未相互履行的义务，因合同解除而不再履行。

第三十三条 合同的终止

有下列情形之一的，合同终止：

（一）合同得到适当且完全地履行；

（二）债权债务归于一人；

（三）合同当事人协商一致；

（四）合同履行不能；

（五）合同解除；

（六）合同当事人一方死亡，他人无法继续履行其债务；

（七）作为合同当事人的法人解散或者破产。

法人解散或者破产的，对方当事人有权请求对该法人的物负有义务的人偿还费用或者赔偿损失。

第七章 纠纷解决

第三十四条 解决纠纷的方法

履行合同时，合同双方可能就特定事项无法达成一致，合同一方当事人认为其合同利益受损的，如合同无效、不履行合同或履行合同不完整，该方有权要求对方解决相应问题。对方不同意的，当事人有权向法院提起诉讼。组织机构之间以及组织机构、经济单位和外国当事人之间的经济纠纷，应当由经济仲裁机构解决。

第三十五条 诉讼时效

建筑合同的诉讼时效为十年，其他合同如借贷合同、财产租赁合同为三年。

诉讼时效自合同期限届满之日起计算。

诉讼时效在下列情况下中止：

（一）由于意外事件和不可抗力而导致不能提起诉讼；

（二）在武装部队服役的原告或被告上前线或作战。

诉讼时效中止原因消除的，诉讼时效继续计算。

诉讼当事人或合同双方承认自己的债务的，诉讼时效中断。在此种情况下，诉讼时效将重新计算。

第三十六条 合同违约的后果

合同违约是指合同任意一方不履行全部或部分合同义务或不合理履行义务，如不按照合同约定的质量、时间、地点履行义务。

合同一方违反约定的，应当承担违约损害赔偿责任，但是由于雷击、涝灾、地震等意外事件和不可抗力引起的违约行为除外。

第二部分　合同的种类

第一章　买卖和交换合同

第三十七条　买卖合同

买卖合同是指合同双方中的卖方将财产所有权转让给买方，买方按商定的价格支付货款的约定。

卖方有权出售自己所有的财产。

订立买卖合同时，卖方应当告知买方任何其他人对所售财产的权利，如此项财产是否已出租。未履行告知义务的，买方有权要求终止合同并要求赔偿损失或降低销售价格。出售给买方的财产被法院或经济仲裁机构没收的，卖方应当赔偿买方的损失。

货物交付前买方取得财产所有权的，卖方有义务保护该财产免受损失，直至交付。

根据合同约定，买受人向出卖人支付价款且出卖人将该财产交付买受人时起，或者自买受人支付价款时起而不论出卖人是否转移该财产，或者自出卖人转移该财产时起而不论买受人是否已向出卖人付款，买受人成为该财产的所有权人。

买方有义务按合同约定付款并接收货物。

第三十八条　销售货物的质量

销售货物的质量应当符合合同的约定。销售货物的质量不符合合同约定的，卖方应当承担责任。

买方发现货物质量问题的，有权要求更换符合合同预期质量的货物、降价或终止合同，同时要求赔偿损失。

买方有义务对所购货物进行检查，发现所购货物存在缺陷的，应当立即通知卖方。否则，买方将自己承担损失。

第三十九条 货物赊卖

销售货物时，卖方可将货物进行赊卖。除法律或合同另有规定外，自卖方交付货物之日起，买方有权取得赊卖货物的所有权。

货物需要登记的，买方自登记之日起取得所有权。

货物赊卖应当按买卖当日双方商定的价格执行。此后赊卖货物的价格变动不对前述价格产生影响。

第四十条 购买非法所得财产

买受人以当时合理的市场价格善意购买并公开、持续、和平地使用非法所得的财产的，财产所有人应当支付买受人同等的价款以取回财产，并有权起诉卖方。

买受人恶意购买非法所得的财产的，所有权人有权要求返还该财产，并无须赔偿。买受人有权要求出卖人进行赔偿，但无权向法院提起诉讼。

第四十一条 货物运输

卖方应当将货物运送至买方处或双方商定的地点。

买方有义务接收货物。运费由双方协商。

卖方未按双方约定的时间运送货物的，买方有权拒绝接收货物。

买方已经支付运费的，有权根据法律和延迟天数要求卖方支付利息。

卖方运送的货物不符合双方约定的数量和质量的，买方有权拒绝收货和付款。买方已经付款的，卖方应当退回货款并赔偿损失。

第四十二条 交换合同

交换合同是指合同双方均以货物进行交易的约定。

交换合同适用买卖合同的规定。

第二章　附买回特约买卖合同

第四十三条　附买回特约买卖合同

附买回特约买卖合同是指缔约双方就出售或购买财产达成的协议，卖方有权在三年内以出卖的价格赎回财产。

订立合同时经双方约定，卖方有权在期满后延长合同期限，但不得超过一年。

合同到期后卖方不赎回财产的，买方取得财产所有权。

第四十四条　附买回特约买卖合同的法律后果

合同财产产生的孳息，由支付全部价款的买受人取得。买受人尚未付清全部价款的，应当支付剩余价款和利息以取得该孳息。

第四十五条　合同财产的保护

买方应当保护合同财产。卖方应当偿还买方为保护合同财产支出的各种费用。费用较少的，由买方自负。买方可以使用合同财产。

卖方在规定时间内赎回财产的，买方应当返还原物。

第三章　借贷和财产借用合同

第四十六条　借贷合同

借贷合同是指贷款人将钱或物出借给借款人，借款人于合同到期后按同种类的相应数额和质量偿还贷款人的约定。

合同未约定期限的，依照本法第十九条规定的要求履行。

借款合同可以约定借款的用途，借款人应当按照合同约定使用借款。

借款合同可以约定借款利息。

银行贷款利息应当符合贷款银行的规定。

除银行贷款外，借款年利率不得高于银行利率的百分之三。

借款时利息不得作为本金，且利息不得高于本金。

借款合同偿还期限届满，贷款人拒绝从借款人处取回财产的，不再继续计算利息。

第四十七条 夫妻的债务责任

有下列情况之一的，夫妻双方或其中一方应当对债务承担责任：

（一）夫妻双方共同借贷的；

（二）夫妻一方为家庭使用单方借贷的；

（三）夫妻一方为个人利益单独借贷的，另一方代替偿还后，有权在分配夫妻共同财产时要求赔偿。

第四十八条 财产借用合同

财产借用合同是指出借人无偿将物品出借给借用人使用，借用人按合同期限将原物返还出借人的约定。

除合同另有约定外，借用人应当对借用财产的损失承担责任。

无法返还借用财产的，经出借人同意，借用人可按同等市场价格的金钱或物品进行赔偿。

第四章 租赁合同

第四十九条 租赁合同

租赁合同是指出租人将自己财产暂时租赁给承租人，承租人按商定的价格和期限给付租金的合同双方的约定。

租赁合同没有规定租赁期限的，出租人或承租人均有权随时解除合同，对于房屋、建筑物等不动产，应当提前三个月通知对方，对于车辆、船、牲畜等动产，应当提前一个月通知对方。

移交租赁物前，出租人应当告知承租人该租赁物的缺陷和特点。

出租人未将租赁物的缺陷和特点告知承租人的，承租人对因此产生的损失不承担责任。

第五十条 支付租金

租赁财产时，承租人可按日、星期、月、年支付或提前预付租金。承租人已支付租金，合同提前解除的，出租人应当返还剩余部分租金，承租人违约的，出租人有权向承租人要求违约损害赔偿。

出租人违反合同约定的，承租人有权要求出租人返还剩余租金并赔偿损失。

第五十一条 租赁物的使用和修理

承租人应当按合同约定和租赁物的性质使用、管理和维护租赁物，保持其应有的状态，合同到期后，返还原物。承租人应当对因自己的过错造成的损失负责。

租赁资产在使用过程中发生修理的，修理费用由出租人或者承租人承担。

小型修理，如修理钥匙、房屋渗漏、轮胎等的修理费用由承租人承担。

重大修理，如重修屋顶、检修发动机等的修理费用由出租人承担。

第五十二条 租赁物所有权变动

出租人将租赁物赠与或出售给他人的，租赁合同对新的所有人有效，但出租人应当事先通知新的所有人，该财产已被出租。

第五章 保管合同

第五十三条 保管合同

保管合同是指寄存人将保管物交给保管人保管，保管人根据要求返还原物的合同双方的约定。

保管财产的，由双方商定是否支付费用。但是，有特殊约定的除外。

约定保管期限的，保管人无权提前返还保管物，必要时，寄存人可提前取回保管物。保管费按实际保管时间计算，合同另有约定的除外。

未约定保管期限的，寄存人可随时提取保管物，保管人有权在合理时间内要求寄存人取回保管物。

第五十四条 保管人的义务

保管人有义务保护保管物不受任何破损、故障或变质，并将保管物原样返还寄存人。

保管人无权使用保管物或将保管物交由他人保管，寄存人同意的除外。保管物的孳息归寄存人所有。

保管物遭受破损、故障或变质的，保管人应当及时通知寄存人。

除意外事件和不可抗力外，保管人应当对保管物的损失负责。

第五十五条 寄存人的义务

寄存人应当告知保管人该保管物的缺陷和特点，由合同双方共同检查保管物的实际状况。

寄存人未告知保管人该保管物的缺陷和特点的，造成的损失由寄存人承担。

寄存人应当按照双方的约定，按时取回保管物并支付保管费。

合同双方约定自合同签订之日起支付保管费的，保管物的迟延交付由寄存人自行负责。此外，寄存人应当对迟延返还保管物负责。

保管人为保护保管物支出费用的，寄存人应当予以赔偿。

保管物具有变形、变质性质，寄存人不按时提取保管物的，保管人有权出售保管物并扣除保管费，剩余金额返还寄存人。

第六章 委托合同

第五十六条 委托合同

委托合同是指受托人以委托人的名义和资金行事的合同双方的约定。委托人应当根据合同约定或法律规定向受托人支付报酬。

受托人应当在获得授权的情况下按照委托书行事，但实施次要行为的除外。

委托书应当以书面形式作出，不得超过三年。委托书未载明期限的，自委托书签发之日起一年内有效。

未成年人的父母或者监护人，夫妻双方，可以不经授权代为行事。

第五十七条 受托人的义务

受托人有义务按照委托人的指示，以诚信的方式亲自履行委托。受托人因意外事件或不可抗力不能自行履行委托的，可以转委托给第三人代为履行，但应当立即通知委托人该第三人的品德和能力，以获得委托人同意。否则，受托人应对其行为给委托人造成的损失负责。受托人有义务立即向委托人报告和移交因履行委托而获得的任何财产、资金或文件。

受托人因履行委托事项对委托人造成损害的，应当承担责任。

第五十八条 委托人的义务

委托人应当提供受托人履行工作所需的物资，接受受托人在其委托范围内履行职责，按照合同约定支付酬金及受托人在履行委托时发生的费用。委托人有权拒绝受托人从事的不符合其指示或超出授权范围的工作。

委托人拒绝承认受托人按照委托书完成的工作以及产生的费用的，委托人应当赔偿受托人的一切损失。

第七章 服务合同

第五十九条 服务合同

服务合同是指服务方根据用户的要求提供服务或制作物品，用户按商定价格支付服务费的双方的约定。

服务方有义务按时按质为用户提供服务。

服务方提供的服务存在质量问题的，用户有权拒绝接受。服务方无权要求服务费，如果服务设备等是用户提供的，服务方应当进行赔偿。

用户有义务接收服务方为其加工的物并支付服务费。

用户提供的物资、设备不符合质量要求，服务方已经通知用户的，用户应当对此负责并支付服务费。用户要求更换服务方的，应当支付服务方已提供服务部分的费用。

第八章 建设工程合同

第六十条 建设工程合同

建设工程合同是指承包人按照发包人的项目计划，用自己或者发包人提供的物资、设备完成建设工程的约定。发包人应当接收符合要求的建设工程并支付价款。

承包人有权通知发包人不按照发包方不符合标准的要求执行或不使用其不符合标准的物资和设备。

发包人无法在合理期限内解决前述问题的，承包人有权要求解除合同并赔偿损失。

承包人应当合理使用发包人提供的物资和设备。使用不合理的，承包人应当承担责任。此外，承包人有义务将物资清单和剩余物资归还发包人。

发包人有权检查建筑物。建筑物未被建造或者建造不符合合同约定影响其质量或功能的，发包人有权要求承包人在适当的期限内予以解决或修复，发包人提供修复物资和工具的，有权要求承包人偿还该费用。在特殊情况下，发包人可以要求解除合同并赔偿损失。

发包人提供的物资或工具应当符合质量标准并按时送达。

第六十一条 建筑物质量的保证

承包人应当确保建筑物符合建筑规范要求和质量标准。

发包人接收建设工程后发现质量问题的，在保修期内可要求承包人无偿修复。

第九章　运输合同

第六十二条　运输合同

运输合同是指承运人根据另一方的要求将乘客、货物运送到指定地点的双方的约定。

运输可以通过道路运输、水路运输和空中运输，并符合相关规定。

承运人有义务安全地将乘客送至目的地，将商品货物运送至收货人。运费根据约定提前或事后支付。

发生事故的，承运人应当对乘客的伤亡和货物的损失负责，但事故是由于意外事件或不可抗力发生的除外。

第十章　合伙合同

第六十三条　合伙合同

合伙合同是指两个或两个以上的个体共同投资经营、分配利润的约定。

合伙人可以根据合伙企业的有关规定订立协议。

第六十四条　合伙企业的期限

有下列情形之一的，合伙企业终止：

（一）合伙合同到期；

（二）合伙合同未规定期限的，在下列情形下合伙企业终止：

1. 合伙企业资金减少低于法律规定数额的；

2. 合伙企业无法继续经营的；

3. 合伙人死亡无继承人继续经营的。

第六十五条　结算

合伙企业终止的，除合伙合同另有约定外，根据合伙人的份额分配利润和损失。

老挝人民民主共和国家庭法[①]

（1990 年 12 月 18 日第二届最高人民议会第五次会议第 07/90/SPA 号决议通过，1990 年 12 月 24 日国家主席令颁布）

第一部分　总　　则

第一条　立法目的

家庭法旨在：

（一）把家庭建设成老挝社会的强大组成部分；

（二）男女在自愿和平等的基础上建立婚姻和家庭关系；

（三）教育子女热爱家庭和祖国，并参与国家保卫和发展；

（四）保护家庭生活中以及夫妻离异时妇女和儿童的权益；

（五）维护和发扬优良的习俗和传统。

第二条　家庭关系中男女平等

男女在家庭关系的各方面享有平等的权利。

家庭关系的建立不受出身、社会经济地位、国籍、种族、文化程度、职业、宗教信仰和居住地等的限制。

第三条　结婚自由

符合法定结婚年龄的男女有权在自愿、自由和相爱的基础上结婚。禁止任何人强迫和妨碍他人结婚。

第四条　一夫一妻制

婚姻施行一夫一妻制。

① 译者注：根据《老挝人民民主共和国民法典》第六百三十条的规定，本法被废止。

第五条 保护妇女和儿童的权益

国家和社会保护妇女和儿童在家庭生活中或夫妻分居期间的权益。

第二部分 提亲和结婚

第一章 提 亲

第六条 提亲

男女青年相爱并决定结为夫妻的，男方应当根据习俗和传统请父母和长辈亲属向女方的父母和长辈亲属提亲，并共同商定婚礼。

第七条 违背婚约的损害赔偿

违背婚约对男方或女方的声誉造成损害或造成结婚筹备费用等损失的，违背婚姻的一方应当承担损害赔偿责任。

第八条 婚前性行为

男方在婚前与女方发生性行为后未娶女方为妻的，应当按照习俗和传统对女方或女方家庭给予精神补偿。

女方怀孕的，除上述精神补偿外，男方还应当承担胎儿生产、产妇护理等其他费用。

男方还有义务抚养出生的子女至法定年龄。

第二章 结 婚

第九条 结婚的条件

已满十八周岁的男女有权结婚。在特殊情况下，结婚年龄可以低于十八周岁，但不得低于十五周岁。结婚应当基于双方自愿，不受任何一方或其他人强迫。

第十条 禁止结婚

下列情形之一，禁止结婚：

（一）一方患有危害配偶及子女生命和健康的精神疾病或身体疾病的；

（二）近亲属之间，如父母、祖父母、外祖父母和子女、孙子女、外孙子女之间，养父母和养子女之间，继父母和继子女之间，养子女和亲生子女之间，兄弟姐妹之间，叔侄姑侄之间。

第三章 结婚的程序

第十一条 结婚审议和登记

男女双方结婚的，应当向家庭登记机关递交书面申请。

家庭登记机关应当自收到该申请之日起一个月内进行审议。

符合结婚条件的，家庭登记机关应当邀请当事人，并在三名见证人在场的情况下进行登记结婚。

第十二条 结婚仪式

传统婚礼仪式可以在结婚登记的同时或之后举行，也可以不举行，婚礼仪式不产生任何法律后果。

婚姻关系自登记之日起产生。

第四章 婚姻关系

第十三条 夫妻双方的权利和义务

夫妻双方在家庭各方面享有平等的权利。夫妻双方共同决定家庭内部事务。夫妻双方有义务相亲相爱，互相尊重、照顾和帮助，并共同抚养和教育子女，把家庭建设得团结、幸福和进步。

第十四条 夫妻参与活动的权利

夫妻双方有权参与政治、经济、文化和社会活动。

夫妻双方共同决定家庭居住地。

第十五条 姓氏选择权

夫妻双方有权选择夫或妻的姓氏作为自己的姓氏，也可以保留各自原来的姓氏。

第五章 解除婚姻关系

第十六条 解除婚姻的原因

婚姻关系因一方配偶死亡，法院宣告一方配偶死亡，法院裁定婚姻无效或判决离婚而解除。

第十七条 无效婚姻

无效婚姻是指违反本法第九条和第十条规定条件的婚姻。

第十八条 无效婚姻的解除

人民法院有权解除无效婚姻。

人民检察院、家庭登记机关、夫妻双方的父母、夫妻本人有权要求解除无效婚姻。

第十九条 无效婚姻的后果

无效婚姻被解除的，婚姻关系终止，但在婚姻期间怀孕或出生的子女视为合法。

婚姻解除前取得的财产，适用本法和所有权法的规定。

第二十条 离婚的原因

有下列情形之一，夫妻可以要求离婚：

（一）有通奸行为的；

（二）配偶及其父母、亲戚实施暴力、污辱行为的，或一方的行为被证明严重不适合同居的，如：酗酒、赌博；

（三）抛弃家庭不传递音讯或未支付家庭费用超过三年的；

（四）夫妻一方出家的；

（五）夫妻一方因犯罪被法院判处五年以上有期徒刑的；

（六）患有严重危险疾病无法同居的；

（七）患有精神疾病无法同居的；

（八）无法进行性行为的；

（九）夫妻因矛盾无法同居的。

第二十一条 离婚案件的审理

夫妻双方或一方向法院递交离婚申请的，法院应当调解使之重归于好。没有立即和好的，应当给予不超过三个月的考虑时间。

夫妻无法重归于好，不能够继续共同生活、照顾和维持家庭的，法院应当判决离婚。在离婚案件判决中，法院应当制订措施保护未成年子女和无法工作的丈夫或妻子的利益以确保其生活。

法院判决离婚后，应当将两份判决送达家庭登记机关进行离婚登记，并将判决一式一份送达离婚诉讼当事人。

第二十二条 无权离婚

妻子怀孕期间或出生子女不满一周岁的，丈夫无权要求离婚。

第二十三条 子女抚养

夫妻在子女抚养问题上未能达成一致的，法院应当以保障子女的权益为出发点决定抚养权归属。

离婚夫妻应当照料和教育子女。法院应根据夫妻之间的协议，或在夫妻之间无法达成协议时作出判决，决定未成年子女的抚养费用。

第二十四条 扶养费请求

离婚后，夫妻一方患病无法满足需要，另一方有经济能力的，有权向法院请求判决支付扶养费，但支付扶养费不得超过一年。

第二十五条 复婚

离婚夫妻复婚的，应当重新登记。

第六章 夫妻财产

第二十六条 婚前财产和共同财产

婚前财产是指夫妻结婚前的个人财产或继承、赠与中只归夫或妻一方的财产，无论该财产是以其原始形式存在还是转化为其他形式。

共同财产是指夫妻在婚姻关系存续期间所得的财产，但价值较低的个人物品除外。

第二十七条 共同财产的使用

夫妻双方对共同财产享有平等的权利，不论该财产由夫妻任何一方获得，夫妻双方均有权根据家庭需要使用共同财产。但是，对共同财产行使收益权或处分权的，应当经夫妻双方一致同意。

第二十八条 分割共同财产

夫妻共同财产按下列规定进行分割：

（一）夫妻一方的婚前财产归各自所有。

（二）夫妻之间的共同财产应当平均分配，但夫妻一方对婚姻关系的破裂或者婚姻财产的减损有过错的除外。过错方只能分得三分之一的共同财产，与未成年子女共同生活的一方父母可以根据法院判决多分财产。

夫妻共同财产在离婚后进行分割。夫妻分居、夫妻一方以不当方式私自挪用共同财产或对共同财产有不良企图的，可以在离婚前进行财产分割。

第三部分　父母和子女的权利和义务

第一章　亲子认定

第二十九条　父母和子女权利义务的产生

父母和子女的权利义务在法律规定的子女出生时产生。

子女是指合法已婚父母或未婚父母的子女，但在后一种情况下男方需自愿承认其生父身份或这种身份得到法院判决的承认。

第三十条　亲子认定

未婚父母的子女，可以进行亲子认定。

自愿的亲子认定要求子女父母共同递交申请，男方承认其生父身份，女方同意该申请。女方死亡的，男方可以单方提出申请。

子女到达法定年龄的，亲子认定应当征得子女的同意。男方已婚的，不影响亲子关系认定。

男方否认亲子关系的，该子女的母亲、监护人有权请求法院判决确认亲子关系。

有下列情形之一的，法院应当判决确认亲子关系：

（一）子女的母亲和父亲共同居住，共同拥有财产；

（二）子女的母亲和父亲共同照顾和教育孩子；

（三）有证据表明有亲子关系。

第三十一条　子女的姓名、姓氏和国籍

父母协商一致后有权根据自己意愿选择子女的姓名。

子女年满十八周岁的，可以根据有关规定变更自己的姓名。

父母是同姓的，子女的姓氏与父母一致。

父母是异姓的，子女在征得父母同意的基础上可以随父姓或随母姓。

不能达成一致的，子女的姓氏由法院决定。

离婚或无效婚姻被解除的，子女的姓氏不发生改变。离婚或无效婚姻被解除后，拥有监护权的一方父母认为有必要让子女使用自己姓氏的，有权要求子女变更姓氏。

子女的父母国籍相同的，子女的国籍与父母一致。

子女的父母国籍不同的，该子女可以根据老挝人民民主共和国国籍法的规定选择其父或母的国籍。

第三十二条 父母教育子女的义务

父母应当教育子女爱国、进步，纯洁生活，从事有益于社会的活动。

父母不履行教育子女的义务，超越父母的权利，或对子女使用暴力和实施虐待的，法院可以撤销其父母的权利，但父母应当继续履行照顾子女的义务。

被撤销权利的父母悔改的，法院可以恢复其父母的权利。

第三十三条 父母保护子女权益的义务

父母有平等的权利和义务保护子女的权益。父母是未成年子女的法定代表，有义务在法庭、工作场所、学校和其他场所保护子女的权益。

未成年子女未经父母同意订立合同的，父母可以请求法院撤销无效合同。此外，父母应当在子女为被告的诉讼中代表其子女，并且替代子女承担一切民事责任。

第三十四条 父母和子女的财产

父母在世的，子女对父母的财产没有财产权，父母对子女的财产也没有财产权；父母有权根据具体规定管理子女的财产。父母和子女有共同财产的，其财产权应当符合所有权法第二十五条的规定。

第三十五条 父母抚养子女的义务

父母有义务抚养未成年子女和缺乏劳动能力的成年子女。

不论是否离婚，父母都有义务抚养子女，抚养子女的要求可以随时提出，该请求不受诉讼时效限制。抚养费用由具体规定确定，法院也可以通过判决改变。

父母经济有困难的，有权向法院请求降低子女的抚养费。

第三十六条 子女赡养和帮助父母的义务

子女有义务在父母年老、生病、无法工作或需要帮助时赡养和帮助父母。赡养费由父母和子女共同商定。无法达成一致的，法院应当根据子女的经济能力决定抚养费，抚养费按月支付。

父母实施本法第三十二条规定的不法行为的，子女可以放弃对其父母的赡养义务。

第二章 收养子女

第三十七条 收养子女

收养他人子女的，养父母及其亲属应当将该子女视作亲生子女、兄弟姐妹或外孙子女等。被收养子女与其亲生父母及其亲属的权利和义务终止。

第三十八条 收养条件

被收养人应当是未成年儿童。收养父母应当是成年人且没有被剥夺父母权利。

收养子女应当事先征得收养夫妻和该子女亲生父母的书面同意，除非该子女的父母被剥夺父母权利、被认定为无行为能力人或被宣告失踪。

子女已满十周岁的，应当获得子女本人的同意。

第三十九条 收养程序

收养应当向村长递交申请，该请求应当在一个月内决定。

收养申请通过的，应当发布同意收养决定，之后三日内转交家庭登记机关登记，并送达养父母。

第四十条　收养保密

未征得养父母同意或养父养母死亡后未经家庭登记机关同意，擅自披露子女收养秘密的，根据刑法第九十五条第一款的规定追究刑事责任。

第四十一条　收养的法律后果

养子女和养父母的收养关系自登记之日起产生。

养父母提交申请要求变更养子女姓氏的，养子女应当使用养父母的姓氏。

认为养子女姓名不合适的，养父母可以变更养子女的姓名。养子女已满十周岁的，改名应当获得养子女的同意。

第四十二条　收养关系终止

法院判决收养无效或取消收养的，收养关系终止。

通过伪造证件收养或者不具备收养资格的，收养无效。

收养不符合养子女、养父母的利益，或者违反本法第三十八条规定的收养条件的，应当撤销。

亲生父母、养父母或其他利害关系人也有权请求取消收养。

第三章　子女或无行为能力人监护人的指定

第四十三条　监护人的职责

监护人有职责抚养、教育父母死亡的、父母被剥夺权利的、生病的或由于其他原因需要照顾的子女或无行为能力人。

监护人有义务保护子女或无行为能力人的权益。

第四十四条　监护人的指定程序

村长在收到缺乏抚养的个人的有关申请后，应当在一个月内从当事人的近亲属中选择并指定监护人。该近亲属不接受监护人指定的，可以选择其他人作为子女或无行为能力人的监护人。

村长指定监护人的，有义务定期检查该监护人的活动。

禁止指定未成年人、无行为能力人、被剥夺父母权利的人和不适合监护的人担任监护人。

第四十五条 监护人的权利和义务

监护人有权代表子女或无行为能力人签订合同和参与其他活动。

监护人有义务抚养、照顾和教育子女或无行为能力人，并保护其权益。

第四十六条 监护权终止

子女成年或无行为能力人恢复行为能力的，监护权终止。此外，监护人没有能力履行义务或履行义务不适当的，可以取消或变更监护人。

第四部分 家庭法对外国人、外国居民、无国籍人和境外老挝公民的适用

第一章 老挝公民和外国人、外国居民、无国籍人之间以及老挝境内的外国人、外国居民、无国籍人之间的结婚和离婚

第四十七条 老挝公民和外国人、外国居民、无国籍人之间以及老挝境内的外国人、外国居民、无国籍人之间的结婚

外国人、外国居民、无国籍人在婚姻和家庭关系方面拥有与老挝公民相同的权利和义务。

尽管申请结婚当事人的国家法律允许同未成年人结婚或允许一夫多妻制，但老挝公民和外国人、外国居民、无国籍人之间以及老挝境内的外国人、外国居民、无国籍人之间的结婚应当遵守本法的规定。

老挝境内的外国人、外国居民、无国籍人之间的结婚登记，可以在有关国家驻老挝的使领馆办理。

无国籍人之间的结婚登记应当遵守本法规定。老挝公民和外国人、外国居民、无国籍人结婚的，应当在老挝家庭登记机关登记。

老挝公民和外国人、外国居民、无国籍人的结婚管理办法由政府规定。

第四十八条 老挝公民和外国人、外国居民、无国籍人之间以及老挝境内的外国人、外国居民、无国籍人之间的离婚

老挝公民和外国人、外国居民、无国籍人之间以及老挝境内的外国人、外国居民、无国籍人之间的离婚应当遵守本法规定。

老挝公民和外国人在老挝境外离婚的，应当遵守相关国家的法律规定。

第二章 境外老挝公民之间的结婚和离婚

第四十九条 境外老挝公民之间的结婚

境外老挝公民之间的结婚应当经老挝使领馆认证。境外老挝公民之间的结婚应当遵守本法规定。

政府承认符合本法规定的境外老挝公民之间的婚姻。

第五十条 境外老挝公民之间的离婚

境外老挝公民之间的离婚应当遵守居住国的法律规定。

夫妻有一方在老挝境内居住的，适用本法。

第三章 收养老挝子女

第五十一条 收养老挝子女

境外老挝公民收养具有老挝公民身份并居住在境外的老挝子女的，应当根据本法规定在老挝使领馆办理收养手续。收养父母不是老挝公民的，应当经老挝人民民主共和国有关部门批准。

外国人、外国居民、无国籍人收养具有老挝公民身份并在老挝境内居住的子女，老挝公民收养在老挝境内居住的外国人、外国居民、无国籍人的子女，应当遵守本法规定。

老挝人民民主共和国非合同债法[1]

（1990年11月29日第二届最高人民议会第五次会议第08/90/SPA号决议通过，1990年12月24日国家主席令颁布）

第一部分 侵权法

本法适用于由自己行为、他人行为、动物、物件及其他受行为人控制的物体导致的致害责任。

第一章 自己行为责任

第一条 自己行为的责任基础

行为人因自己行为造成他人伤害/损害的应当承担赔偿责任，但伤害/损害是由无过错、法定职责或自卫造成的除外。

第二条 伤害/损害的特征

任何侵权行为所造成的伤害/损害应当确定，即该伤害/损害已经发生或将来必然发生。如果伤害/损害将来可能会或可能不会发生，则该损害不应当被认定为确定性伤害/损害。

此外，所造成的伤害/损害应当是直接损害，即是不法行为的直接结果。该损害也须侵害了他人的合法利益。

① 译者注：根据《老挝人民民主共和国民法典》第六百三十条的规定，本法被废止。

第三条 损害的种类

本法所称伤害/损害包括对他人生命、健康、财产及精神等造成的损害。

第四条 不法行为的构成

本法所称损害须被证明是因行为人违反法律规定作为或不作为，故意或过失使他人受到的损害。

第五条 违法行为与伤害/损害的因果关系

若违法行为与损害结果之间存在因果关系，则行为人应当承担赔偿责任。

第六条 超出合理限度行使权利所造成的损害

行为人故意超出合理限度行使其权利的，应当对因超出合理限度行使权利所造成的损害承担赔偿责任。

第七条 紧急避险损害责任

因紧急避险所造成的损害必须被补偿。根据实际情况，法院可以要求造成损害的行为人或因此受益的第三人承担赔偿责任。

第八条 数人侵权责任

行为人共同造成他人损害的需承担连带责任。法院应当判决行为人承担此种连带责任。但是行为人有权向其他责任主体要求并追偿自己已替其偿还的份额。

第九条 就损害和耗费时间/精力的赔偿计算规则

就损害和耗费时间/精力的赔偿应当与行为人的不法行为所造成的损失相一致。

受害人对损害的发生也有过错的，应当对损害承担部分责任。

侵权行为人除赔偿直接损失外，还应当赔偿受害人的间接损失，如：受害人因侵权行为所损失的应得收入和付出的额外支出。

第二章 行为人控制下的第三人、动物、物件侵权责任

第十条 雇主责任

雇员因执行工作任务造成他人损害的，由雇主承担赔偿责任。

雇员对损害的发生有重大过错的，雇主应当承担赔偿责任，但雇主向雇员追偿之前应首先对受害人承担赔偿责任。

第十一条 父母监护责任

父母、监护人或者教育机构、医院等管理机构应当对其监护的未成年人或无法控制自己行为的人造成的损害承担责任。

第十二条 动物所有人或管理人责任

动物所有人或管理人对其动物所造成的损害有过错的，应当承担责任。

第十三条 物件致害责任

因所有人或管理人的不法行为所造成的任何物件损害，由所有人或管理人承担责任。

第二部分 无因管理和不当得利

第一章 无因管理

第十四条 无因管理

无因管理是指缺乏委托而为他人利益所为之行为，如在他人不在时为之修缮房屋等。

第十五条 无因管理的条件

无因管理人必须是为了所有人或管理人的利益而善意为之。如果所有人或管理人仍在现场的，则无因管理行为只要经所有人或管理人同意即可。

无因管理人的目的可以是一种法律行为，如以他人的名义偿还其债务；或一种事实行为，如房屋修缮。

第十六条 无因管理人的后果

无因管理人应当与根据合同法第五十七条授权工作的授权人承担同等责任。无因管理人应当就其所致损害承担全部责任，并有义务向其所有人或管理人报告工作情况。无因管理人应当将他们已经开始的工作继续到完工或者到其所有人、管理者或继任者有能力自己完成时。

如果无因管理人完成良好或经所有人或管理人同意完成无因管理活动，所有人或管理人作为受益人应当承担在受益范围内给予无因管理人以必要的成本补偿的义务。

第二章 不当得利

第十七条 故意不当得利

任何人明知无权仍故意占有他人财产的，应向所有人返还该财产及自无权占有时起所生孳息或其同等价值。

第十八条 过失不当得利

行为人因过失从他人处得利，应向所有人返还该财产或其同等价值。财产所有人应补偿行为人因照管财产支出的必要费用。

老挝人民民主共和国道路运输法

（1997 年 3 月 12 日第三届老挝国会第十次会议第 03 - 97/NA 号决议通过，1997 年 5 月 31 日国家主席令颁布）

第一章 总 则

第一条 立法目的

道路运输法规定了国内、国际以及跨境货物和旅客运输的管理、组织和运营制度，以便高效、安全地扩大出行和货物分散，利用本国处于区域国家中心的地理位置优势和潜力促进社会经济发展和国际合作。

第二条 道路运输定义

道路运输是指利用各种车辆和机动装置，包括载货、载客和运载动物的拖拉机以及从三轮车到卡车在内的各种汽车，通过道路进行货物、旅客、材料、商品和动物的运输。

第三条 促进道路运输

国家鼓励组织和个人兴办道路运输企业，为国内、国际和跨境货物、旅客、材料和商品运输提供服务。

第四条 道路运输义务

在道路运输中，承运人有义务维护安全和秩序，并且保护道路、自然环境和社会。此外，承运人还应履行法律法规规定的其他运输义务。

旅客、专门运输人、个人运输工具使用人、货物和商品所有人、货物交付人，也应履行前款所述义务。

第五条 法律适用范围

道路运输法适用于在老挝人民民主共和国境内、国际和跨境，通过包括各类卡车在内的多种规格的机械车辆从事货物和旅客运输（包括专门运输和个人运输）的运输企业，由其他法律单独规定的火车、管道和官方运输不受本法规制。

第二章 道路运输管理的一般规定

第六条 一般规定

道路运输管理的一般规定旨在保障旅客安全，防止货物和材料丢失，并确保人和物按时到达目的地。

第七条 道路运输类型

老挝人民民主共和国包括以下三种道路运输方式：

（一）企业运输；

（二）专门运输；

（三）个人运输。

企业运输是指由企业提供的国内、国际或跨境运输服务。

专门运输是指为企业内部使用或个人使用运输货物、材料、商品、动物或人员。

个人运输是指为满足个人需要而运输材料、商品、人员或动物，该运输不提供一般运输服务或专门运输服务。

企业运输包括以下两种类型：

（一）货物、材料、商品或动物运输；

（二）旅客运输。

专门和个人运输包括以下两种类型：

（一）材料、商品、货物或动物运输；

（二）人员运输。

第八条 道路运输范围

老挝人民民主共和国境内的道路运输范围是指规定运输车辆可以进行运输的道路范围，包括以下两种：

（一）国内运输范围；

（二）国际或跨境运输范围。

国内运输范围是指在市区内、省内和省际之间的运输。

国际运输范围是指从老挝人民民主共和国到另一个国家或者从国外到老挝人民民主共和国的运输。

跨境运输范围是指从老挝人民民主共和国经任何国家到第三国的运输或者从任何国家经老挝人民民主共和国到第三国的运输。

第九条 运输车辆规格

运输车辆包括以下三种规格：

（一）小型运输车辆；

（二）中型运输车辆；

（三）大型运输车辆。

运输货物、材料和商品的小型运输车辆，是指经批准包括空车重量在内载重量不超过七吨的运输车辆。

运输货物、材料和商品的中型运输车辆，是指经批准包括空车重量在内载重量在七至十五吨之间的包括各类卡车在内的多种规格的运输车辆。

运输货物、材料和商品的大型运输车辆，是指经批准包括空车重量在内载重量超过十五吨的包括各类卡车在内的多种规格的运输车辆。

运输旅客或人员的小型运输车辆，是指二至七座的运输车辆。

运输旅客或人员的中型运输车辆，是指七至三十五座的运输车辆。

运输旅客或人员的大型运输车辆，是指超过三十五座的运输车辆。

通信部、运输部、邮政部和建设部负责制定上述运输车辆的管理制度，包括大型运输车辆的最大载重量。

第十条 担任运输车辆驾驶人员的要求

从事货物和旅客运输的驾驶人员，应当符合下列要求：

（一）按照规定持有相应的驾驶执照；

（二）身体健康；

（三）严格遵守交通法规；

（四）车辆驾驶时间不得超过规定时限；

（五）不得酒后驾驶，不得吸毒。

第十一条 技术检查

所有运输车辆应当严格按照通信部、运输部、邮政部和建设部规定的时间到技术检验站接受技术检查。

第十二条 车库标准及条件

为保证运输车辆的技术标准，通信部、运输部、邮政部和建设部应当对车库的标准和条件作出规定。

第三章 企业运输、专门运输和个人运输

第十三条 运输企业设立申请

申请设立国内、国际、跨境货物或旅客运输企业，应当符合商法第十六条、第十七条、第十八条和第十九条的规定。外商投资适用外国投资促进和管理法第二十三条、第二十四条、第二十五条和第二十六条的规定。

第十四条 设立运输企业的条件

任何个人或组织设立并注册运输企业应当符合下列条件：

（一）具备运输领域的专业能力；

（二）有经济条件；

（三）诚实地从事运输行业。

此外，申请人还应符合商法规定的其他条件。

第十五条 运输企业许可证

货物或旅客运输企业的许可证不得许可他人使用或出租、转让给他人。

第十六条 企业运输和专门运输车辆的条件

在企业运输和专门运输中使用的车辆应当满足下列条件：

（一）已登记为运输车辆；

（二）拥有牌照；

（三）符合运输技术要求；

（四）购买相关保险；

（五）已支付年度道路使用费；

（六）已按规章制度要求接受技术检查。

在企业运输和专门运输中使用的车辆的具体条件由通信部、运输部、邮政部和建设部规定。

第十七条 运输车辆保险

在国内使用的各种规格的货物和旅客运输车辆以及专门和个人运输车辆，包括各种类型的卡车，必须投保，特别是第三方保险。用于国际或跨境运输的车辆，除第三方保险外，还必须为驾驶员和所运输货物投保。

第十八条 车辆使用许可证

车辆使用许可证是指根据通信部、运输部、邮政部和建设部等部门许可的车辆类型、技术标准和运输范围，为运输企业使用的车辆颁发的许可证。

为经营者自己的企业或活动进行专门运输的车辆，同样必须持有车辆使用许可证。

修改技术标准或者改变车辆运输范围的，必须重新申请车辆使用许可证。

第十九条 提单

在货物运输企业的经营活动中，承运人必须按通信部、运输部、邮政部和建设部规定的形式提供提单，每次运输都必须随车提供。

为经营者自己的业务或活动提供服务的专门运输也必须每次随车提供提单。

第二十条 运输车站

运输货物和旅客的企业车辆必须在车站或停车场进出和停放，由通信部、运输部、邮政部和建设部确定车站建设技术标准。

运输车站包括以下两种类型：

（一）货物运输车站；

（二）旅客运输车站。

必要时，应当设立专门的动物运输车站。

第二十一条 运输合同

货物和旅客运输企业可以订立书面、口头或者默示合同。

企业货物运输合同是指运输企业经营者与货物所有人之间达成的将货物从一个地方运输到另一个地方的协议。运输企业经营者有义务将货物运至目的地，不丢失或损坏货物并确保此类货物的质量，货物所有人必须按照约定向承运人支付运输费用。

企业旅客运输合同是指运输企业经营者与旅客之间达成的将旅客从一个地点运送到另一个地点的协议，运输企业经营者有义务安全运输旅客，确保旅客财物不丢失、损坏并给予旅客必要的协助，旅客必须按照约定向运输企业经营者支付运送费用。

第二十二条 货物运输合同的主要内容

货物运输合同应当包括以下内容：

（一）货物类型、数量、体积和重量；

（二）发货地点和收货地点；

（三）提供的服务，包括包装、密封、储存、装卸；

（四）货物运输费用；

（五）保险；

（六）运费支付方式。

国际和跨境货物运输合同应按照国际运输合同执行。

货物运输服务提供者和货物所有者必须全面遵守合同。

第二十三条 危险物品运输

从事化学、易燃易爆等危险物品的运输，无论是企业运输、专门运输还是个人运输，都必须经通信部、运输部、邮政部和建设部等相关部门的批准，并严格遵守有关危险物品运输的规定。

第二十四条 承运人的责任

货物运输企业因其过错导致货物未及时到达目的地，造成货主损失或导致货物质量下降或丢失，有责任赔偿损失。

旅客运输时，承运人因其过错导致旅客未能到达目的地、未能保障旅客安全或致旅客财物丢失损坏，有责任赔偿损失。

除此之外，承运人构成犯罪的，依法追究其刑事责任。

第四章 国际和跨境运输

第二十五条 国际和跨境运输

在国际和跨境运输中，政府将遵守与外国签订的协议并授权过境运输，包括根据相关条约和国际公约向缔约方提供便利和保障。

在国际和跨境运输中，政府有权决定货物是否卸下。

通过老挝人民民主共和国境内的外国运输必须遵守老挝交通法规和老挝其他法律法规。

第二十六条 国际运输车站

进出老挝人民民主共和国的国际、跨境货物和旅客运输车辆，必须在通信部、运输部、邮政部和建设部设置的国际运输车站进出和停放。

国际运输车站包括以下两种类型：

（一）货物运输车站；

（二）旅客运输车站。

必要时，应当设立专门的动物运输车站。

第五章 货运代理和车辆租赁

第二十七条 货运代理

为方便国内、国际和跨境货物运输，国家授权企业提供货运代理服务。

第二十八条 货运代理商

货运代理商是指为承运人提供准备文件、加固、密封和包装货物等商业服务的个人或组织。

货运代理应正确填写提单，确保按照所列金额完整发送货物，防止因密封包装问题造成货物丢失损坏或质量下降，并确保货物到达目的地。

第二十九条 货运代理企业许可证

从事货运代理企业的个人或组织必须符合本法第十三条、第十四条、第十五条、第十六条和第十七条的条件和规定。

第三十条 车辆租赁经营者

国家允许建立车辆租赁企业以促进企业运输、专门运输、个人运输、国内、国际和跨境运输业务的增长。

车辆租赁企业经营者是指具备本法第九条规定的各种机动车辆的个人或者组织，按照合同约定，为需要使用租赁车辆的人提供临时或者永久性服务用于运输企业的经营或专门运输、个人运输。

车辆租赁分为以下两种类型：

（一）个人用车租赁；

（二）提供服务的车辆租赁。

第三十一条 出租人和承租人的义务

承租人个人用车租赁的，出租人必须在合同约定的期间内将符合本法第十六条规定条件的汽车交付承租人使用。承租人必须支付租金，按照合同的目的合理使用车辆，并在相同条件下归还车辆。此外，出租人和承租人应当遵守合同中的其他条件。

在提供服务的车辆租赁中，除上述第一款规定的义务外，出租人还必须向承租人提供司机，司机须向承租人提供运输服务并保障安全，且遵守合同中约定的其他条件。承租人应当按合同约定支付租金。

第三十二条 车辆租赁企业经营许可证

个人或者组织申请车辆租赁企业经营许可证，必须符合本法第十三条、第十四条、第十五条、第十六条、第十七条、第十八条和第二十三条规定的条件。

此外，出租人还必须遵守通信部、运输部、邮政部和建设部颁布的有关车辆租赁企业管理的规定。

第三十三条 禁止性规定

未取得运输企业经营许可证的个人和组织，不得经营货物运输、货运代理和车辆租赁。

第六章 道路运输管理

第三十四条 道路运输管理机构

道路运输管理包括以下机构：

（一）通信部、运输部、邮政部和建设部；

（二）省、市、特区的通信、运输、邮政和建设部门；

（三）地区通信、运输、邮政和建设办公室。

第三十五条 通信部、运输部、邮政部和建设部的权利和义务

在道路运输管理方面，通信部、运输部、邮政部和建设部享有以下主要权利和义务：

（一）制定有关道路运输发展的长期、中期和短期战略以及总体规划；

（二）颁布有关全国道路运输管理的规定；

（三）审议设立国际和跨境道路运输企业的申请；

（四）研究道路运输政策和费用并提交政府审议；

（五）与相关机构协作研究与道路运输有关的费用和服务费；

（六）管理全国各地的运输车辆清单；

（七）检查道路运输企业的组织；

（八）与国际各方合作并寻求资金来源以发展道路运输；

（九）行使其他权利并履行与道路运输有关的其他义务。

第三十六条 通信、运输、邮政和建设部门的权利和义务

在道路运输管理方面，省、市、特区的通信、运输、邮政和建设部门享有以下主要权利和义务：

（一）详细阐述有关道路运输发展的战略和总体规划；

（二）审议其所在省、市、特区内设立国内运输企业的申请；

（三）根据通信部、运输部、邮政部和建设部的规定在省、市、特区登记运输车辆；

（四）管理省、市、特区的运输车辆清单；

（五）颁发国内运输车辆运营许可证；

（六）管理和检查国内、国际和跨境道路运输企业；

（七）对运输车辆进行技术检查，管理运输车辆车库和车辆技术检验站；

（八）确定运输站的位置并进行管理；

（九）行使通信部、运输部、邮政部和建设部规定的有关道路运输的其他权利并履行义务。

第三十七条 地区通信、运输、邮政和建设办公室的权利和义务

地区通信、运输、邮政和建设办公室根据省、市、特区的通信、运输、邮政和建设部门的规定负责管理其所在地区的运输车辆和运输车辆停放区域。

第三十八条 运输检查

通信部、运输部、邮政部和建设部负责对道路运输进行定期和系统的检查，以确保运输企业、专门运输和个人运输经营者严格遵守运输规定，并维护安全和秩序。

为确保对道路运输进行有效检查，可以建立公路巡逻队。

第三十九条 运输委员会

为方便国内、国际和跨境运输的管理，政府可根据通信部、运输部、邮政部和建设部的提议设立国家运输委员会。国家运输委员会的职责如下：

（一）研究战略规划和交通发展规划；

（二）研究决定运输车辆技术标准；

（三）研究运输过程中确保人身及财产安全的方法；

（四）向货运和客运服务供应商提供建议；

（五）适时研究道路布局选择和运输费用。

必要时，可以设立省、市和特区运输委员会，其职责如下：

（一）提供运输方面的建议；

（二）根据通信部、运输部、邮政部和建设部发布的政策，确定道路布局和运输费用；

（三）鼓励执行有关运输的法律法规。

第四十条 运输协会

为有效管理并确保货物和旅客运输秩序，国家将根据交通、运输、邮政和建设部的规定授权成立道路运输协会。

第七章 奖励政策和处罚措施

第四十一条 奖励政策

任何个人或组织优质地开展道路运输，保障安全、有序和良好的运输环境，并严格遵守规定的运输费率，将依据国内投资促进法的规定获得税收减免的奖励和政策。

第四十二条 处罚措施

任何个人或组织违反本法规定将接受再教育、罚款或追究刑事责任的处罚。此外，违法者可能会受到额外的处罚，例如：暂停营业，撤销许可证以及没收犯罪车辆等。

第四十三条 再教育

违法情节较轻者和初犯者将接受再教育。

第四十四条 罚款

有下列情形之一的，处以三千至一万基普的罚款：

（一）驾驶员无驾驶证的；

（二）无提单的；

（三）未在指定道路上进行运输的；

（四）无运输业务相关费用和税款的支付证书的；

（五）无轻型运输和专门运输服务的驾驶证的。

有下列情形之一的，处以一万五千至三万基普的罚款：

（一）运输营业执照已过期的；

（二）无运输车辆技术检验证书的；

（三）车辆无保险的；

（四）在企业运输和专门运输中提供服务的驾驶员无重型运输驾驶证的。

有下列情形之一的，处以三万一千至五万基普的罚款：

（一）在指定区域外停放车辆或者装卸货物的；

（二）超速行驶的；

（三）超载的。

有下列情形之一的，处以五万一千至十万基普的罚款：

（一）无证经营道路运输、货运代理、车辆租赁企业的；

（二）经营不符合许可证类型的道路运输、货运代理或车辆租赁企业的；

（三）使用他人的许可证或将其许可证交给他人使用以经营道路运输企业的。

第四十五条 刑事措施

有下列情形之一，构成犯罪的，依法追究刑事责任：

（一）为获批准设立道路运输企业提交虚假文件的；

（二）伪造有关道路运输企业设立的文件的；

（三）在运输过程中犯罪的；

（四）阻碍执法人员进行道路运输检查的。

公务员和国家工作人员在道路运输中存在受贿、滥用职权、伪造文件或以权谋私等犯罪行为的，依法追究其刑事责任。

第八章 附 则

第四十六条 法律实施

本法由老挝人民民主共和国政府组织实施。

第四十七条 法律生效

本法自老挝人民民主共和国国家主席颁布主席令之日起一百八十日后生效。

任何与本法相抵触的规定无效并被废止。

老挝人民民主共和国矿业法

(1997 年 4 月 12 日第三届老挝国会第十次会议第 04 - 97/NA 号决议通过，1997 年 5 月 31 日国家主席令颁布)

第一章 总 则

第一条 立法目的

矿业法规定了矿产的管理、保护、勘探、开采和加工制度，旨在利用自然资源的潜力，供当地消费和出口，以促进工业化进程和提高人民生活水平。

第二条 矿产

矿产是指特定地点的不可再生的自然资源，是固体、液体或气体形式的化学和物理物质，例如：金、银、铜、铁、宝石、沙、建筑用土、建筑用石、煤、天然气和石油，还包括矿物质水和天然温泉水。

第三条 矿产资源归属

老挝人民民主共和国境内地表、地下或水下的所有矿产资源均为国家财产，由国家进行集中和统一管理。

第四条 促进、保护和开发矿产资源

国家实施促进国内外个人和组织对矿产资源进行有效保护和开发的政策。

第五条 环境保护

从事矿产开采活动的人员应当采取程序和措施，减少自然资源的损失和对环境的不利影响。

第六条 保护从事采矿业人员的权益和当地人民的利益

国家依据法律法规，保护从事采矿业的人员的权益和当地人民的利益。

第七条 法律适用范围

本法适用于老挝人民民主共和国的矿产管理和开采活动，包括自然资源勘探、基础地质调查、矿产开采和加工。天然气和石油，由其他法律单独规定。

第二章 基础地质调查和矿产资源保护

第八条 基础地质调查

基础地质调查是指为编制基础地质图而初步收集的有关矿产埋藏和地质构造的资料。

政府指派工业和手工业部协调有关部门和地方政府在全国范围内进行基础地质调查。

第九条 矿产种类

为促进矿业发展，政府将矿产分为以下四类：

（一）金属矿产；

（二）非金属矿产；

（三）可燃矿产；

（四）液体矿产。

金属矿产包括：金、银、铜、锌、铁、铅、锡和其他。

非金属矿产包括：钻石、红宝石、祖母绿、石灰石、砾石、沙子、石膏、建筑用土、建筑用石和其他。

可燃矿产包括：煤、天然气和石油。

液体矿产包括：矿物质水和天然温泉水。

政府应提供每类矿产的详细资料。

第十条 受保护或限制的矿产

为了有效和可持续利用，政府将定期发布受保护的、限制进出口或限制以原材料形式出口的矿物清单。

第十一条 矿产资源信息的保护与利用

矿产资源的数据、信息和样本必须按照有关矿产的规定加以保护和使用。

个人和组织应向有关机构报告具有科学意义、高价值或稀有矿物资源的数据、信息和样本。

禁止个人和组织非法隐瞒、降低样本价值或买卖样本，只有国家有权购买具有科学意义、高价值或者稀有矿产资源的样本。

政府建立上述有关自然资源样本的名称和特点的清单。

第十二条 矿产资源保护

政府指定工业和手工业部与有关部门协调，通过制定具体规定在全国范围内保护矿产资源。

第三章 矿产资源区分类

第十三条 矿产资源区

矿产资源区是指已进行基本地质勘查并且已查明商业矿藏需要进一步详细调查的区域。

矿产资源区包括以下四种：

（一）采矿许可区域；

（二）保留区域；

（三）禁止区域；

（四）有毒区域。

第十四条 采矿许可区域

采矿许可区域是由政府确定的可以开展采矿业务的矿产资源区。

第十五条 保留区域

保留区域是指为开采特定矿物而指定的矿产资源区。

第十六条 禁止区域

禁止区域是指禁止开展采矿业务的矿产资源区，例如：具有文化意义的地区、森林保护区、国防安全重要区域等。

第十七条 有毒区域

有毒区域是指含有有毒物质或其他有毒矿物的矿产资源区，工业和手工业部应通知当地政府协调有关部门对当地居民实施安全和卫生保障措施。

第四章 矿业经营

第十八条 矿业开发

矿业开发是指包括矿产勘查、探测、开采、加工和贸易在内的活动。

采矿活动包括以下两种形式：

（一）机械化采矿业务；

（二）使用手工工具的采矿活动，无论是否将其作为一种职业。

第十九条 矿山

矿山是指位于地表、地下或水下的具有经济价值的自然矿产储备。

第二十条 机械化采矿业务的形式

机械化采矿业务分为以下三种规模：

（一）大型采矿业；

（二）中型采矿业；

（三）小型采矿业。

政府应根据所涉及的资金、矿产类型、面积和矿物储量详细确定每一采矿作业的规模。

第二十一条 矿业投资

老挝人民民主共和国的矿业投资应当采取以下形式：

（一）国家单独投资；

（二）国家与国内外合作投资；

（三）国内集体或私人投资。

第二十二条 矿业经营流程

矿业经营流程包括矿产勘查、勘探、开发、加工和贸易等阶段。

矿产勘查、勘探、开发应当在没有人就相同矿产开展采矿活动的特别授权地区进行。

第二十三条 矿业经营手续

从事矿业经营的个人或者组织，应当申请勘查和数据收集许可证。信息充分时，授权勘探。

勘探结束后希望开发的，应进行可行性研究，计算经济成本效益，评估环境、生态和社会影响，然后向政府申请许可。

在授权开发的同时，政府将共同投资于矿业经营。

矿业经营许可证持有人应依据老挝人民民主共和国法律规定设立和注册企业。

第二十四条 矿产勘查

矿产勘查是指通过现场观测确定该地区和地表矿物的地质条件，以评估自然界中分布的矿物质量。

矿产勘查需要得到政府批准。

矿产勘查期不得超过两年，经政府批准可以延长两次，每次不得超过一年。

第二十五条 矿产勘探

矿产勘探是指在确定的区域内进行地质和地球物理研究，通过测试、挖沟、勘探、钻探、分析矿产的物理和化学特征以及评估经济潜力，获取该地区地质和地质结构的详细数据。

矿产勘探需要得到政府批准。

矿产勘探期不得超过三年，经政府批准可以延长两次，每次不得超过两年。

第二十六条 矿产储量评估

矿产储量评估是指对每种已勘探矿产储量的范围和数量进行评估。

第二十七条 样本检测和分析

矿业经营许可证持有者有权按照政府的规定，向国内外发送矿物样品和其他与矿物有关的物品进行检测和分析。

第二十八条 矿产区的放弃与增加

矿产勘查和勘探后，被许可人可以放弃其不希望勘探的全部或部分区域以及在该勘探中获得的所有数据。

根据收集的数据，如果发现矿脉延伸至许可区域以外，被许可人有权申请将该延伸区域添加到其许可证中。

第二十九条 开采可行性评价

开采可行性评价是指对矿产储量的社会经济潜力以及是否会对环境产生不利影响及其影响范围进行评价。

第三十条 可行性研究

取得矿业经营许可证的可行性研究应当包括以下主要内容：

（一）矿产开发规划和流程，如：技术开发体系、开发数量；

（二）矿产开发的社会经济效益。

可行性研究的期限不超过一年，经政府批准可以延长，但不得超过一年。

第三十一条 环境影响评估

在研究可行性的同时，投资方还应进行环境影响评估，内容主要包括：

（一）各种情形下的环境影响预测，以及解决或减轻对环境、生态和社会造成的不利影响的方法和措施的建议；

（二）评估损害和人口重新安置费用，包括帮助受矿产开发影响的人口改善生活条件，例如：提供适当的住房和工作。

第三十二条 获得采矿许可的标准

申请采矿许可的人员应当符合下列标准：

（一）经济和技术能力；

（二）具有良好的矿业诚信背景；

（三）提议的采矿许可是有效的，符合国家社会经济发展计划，不会对环境造成严重的不利影响。

申请人符合所有标准的，政府应考虑给予采矿许可。

第三十三条 矿产开采

矿产开采是指矿产的清理、提取、移除、洗涤、研磨、筛选和储存。

开采期限自许可之日起不得超过三十年，经政府批准根据具体情况和矿产储量可以延长两次，每次不得超过十年。

第三十四条 矿产企业交接

在采矿许可届满时，矿业经营者应向老挝政府无偿全额移交矿产企业，包括构成该矿产企业资产的车辆和设备，除非政府拒绝接收。

第三十五条 无论是否作为职业而使用手工工具的采矿活动

“作为职业使用手工工具的采矿活动”是指作为职业使用古老工具进行的矿产开采。

作为职业使用手工工具从事采矿活动的人员应为老挝公民，并应以自有资金进行采矿活动。

作为职业使用手工工具从事采矿活动，须经省、市或特区的工业和手工业部门批准，并报工业和手工业部。

如果作为职业使用手工工具从事采矿活动，包括使用机器或雇佣劳动者，则此类开采应视为机械化采矿业务。

“非作为职业使用手工工具的采矿活动”是指矿产的偶尔开采。

非作为职业使用手工工具从事采矿活动需要得到地区工业和手工业办公室的批准，并向省、市或特区的工业和手工业部门报告。

第三十六条 矿产加工

矿产加工是指通过工业方法或通过分离、熔化、转化、切割、抛光和加工等附加工艺来提高矿产质量，以增加其经济价值。

提高矿产质量的加工需要有关部门的特别批准。

第三十七条 矿料和矿产交易

经批准，矿业经营者有权出售开采的矿料和矿产。仅从事矿料和矿产交易的人员应获得特定的矿料和矿产交易许可证。

本法所称的矿料是指经过分离、研磨、筛选和加工的矿产。

第五章 矿业经营者的权利和义务

第三十八条 矿业经营者的权利

矿业经营者享有以下权利：

（一）受法律保护；

（二）在许可区域内按照批准的程序排他地开展采矿业务；

（三）根据矿业管理和检查机构的评估以及政府的批准，优先开展进一步的采矿活动；

（四）拥有资产和通过合同获得的采矿活动收益；

（五）接受政府关于矿业经营提出的技术建议；

（六）申请延长采矿许可证的有效期；

（七）根据有关部门的规定建造建筑物和安装设备以进行采矿活动。

作为职业使用手工工具进行采矿活动的人，有权将其采矿活动通过继承由其家庭成员继续开采，但不得将其采矿活动转让给其他人。

第三十九条 矿业经营者的权利范围

经政府批准，矿业经营者有权转让其权利或者继承采矿业，但矿产处于勘查阶段的除外。

第四十条 在矿业经营区域的权利

在进行采矿业务时，被许可人有权根据合同向政府租赁土地，并签订供电和供水合同以处理矿物，但是应当以确保人口和环境健康的方式处理和排放废水。对于某些含有有毒物质的矿产，国家将设定特定的采矿区。

在矿业经营区域使用木材需得到批准并对木材进行补偿。

如果矿业经营区域包含土地、建筑物、农作物和属于个人或组织的其他财产，被许可人应对其移除和造成的任何损害给予适当赔偿。

第四十一条 矿业经营区域优先权

采矿许可权人在矿业经营区内发现许可矿产以外的其他矿产的，有权优先向政府申请与已发现矿产有关的采矿经营许可，但属于保留矿产和禁止矿产的除外。

第四十二条 矿业经营者的义务

矿业经营者应当履行下列义务：

（一）按照规定的程序和时间开展采矿业务；

（二）按照规定向老挝人民民主共和国银行存入保证金；

（三）根据其可行性研究和矿产开发计划开展许可的采矿业务；

（四）在开采期间和开采结束后保护和恢复环境，以确保不会对国家和公众安全造成严重的不利影响，并在个人和公众的生命和财产受到影响时给予适当的赔偿；

（五）在规定时间内详细记录和报告各阶段的采矿业务结果，包括各阶段的费用；

（六）确保老挝工人的技能培训和提升，并保障他们的福利、健康和安全；

（七）按照企业会计法的规定记账；

（八）在规定的期限内，妥善、完整地履行与采矿业务有关的关税、税务和其他义务；

（九）为采矿业务修建的道路应当开放供他人使用；

（十）严格遵守老挝人民民主共和国的法律法规。

使用手动工具进行采矿活动的人员，不论是否将其作为职业，都有义务按照规定缴纳关税和税款，保护环境并严格遵守老挝人民民主共和国的法律法规。

第四十三条 与地方行政主管部门的关系

矿业经营者在采矿业务的各个阶段，都应当联系所在地区的地方行政主管部门，为其经营矿产业务提供便利。

第四十四条 采矿业务终止

采矿业务在下列情况下终止：

（一）采矿许可期限在任何阶段届满；

（二）在期限届满前自愿终止采矿业务；

（三）因严重违反合同或严重违反老挝人民民主共和国法律法规而被吊销采矿许可证。

第四十五条 技术标准

采矿许可权人在从事采矿业务时，应当应用工业和手工业部及其他有关机构认可的技术和国际技术标准，以确保效率、安全和提供环境保护。

第四十六条 放弃和恢复开发区域

下列情况下，采矿许可权人应将矿区交给政府，包括租赁的土地：

（一）不再需要使用土地；

（二）因不履行合同或严重违反老挝人民民主共和国法律法规而被吊销采矿许可证；

（三）采矿许可证有效期届满。

放弃矿区的，应当按照规定期限提前通知有关机构。

如果地面发生改变，则在放弃该区域之前应进行恢复和修缮，例如：填充、平整、清除化学物质并种植树木。

第四十七条 赔偿基金

在下列情形下，矿业经营者应设立必要费用的赔偿基金：

（一）安置矿区居民，使得居民得以定居和谋生；

（二）对土地、建筑物和农作物损害的赔偿；

（三）土地出租；

（四）环境保护；

（五）采矿区的恢复和修缮。

基金应包括在采矿项目的资金中。

第六章　矿业经营的管理和检查机构

第四十八条 矿业经营的管理和检查机构

下列机构负责矿业经营的管理和检查：

（一）工业和手工业部；

（二）省、市或特区的工业和手工业部门；

（三）地区工业和手工业办公室；

（四）乡村政府。

第四十九条 工业和手工业部的权利和义务

就管理和检查矿业经营方面，工业和手工业部享有以下权利和义务：

（一）作为政府秘书处，制定与矿产有关的战略规划，并将其纳入详细的计划项目，制定管理和检查矿业经营的规定之中；

（二）进行地质和采矿方面的科学和技术研究，建立与地质和采矿有关的国家统计和信息中心网络；

（三）与有关地方政府和其他方面合作；

（四）研究并提出有关采矿业务的技术意见；

（五）向获得政府投资许可的人员发放矿产勘查、勘探、开采或加工许可证；

（六）培养和提升老挝人民的地质采矿技能；

（七）按照有关部委的规定批准矿物的进出口；

（八）管控地质采矿活动；

（九）与外国合作开展地质采矿活动。

第五十条 工业和手工业部门的权利和义务

就管理和检查矿业经营方面，省、市或特区的工业和手工业部门享有以下权利和义务：

（一）作为工业和手工业部以及省、市或特区政府的直接秘书处，在其职责范围内指导和管理采矿业务；

（二）与其他部门和有关行政机关协调；

（三）研究并提出本行政区域内的采矿业务意见；

（四）向作为职业以手工工具从事采矿活动的人员颁发许可证并进行登记；

（五）检查本行政区域内的采矿业务；

（六）行使工业和手工业部授予的与矿业有关的其他权利和履行其他义务。

第五十一条 地区工业和手工业办公室的权利和义务

就管理和检查矿业经营方面，地区工业和手工业办公室享有以下权利和义务：

（一）作为省、市或特区工业和手工业部门及地区政府的秘书处，执行省、市或特区工业和手工业部门有关采矿业务的计划、方案、规定和指示；

（二）与其他部门和有关行政机关协调；

（三）授权和检查其辖区内非作为职业以手动工具进行采矿活动的人员；

（四）依据法律法规规定为矿业经营者提供便利；

（五）行使工业和手工业部门授予的与矿业有关的其他权利和履行其他义务。

第五十二条 乡村政府的权利和义务

就管理和检查矿业经营方面，乡村政府享有以下权利和义务：

（一）监督和检查乡村范围内使用手工工具进行的采矿活动，不论是否将其作为一种职业；

（二）对影响群众权益的采矿活动、优良传统和法律法规进行评议和报告；

（三）保护并向地区工业和手工业部门以及地区政府部门报告村内的矿藏；

（四）为村内采矿作业提供便利；

（五）与矿业经营者协调维护村庄内的秩序；

（六）检查使用手动工具进行采矿活动的人员履行义务的情况，无论是否将其作为一种职业。

第五十三条 矿业经营检查

矿业经营检查是指在矿产勘查、勘探、开采、加工、交易等各个阶段，包括在矿业活动结束后，对矿业活动进行检查，以确保矿业经营者适当执行合同、矿业法和老挝人民民主共和国的其他法律法规。

检查的主要内容包括：

（一）采矿流程的实施；

（二）在有效期限内的表现；

（三）可行性研究的实施；

（四）计划的实施；

（五）职业安全措施的实施；

（六）环境影响减缓措施的实施；

（七）矿业经营管理所必需的文件；

（八）矿业项目资产；

（九）与采矿业务有关的义务和其他规定的实施。

对矿业经营活动的检查，应当与有关部门和地方行政主管部门协调进行。

第五十四条 矿业经营检查措施

矿业经营检查可以采取定期检查、预先通知检查或突击检查等方式。

定期检查是指定期、定时进行的检查，每年至少检查一次。

预先通知检查是指提前通知矿业经营者后进行的检查。

突击检查是指在未事先通知的情况下进行的检查。

检查包括文件检查和现场检查。

第七章 纠纷解决、奖励政策和处罚措施

第五十五条 纠纷解决

采矿合同当事人发生争议的，应当友好解决。此外，合同双方可将争议事项提交老挝人民民主共和国经济纠纷解决办公室或人民法院进一步解决。

雇主和雇员之间发生争议的，应当适用劳动法。

外国投资者之间或者外国投资者与老挝投资者之间发生争议的，适用促进和管理外国投资法第二十一条的规定。

第五十六条 奖励政策

在管理和有效保护矿产资源以及遵守老挝人民民主共和国法律方面表现突出的个人或组织将获得政府给予的奖励和政策，例如：信贷特权、采矿许可证期限延长和其他。

第五十七条 处罚措施

违反本法的人或者组织，将根据其违法性质受到警告和再教育、罚款或者刑事处罚等措施。此外，违法者还可能受到额外处罚。

第五十八条 警告和再教育

违反本法规定情节轻微或初犯的，如未提交报告或未在规定期限内提交报告，在经营中未达到技术要求，不论是否作为职业未经许可使用手工工具从事采矿活动的，应当受到警告和再教育的处罚。

第五十九条 罚款

违反本法规定，有下列情形之一的，处以罚款：

（一）无证或许可证过期从事采矿业务的；

（二）非法买卖矿产的；

（三）违反规定出租、转让或者允许他人使用采矿许可证的；

（四）作虚假报告的；

（五）违反开发原则的；

（六）排放影响居民健康的废水和含毒物质水的；

（七）不采取技术和劳动安全措施的；

（八）因过错造成矿产资源损害的；

（九）不配合管理和检查人员的。

第一次违法的，处以五十万至三百万基普的罚款；第二次违法的，处以三百一十万至五百万基普的罚款；第三次违法的，处以五百一十万至一千万基普的罚款。

违反本法第五十八条的规定三次及以上的，应处以五万至二十万基普的罚款。

无论是否作为一种职业使用手动工具从事采矿活动违法的，应处以一万至两万基普的罚款。

第六十条 刑事处罚措施

违反矿业法规定构成犯罪的，例如：伪造采矿许可证，未采取技术安全措施造成伤亡的，应按照刑法规定予以处罚。

公务员收受贿赂、滥用职权、伪造文件从矿业经营中获取个人利益的，应按照刑法规定予以处罚。

第六十一条 附加处罚措施

除本法第五十九条和第六十条规定的措施外，违法者还可能受到其他处罚，例如：暂停采矿业务、吊销许可证和没收违法者的车辆和设备。

第八章 附　　则

第六十二条 法律实施

本法由老挝人民民主共和国政府组织实施。

第三十二条 法律生效

本法自老挝人民民主共和国国家主席颁布主席令之日起九十日后生效。

本法生效前已领取采矿许可证的个人和组织有权继续从事采矿业务。

签订的合同不符合本法规定的，应当自本法生效之日起一百二十日内通知有关部门处理。

任何与本法相抵触的规定无效。

老挝人民民主共和国电力法

（1997年5月12日老挝国会第02-97/NA号决议通过，1997年5月31日国家主席令颁布）

第一章　总　　则

第一条　立法目的

电力法规定了电力的管理、生产、传输、分配和进出口制度，通过利用具有高度生产潜力的自然资源，促进国家社会经济发展计划的实施和人民生活水平的提高。

第二条　电力

电力是指一种能源，包括由水力、风力、太阳能、石油和煤炭等物理来源产生的电流、电压强度和电能。本法不包括其他来源的电力。

第三条　物理来源电能的所有权

老挝人民民主共和国境内的物理来源电能是国家的财产，国家对其进行长期和高效的管理、保护和合理使用。

第四条　促进电力生产和发展

国家促进各个经济部门投资电力生产，以满足城乡居民的需求，以及发展电力作为商品进行出口。

第五条　保护电力投资者和使用者的权益

国家根据老挝人民民主共和国的法律法规保护电力企业投资者和电力使用者的权益。

第六条 环境保护

从调查、达成项目规模的协议以及电力设施的建设和扩大时起，从事电力业务应确保经济效益，评估对自然环境和生态系统产生的影响，并应减少对社会和野生动物栖息环境的影响。

第七条 国外合作

根据促进和管理外国投资法，国家在电力生产、分配、进出口和电力业务发展方面应扩大对外合作。

第二章 电力业务

第八条 电力业务

与电力有关的业务是指进行与电力有关的调查、数据收集、设计、建造和安装、生产、运输、分配、进出口、开发和其他服务。

第九条 电力企业的规模

老挝人民民主共和国的电力企业分为以下四种规模：

（一）安装容量在五万千瓦以上的电厂，须由政府提议报国会批准；

（二）安装容量在二千到五万千瓦之间的电厂，须经政府批准；

（三）安装容量在一百至二千千瓦之间的电厂，须经省、市、特区政府批准，并经工业和手工业部同意；

（四）安装容量在一百千瓦以内的电厂，须经地区政府批准，并经省、市、特区政府同意。

第三章 电力业务的特许经营权

第十条 投资电力业务

国家鼓励投资电力业务，特别是水力发电，以利用自然水资源的发电潜能。

电力业务投资可由不同类型的企业进行，具体如下：

（一）国家单独投资；

（二）国家与国内外各方合作投资；

（三）国内合作或私人投资。

从事电力业务的企业可以通过下列形式开展经营：

（一）建设、经营和转让（BOT）；

（二）建设、经营、所有和转让（BOOT）；

（三）建设、转让和融资（BTF）；

（四）国家指定国家电力公司作为代表从事经营活动；

（五）以其他形式进行投资。

第十一条 电力企业的特许经营权

经营电力企业从事电力生产、传输、分配、进出口或开发的个人或组织，应向老挝人民民主共和国政府申请特许经营权，并应按商法的规定申请批准设立和注册相关企业。

第十二条 获得特许经营权的程序

电力企业应通过以下步骤申请特许经营权：研究、项目评估、初步调查、投资申请、投资申请的审议、谅解备忘录的签署、详细调查、可行性研究报告的起草、环境影响评价报告、审议批准特许权等步骤，具体程序由工业和手工业部确定。

老挝人民民主共和国政府将在电力企业获得特许经营权时参与持股。

第十三条 可行性研究

可行性研究包括以下内容：

（一）社会经济成果；

（二）评估最大电力容量；

（三）评估工程价值；

（四）大坝或其他电力系统的预计工期和使用寿命；

（五）评估电价；

（六）计划和运营阶段：施工、安装和供电日期。

第十四条 环境影响评估

投资方应在研究可行性的同时进行环境影响评估，环境影响评估应包括以下内容：

（一）评估各种情况下的环境影响，并提出解决或减轻对环境、生态、社会和野生动植物栖息环境的不利影响的方法和措施；

（二）评估电力项目对居民产生的损害和重新安置居民的费用；

（三）限制水电大坝对下游的影响的方法，若该水电大坝是雨季洪水泛滥的直接主要原因，如有必要可通过开挖排水沟或其他方式排水；

（四）本条第一、二和三项规定的恢复影响的费用应计入项目成本。

第十五条 申请特许经营权的条件

申请特许经营权应当满足以下条件：

（一）具有资金和技术能力；

（二）具有良好的诚信经营背景；

（三）该项目应当具有经济和社会效益；

（四）特许经营权应符合国家社会经济发展计划，并且不得对环境造成严重不利影响。

申请人符合所有条件的，政府应当考虑给予特许经营权。

第十六条 特许经营权期限

特许经营权期限从特许经营权批准之日起开始，包括施工期在内，特许经营权期限不得超过三十年。特许经营权期满后，特许经营权人应当将整个企业完好且无偿地移交给政府。

经政府同意，特许经营权可以延长，但不得超过十年。延长特许经营权期限的请求应在特许经营权期满前五年提交。

第十七条 特许经营权人的权利

持有特许经营权的电力企业享有以下权利：

（一）租赁电力企业经营所需的土地，但在租赁土地上使用任何其他资源，应当先获得政府批准；

（二）从特许经营权中获益；

（三）受到法律保护；

（四）接受政府有关电力的技术指导；

（五）请求延长特许经营权期限；

（六）经政府同意将权利转让或继承其他电力企业的权利。

第十八条 特许经营权人的义务

持有特许经营权的电力企业应履行如下义务：

（一）按照特许经营条件合理经营企业；

（二）向老挝人民民主共和国银行存入保证金；

（三）依照法律、法规和外商投资合同，将注册资本以外币形式输入老挝人民民主共和国；

（四）保护环境；

（五）依照企业会计法的规定记账；

（六）依照法律、法规的规定及时足额缴纳税款；

（七）对环境、他人的生命财产造成损害的，或者对居民进行安置的，给予赔偿；

（八）培训和提升老挝员工的专业技能，并保障其社会福利；

（九）适时记录和报告特许经营的结果，包括项目的详细费用；

（十）按照有关的电力技术规范，维护和修理机械和电力设备使其保持良好状态；

（十一）严格遵守劳动法和老挝人民民主共和国的其他法律；

（十二）特许经营权人停止经营电力企业的，应将项目连同可行性研究报告和其他项目文件无偿移交老挝政府；

（十三）电力企业移交政府之前应当先清偿债务。

第十九条 特许经营权终止

有下列情形之一的，特许经营权终止：

（一）特许经营权期限届满；

（二）经政府批准，在特许经营权有效期届满前自愿终止；

（三）因严重违反法律、法规规定特许经营权被撤销；

（四）经政府批准，将企业转让给其他人的。

第二十条 申请特许经营权的例外

以下类型的项目不需要申请特许经营权：

（一）建设安装容量二千千瓦以下并且对环境影响较小的小型水坝；

（二）建设安装通过低于五百千瓦的供暖系统发电的设备。

上述电力企业的经营应当符合国家总体规划和老挝多民族人民的需要。

第四章 电力设备的安装和标准确认

第二十一条 电力安装

电力安装是指电力系统的建造、安装、扩建和修理，旨在通过一个完整的电力系统满足人民的生产、服务和生计需要。

第二十二条 同意经营电力安装企业

经营电力安装企业的个人和组织，应当经工业和手工业部门批准，向负责商业的政府部门登记，并向财政主管部门办理税务登记。

第二十三条 电力设备标准的确定

为确保电动工具、电力设备、输电线路和电器符合有关标准、安全、节能，并在全国形成统一的体系，工业和手工业部应当对国产和进口的各类电力设备的质量进行确认、批准和检查。

第五章 电力生产

第二十四条 电力生产

电力生产是指通过水力、风力、热能、生物质能或其他能源从发电单位生产电力的过程。

第二十五条 电力生产的条件

电力生产应当符合以下条件：

（一）使用现代设备；

（二）安装减少环境影响的设备；

（三）符合特定法规规定的标准和质量；

（四）在电力生产中符合其他必要条件。

第六章 电力传输

第二十六条 电力传输

电力传输是指从电力生产源头向配电站、偏远地区或外国输送电力的系统。

第二十七条 输电线路的安装建设

输电线路的安装和建设应当保证安全，并减少对自然环境和人民财产的损害。

所有公民都有义务为其居住地区的电线杆、输电线路和其他设备的安全和保护作出贡献。

第二十八条 通过系统传输电力

通过系统传输电力是指通过电力传输系统将电力传输给另一方。输电系统的所有人在其输电系统上收到用电请求的，无权拒绝输电，除非其安全性在技术上无法得到保证。使用他人输电系统的应当支付服务费。

第二十九条 国家输电网

国家输电网是指老挝人民民主共和国政府的大功率输电线路系统，该系统在全国范围内将各方连接并与国外输电线相连，旨在对电力的生产、传输和分配进行管理，以及保护自然环境和人民财产。

所有电力生产来源都应通过国家输电网输电，除非这种电力分配发生在有发电厂、有小规模电力生产设施或没有国家输电网的地区。

第七章 电力分配

第三十条 电力分配

电力分配是指通过高、中、低功率系统将输电系统或发电设备的电力分配给各类变电站，形为配电网。

第三十一条 电力分配原则

电力分配应遵循以下原则：

（一）持续和定期地配电；

（二）基础广泛、定期和经济地配电；

（三）安全地配电；

（四）确保社会经济发展。

第三十二条 电价的确定

电价的确定取决于当时的社会经济条件和人民生活水平。电价分为以下几种：

（一）作为商品的进出口价格；

（二）国内工农业生产价格；

（三）偏远农村地区用电价格；

（四）其他服务用电的价格。

政府应定期批准每种类型的电价。

第三十三条 配电商的权利和义务

配电商享有以下权利：

（一）收取配电费和其他服务费；

（二）对违反规定的用户提出警告；

（三）对严重违反用电规定的用户暂停配电；

（四）落实与配电有关的保障公众和环境安全的措施；

（五）检查用户电力设备的安装情况。

配电商履行以下义务：

（一）向用户广泛而定期地供电；

（二）每一次停电前通知用户；

（三）提供有关用电的规定和原则的指导；

（四）负责和及时地为用户提供服务；

（五）保障电力企业工人的安全和社会福利，确保社会和环境的安全；

（六）依照法律法规的规定向国家缴纳税款和其他费用；

（七）赔偿因电力对自然环境、人民生命财产及公共财产造成的损害。

第三十四条 电力用户的权利和义务

电力用户享有以下权利：

（一）用电；

（二）接受有关用电的指导；

（三）安全用电；

（四）在家中接受电力安装和维修服务；

（五）对认为不正确的电费计算要求检查。

电力用户履行以下义务：

（一）支付用电和服务费；

（二）遵守有关用电的规定和指导；

（三）方便用电数据的安装、维修、检查和记录；

（四）确保用电安全，保护用电环境；

（五）发现与电力有关的异常情况时，立即通知电力工作人员。

第八章 电力出口和进口

第三十五条 电力出口

老挝人民民主共和国政府支持电力出口的发展，同时确保有足够的电力用于工业扩建和国家社会经济发展。

第三十六条 电力进口

基于国家社会经济发展需要，并经政府批准，老挝人民民主共和国可以进口电力。

第三十七条 通过老挝人民民主共和国的电力传输

通过老挝人民民主共和国的电力传输是指经老挝人民民主共和国政府批准，从一国跨越老挝人民民主共和国领土向另一国进行输电。通过老挝人民民主共和国的电力传输应通过国家输电网进行并支付服务费，除非老挝人民民主共和国国家输电网无法提供该服务。在这种情况下，政府应临时批准当事方可通过自己的线路系统输电，但应当经过老挝人民民主共和国有关机构的管理和检查。

通过老挝人民民主共和国的电力输送应满足以下条件：

（一）减少对环境的不利影响和对人民的损害；

（二）支付穿越老挝领土的费用和其他服务费，同时对修建此类输电线路系统可能造成的所有损害进行赔偿；

（三）必要时允许老挝人民民主共和国使用该输电线路系统。

第九章 地方和农村的电力发展

第三十八条 地方和农村的电力发展

地方和农村的电力是指利用小型水电、石油机械、太阳能、风力或其他能源发电，不与总电网相连的电网或特定地区的单独电网。

国家促进地方和农村商品生产用电和边远地区人民生活用电的发展。

第三十九条 在地方和农村设立电力企业的批准

省、市或特区的工业和手工业部门应进行调查并收集与电能在一百至二千千瓦的小规模物理来源电能有关的信息，以制定本辖区的电力设施建设和发展计划。

经工业和手工业部的技术批准，省长、市长或特区的负责人有权在其职责范围内批准在地方建立电力企业的申请。

地区工业和手工业办公室应进行调查并收集与电能小于一百千瓦的物理来源电能有关的数据，以制定本辖区的电力设施建设和发展计划。经省、市或特区的工业和手工业部门同意，地区负责人有权批准在农村建立电力企业的申请。

第四十条 地方和农村的电力建设

地方和农村的电力建设和安装，可以采取下列形式：

（一）省、市、特区、地区可以自行建设和安装；

（二）工业和手工业部可以建造和安装有关设施，然后移交省、市、特区或地区管理；

（三）私人或其他主体可建造和安装有关设施，然后移交省、市、特区或地区管理。

工业和手工业部及其他有关部委有权就电力建设和安装、环境保护以及地方和农村的电力运营提出技术建议和给予指导。

各省、市、特区和地区有义务按照报告程序，向工业和手工业部报告地方和农村所有电力的建设和安装情况。

第四十一条 地方和农村电力发展基金

国家设立基金为地方和农村的电力建设、安装和发展提供补助和贷款。

地方和农村电力发展资金来源如下：

（一）国家预算；

（二）国家和当地居民；

（三）其他企业；

（四）人民；

（五）国内外援助。

此外，国家还将实施税收减免政策，或为用于地区和农村电力建设和经营的车辆、设备提供进口贷款。

第十章　电力管理和检查机构

第四十二条　电力管理和检查机构

电气管理和检查机构包括：

（一）工业和手工业部；

（二）省、市、特区的工业和手工业部门；

（三）地区工业和手工业办公室；

（四）村政府。

第四十三条　工业和手工业部的权利和义务

在电力企业的管理和检查方面，工业和手工业部有以下权利和义务：

（一）制定电力企业发展战略规划；

（二）负责全国物理来源电能的调查、信息收集和数据统计；

（三）起草电力企业发展总体规划，包括电力企业发展和环境保护的短期、中期和长期规划；

（四）发布有关电力企业生产和发展的规定；

（五）保护物理来源电能；

（六）研究电力企业投资的有关问题并提出技术意见；

（七）研究电价并将建议提交政府批准；

（八）协调其他各方和有关地方行政主管部门对电力企业进行管理和检查；

（九）与外国合作并寻找发展电力企业的资金来源；

（十）行使和履行其他与电力企业管理有关的权利和义务，遵守法律、法规。

第四十四条 省、市、特区的工业和手工业部门的权利和义务

在电力企业的管理和检查方面，省、市、特区的工业和手工业部门有以下权利和义务：

（一）贯彻工业和手工业部关于电力企业发展和环境保护的总体规划；

（二）调查、收集、记录数据信息，保护物理来源电能；

（三）研究设立一百千瓦至二千千瓦的小型发电厂的设立申请，提出意见并报省长、市长或者特区负责人批准；

（四）协调各方对电力企业的电力生产、传输、分配和对国内生产与进口的电力设备的标准进行管理和检查；

（五）行使工业和手工业部指定的与电力企业管理有关的其他权利和履行其他义务。

第四十五条 地区工业和手工业办公室的权利和义务

在电力企业的管理和检查方面，地区工业和手工业办公室有以下权利和义务：

（一）执行省、市、特区工业和手工业部门有关电力企业和环境保护的规划、项目和规定；

（二）研究设立一百千瓦以下小型发电厂或发电设备的申请，提出意见并报地区负责人批准；

（三）协调各方做好辖区范围内电力企业的管理和检查工作；

（四）行使工业和手工业部门指定的与电力企业管理有关的其他权利和履行其他义务。

第四十六条 村政府的权利和义务

在电力企业的管理和检查方面，村政府有以下权利和义务：

（一）监督和检查村内小型电力企业的经营状况；

（二）就影响人民权益、良好传统和违反法律法规的电力企业的活动，

向有关部门提出建议和报告；

（三）为在村范围内经营电力企业的各方提供便利；

（四）协调电力企业经营各方，保障村内公共秩序和安全。

第四十七条 检查

电力企业检查是指为了确保电力企业的效益、技术安全、环境保护和电力企业的经营活动符合法律、法规的要求，对电力企业的经营活动进行的检查。

第四十八条 检查的要点

对电力企业的检查应包括以下要点：

（一）遵守电力企业运营的所有步骤；

（二）遵守日程规划；

（三）符合可行性研究；

（四）遵守已发布的计划；

（五）遵守安全技术措施；

（六）遵守电气设备标准；

（七）电力设备的建造、安装和管理；

（八）限制环境影响措施的实施；

（九）赔偿对环境和他人生命财产造成的损害；

（十）检验财政制度和社会福利政策；

（十一）有关电力企业经营管理规定的执行情况。

第四十九条 技术检查委员会

为了确保电力企业的建设、安装和运营技术上的合理性，保护人民生命财产和自然环境，政府可以设立技术检查委员会，该委员会由工业和手工业部及其他相关部委组成。技术检查委员会在完成指定的职责后应自动终止。

第十一章　奖励政策和处罚措施

第五十条　奖励政策

对在电力企业的经营和环境保护中取得优异成绩的个人或组织，应当予以表彰，并享受各种优惠政策：财政信贷、延长特许经营权及其他政策。

第五十一条　处罚措施

违反本法规定的，将受到以下主要处罚措施：

（一）再教育措施；

（二）罚款；

（三）刑事措施。

此外，违法者还可能受到附加处罚：停业、吊销执照、没收违法车辆或其他设备、终止供电。

第五十二条　再教育措施

违反本法规定情节轻微的个人或组织应当接受再教育，如未报告电力企业运营情况、未及时提交报告、未遵守无危险性的技术标准。

第五十三条　罚款

违反本法规定的个人或者组织，有下列情形之一的，处相当于实际损失数额的罚款：

（一）未经批准经营电力企业的；

（二）未经批准装电的；

（三）未使用电表给家里装电的；

（四）未经批准允许他人从家中引电的；

（五）修改电表的；

（六）不遵守安全标准的；

（七）不遵守限制不利环境影响的标准的；

（八）不缴纳税款的；

（九）对环境、人身、财产造成损害不赔偿的；

（十）不配合电力管理和检查人员的。

第五十四条 刑事处罚措施

违反本法规定构成犯罪的个人，如切断电线、毁坏电力设备、滥用权力和地位从电力运营中谋取个人利益、未采取安全措施造成他人生命或健康损害或致他人残疾，或造成国家、集体和社会公众财产损失的，依照刑法的规定予以处罚。

第十二章 附 则

第五十五条 法律实施

本法由老挝人民民主共和国政府组织实施。

第五十六条 法律生效

本法自老挝人民民主共和国国家主席颁布主席令之日起九十日后生效。

在本法生效之日前获得特许经营权的个人或者组织，有权继续其企业经营。本法规定影响其利益的，当事方有权自本法生效之日起一百八十日内要求主管部门考虑该问题的处理。与本法相抵触的规定现予废止。

老挝人民民主共和国加工业法

（1999年4月3日老挝国会第01－99/NA号决议通过，1999年4月26日国家主席令颁布）

第一部分　总　　则

第一条　立法目的

加工业法确立了与工业和手工业加工活动的建立、经营和管理相关的原则、规定和措施，以扩大加工业和手工业，并使加工业与农林业相结合，将农民自然经济转变为商品经济，推动农林业、工业和服务业的经济结构联系，提高多民族人民的生活水平。

第二条　加工业

加工业是指在工厂或任何可以作为商品分销的工作场所内通过机械方式或手工劳动将原材料或半成品从原始状态转变为新产品，涉及工厂经营的工业和手工业。

第三条　促进加工业发展

国家鼓励各经济部门投资工业和手工业加工以生产作为进口替代品的国内消费品，并且利用国内原材料，主要是农业和林业原材料生产出口产品。

第四条　环境保护

工业和手工业加工业务必须按照环境保护法的规定保护环境。

第五条 保护投资者的权益

国家根据国内投资促进法、促进和管理外国投资法、商法和老挝人民民主共和国的其他有关法律，保护工业和手工业加工投资者的权利和利益。

第六条 国际合作

国家扩大投资机会，促进各经济部门开展国际合作，鼓励工业和手工业加工的增长和逐步的现代化。

第七条 本法适用范围

本法适用于管理、检查和促进工业和手工业加工厂的发展。

第二部分　工业和手工业加工厂的经营

第一章　工 厂 经 营

第八条 工业和手工业加工厂

工业和手工业加工厂是指安装有电容量等于或超过五马力或三千七百三十瓦特机器的场所、建筑物或车辆，或使用十人及以上劳动者从事生产、组装、维修、改进、改造、包装或再加工业务的符合本法第九条规定的各类工厂。

第九条 工厂类型

工业和手工业加工厂的类型根据其相对重要性排列如下：

（一）食品饮料加工厂；

（二）木材、木制品及藤制品加工厂；

（三）纺织厂、纱线加工厂；

（四）服装生产加工厂；

（五）纸张及纸制品加工厂；

（六）出版工厂、生产教育设备和杂志的工厂；

（七）生产电力机器和电力设备的工厂；

（八）化工加工、化工生产厂和药厂；

（九）橡胶和塑料制品加工厂；

（十）非金属材料加工厂；

（十一）烟草制品加工厂；

（十二）皮革及皮革制品加工厂；

（十三）煤炭和可燃燃料加工厂；

（十四）初级金属加工厂；

（十五）金属生产工厂，但不包括生产机器和设备的工厂；

（十六）生产或装配机器设备的工厂；

（十七）生产用于会计和机械配件办公用品的工厂；

（十八）生产或装配收音机、电视机、电器和通信设备及工具的工厂；

（十九）生产或装配医疗器械的工厂；

（二十）生产或装配地面运输车辆的工厂；

（二十一）生产或装配其他运输车辆的工厂；

（二十二）生产家具、乐器、运动器材和玩具的工厂；

（二十三）涉及再加工的工厂。

第十条 工业和手工业加工厂的级别

作为划分行政职责的依据，本法第九条所列的工厂类型按机械化总功率、工人人数和环境影响分为三级，具体如下：

一级工厂：指工人总人数超过二百人、机械化功率超过二百马力或对环境影响较大的大型工厂；

二级工厂：指工人总人数为五十一至二百人、机械化功率为五十一至二百马力或对环境有中等影响的中型工厂；

三级工厂：指工人总人数为十至五十人、机械化功率为五至五十马力或对环境影响较低的小型工厂。

工业或手工业加工种类发生变化，或者劳动者人数、机械化程度、环境影响发生变化的，工厂的等级会提高或者降低。

第十一条 工业和手工业加工厂的经营

工厂经营应当遵守有关法律法规，办理工业和手工业加工经营许可证，符合工业和手工业部门的规定。

工厂经营许可证的有效期根据工厂的类型和规模为三至五年，可以延长。

第二章 机器控制

第十二条 相对机械化马力的登记与计算

机器是指一种生产手段，包括许多装置并使用各种动力，如电、石油、天然气、蒸汽、太阳能或其他动力来源。

国内生产或进口的机器以及在工厂使用的机器，应当予以记录以计算相对机械化马力，并由工业和手工业部门登记以确认所有权。

第十三条 转移机器

工业和手工业部门应当批准将机器从原来的地点转移到另一地点。

第三章 工厂经营的条件

第十四条 工厂经营的条件

经批准经营的工厂应当按照目标进行生产，确保产品质量，遵守有关安全、卫生和工厂环境的各项规定。

第十五条 产品质量和标准的登记

工厂经营者应按照工业和手工业部门以及其他有关部门的规定，对其产品的质量和标准进行登记。

第四章　工厂和原材料来源的关系

第十六条　工厂和原材料来源的关系

经营工业和手工业加工厂应当主要依靠国内原材料、农林和矿产资源。

第十七条　鼓励原材料生产的政策

工业和手工业部门以及农林部门应联合发布政策，促进和制定计划，鼓励家庭、合作社和其他经济部门开展种植业和畜牧业，以便根据需要向工业和手工业加工厂供应原材料。

工业和手工业部门应当制定计划，协调和鼓励获得批准的各方进行矿产的初步开采和加工，以确保根据需要向工业和手工业加工厂供应原材料。

第五章　环境保护

第十八条　环境保护

工厂经营应当遵守环境保护法、城市规划法以及工业和手工业部颁布的规定。

第十九条　工厂废弃物处理区

各类工厂废弃物和废水应当按照规定的方法和地点进行处理。

第二十条　环境保护措施

工厂的建立和经营，包括运输、储存和使用有毒化学品，应当根据环境保护法和工业和手工业部的规定避免或减轻交通、声音、光线、色素、气味、有毒气体、粉尘、烟雾、振动、温度、湿度等对社会和自然环境的影响。

第六章　扩大、搬迁、转让工厂

第二十一条　工厂扩大

工厂扩大是指下列任何或全部的变化：机器数量的增加、机器的改变或调整、厂房面积的增加。

工厂的扩大，应当按照工业和手工业部门的规定，就扩建部分获得批准。变化较小的，应当事先通知工业和手工业部门。

第二十二条　工厂搬迁

工厂搬迁必须按照工业和手工业部门的规定、城市规划法和其他有关部门的规定获得批准。

第二十三条　工厂的租赁和转让

工厂可以通过所有权转让、继承、出售和购买等方式出租或转让给其他个人或法人。

工厂的受让人、继承人或者购买人将依照本法和其他有关法律的规定获得权利和义务。

第七章　地点、地区、园区和机构或工业和手工业加工研究和实验中心

第二十四条　工业地点

工业地点是指工业区和工业园区以外已获批准建立工厂的土地区域。

第二十五条　工业区

工业区是指国家根据城市规划法的规定为建立工业和手工业工厂而保留的土地。

第二十六条 工业园区

工业园区是指工业区内为工厂经营或出租、特许给商人使用，用于建造道路、电力、市政供水、电信、建筑物等基础设施的土地区域。

第二十七条 与工业和手工业加工有关的机构或研究和实验中心

在发展和促进工业和手工业加工方面，国家推动个人和组织投资建立机构或技术研究和实验中心，以提高生产，促进特定工业、手工业和家庭工业的发展，提高工业标准，改善工业环境和其他工业服务水平。

第三部分 投资和促进工业和手工业加工

第一章 投 资

第二十八条 投资工业和手工业加工

国家鼓励国内外投资者投资工业和手工业加工，将农林、矿产等国内原材料加工成供国内使用和出口的商品。对于必须从国外进口用于预先确定的工业区工厂使用的原材料，国家非常重视将这些原材料加工成出口产品。

第二十九条 投资形式

工业和手工业加工投资的形式包括：

（一）家庭投资；

（二）个人共同投资；

（三）国有企业投资；

（四）国有企业与国内私营部门或者外国投资者共同投资；

（五）国内私营部门投资；

（六）国内私营部门与外国投资者共同投资；

（七）外国投资者独资。

第二章 促进工业和手工业加工

第三十条 促进加工业的方法

为了确保工业和手工业加工的生产效益，应当通过多种方式全面促进其发展，例如：

（一）发展资金或基金；

（二）科技和机器；

（三）技术；

（四）职业培训；

（五）提供信息和数据；

（六）便利化；

（七）提供优惠；

（八）关税和税收优惠；

（九）保护国内产品；

（十）市场营销。

第三十一条 资金支持

国家创造条件鼓励所有经济部门、银行和其他金融机构提供资金，设立投资基金，并向寻求投资工业和手工业加工的个人或组织提供贷款。

第三十二条 科技和机器

国家推动在工业和手工业加工生产领域使用先进适当的科技和机器，保障生产效益，避免或者减少对环境的不利影响。

第三十三条 技术

为了保障工业和手工业加工的生产效益，国家鼓励并支持各部门重视多种形式的培训，提高国内外技术职员、企业管理人员和工人的技术能力。

第三十四条 职业培训

国家鼓励个人和组织重视对多种族人民进行工业和手工业加工职业培训，包括原材料储存，将农产品和其他产品加工成供工厂使用的商品和原材料的方法。

第三十五条 数据和信息

国家鼓励个人和组织从国内外来源收集和提供与工业和手工业加工业务有关的数据和资料，例如有关货物、销售、价格、科技、资金来源和其他方面的数据和信息，以建立广泛的数据和信息系统。

第三十六条 提供便利

国家支持投资者投资工业和手工业加工，例如：发布支持和鼓励投资的相关规定。

工业和手工业加工厂经营许可证的签发应当自收到完整、正确的工厂经营许可证申请之日起三十日内完成，并且工厂应当符合工业和手工业部门规定的技术标准。

第三十七条 提供优惠

国家根据本法第九条和国内投资促进法规定的工厂级别重要程度，给予下列工业和手工业加工企业投资优惠：

（一）利用国内原材料生产出口商品或者进口替代品；

（二）在政府确定的目标地区、农村地区、山区、偏远地区和其他优先地区经营工厂；

（三）利用先进技术进行的大规模投资，对国家社会经济发展具有重大意义。

第三十八条 税收和关税优惠

国家提供税收和关税优惠，鼓励工业和手工业加工业务，重点为政府认为具有高度优先权的业务提供优惠。

对设立和经营工厂所需的机器设备的进口，以及工业和手工业加工产

品的国内运输和出口，免征或者减征税款。

第三十九条 保护国内产品

国家在一定时期通过采取多种方式保护国内产品，例如：提供贷款、税收减免、控制可以在国内生产的同类产品的进口。

第四十条 市场营销

国家鼓励和促进各经济部门开拓国内外市场，销售工业和手工业加工产品。鼓励和推广可以采取多种形式，例如：发布广告、商品展览、扩大国际商业关系、开发适合市场的商品、动员多民族人民使用国内产品等。

第四部分　工业和手工业加工厂经营者的权利和义务

第四十一条 工厂经营者的权利

工厂经营者享有下列权利：

（一）受到法律保护；

（二）按照批准的范围经营工厂；

（三）获得工厂经营权及其收益；

（四）接受国家和其他方面的推动、帮助和指导，包括工厂运营方面的技术帮助；

（五）按规定申请延期工厂经营许可证；

（六）按照有关部门的规定，建设和安装工厂经营所需的机器和设备；

（七）按规定出租、转让、移交、继承、出售或购买工厂经营权。

第四十二条 工厂经营者的义务

工厂经营者履行下列义务：

（一）执行有关工厂建立和经营的计划及可行性研究；

（二）按照规定保护环境；

（三）按照规定设立企业账目；

（四）合理、完整和及时地履行与工厂经营有关的税收、关税、劳工义务等；

（五）及时报告工厂经营成果；

（六）培训和提高老挝雇员的专业水平，并确保支付工资、保障社会福利待遇以及雇员的健康和安全；

（七）使用工厂所在地或其他地方的劳动力；

（八）与工厂所在地政府沟通，以便获得工厂经营方面的帮助和其他便利，参与当地的社会经济发展，同时保护和平与公共秩序；

（九）通过建立约束关系和其他方式，鼓励生产和使用来源于多民族人民的原材料，起草战略营销计划，以适应稳定的产品流动和确保广泛的生产扩大；

（十）促进群众团体为工厂的生产经营作出贡献，鼓励高效生产经营。

第五部分　管理和检查机构

第一章　管理机构

第四十三条　管理机构

工厂活动的管理机构包括：

（一）工业和手工业部门；

（二）相关部门；

（三）地方政府。

第四十四条　工业和手工业部的权利和义务

工业和手工业部是政府的秘书处，有以下权利和义务：

（一）起草和阐释与工业和手工业加工有关的战略规划，并将其转化为行动计划、具体项目和规定；

（二）调查和收集与各地区的条件和潜力有关的统计数据，以促进和发展全国的工业和手工业加工，并与其他各方和有关地方政府协调发布信息、数据和模型；

（三）协调有关部门建设、加强和提高工人的技术；

（四）研究并提供有关投资工业和手工业加工活动的技术意见；

（五）为从事本法第九条规定的各类工业和手工业经营活动的加工企业颁发许可证；

（六）起草工业和手工业加工发展的总体规划；

（七）与国际方面联系和合作，发展和促进工业和手工业加工。

第四十五条 省、市和特区的工业和手工业部门的权利和义务

省、市和特区的工业和手工业部门根据其权限级别和工业和手工业部的委派，对工业和手工业加工厂的活动拥有管理权利和义务。

第四十六条 地区工业和手工业办公室的权利和义务

地区工业和手工业办公室根据其权限级别和省、市和特区的工业和手工业部门的委派，对工业和手工业加工厂的活动拥有管理权利和义务。

第四十七条 村政府的权利和义务

村政府有权利和义务与工厂协调维护村内的安全、公共秩序和环境，并方便工厂经营活动。

第二章 检查机构

第四十八条 检查机构

本法第四十三条所述的机构，除作为工厂管理机构外，还属于工厂检查机构。其他部门与检查机构存在沟通问题的，应当指派部门代表参与检查。

第四十九条 检查

工厂活动检查是指从工厂建立开始并贯穿整个工厂经营的检查，以确

保适当遵守技术建设标准、机械和生产设备标准、产品标准、安全标准、劳动者使用、卫生标准，行使权利和义务，并符合环境要求。此外，还将按照其他相关部门的规定进行检查。

第五十条 检查的形式

对工业和手工业加工厂经营活动的检查可以采取下列形式：

（一）定期检查；

（二）提前通知检查；

（三）突击检查。

第六部分　争议解决、奖励政策和处罚措施

第五十一条 争议解决

工业和手工业加工厂经营的各方当事人，在工厂内部或工厂经营者与国家官员之间或与其他方发生争议时，应寻求通过协商友好解决或通过合同规定的方式解决。如果无法解决，各方有权将争议提交有关部门审议并解决。

第五十二条 奖励政策

在工厂经营活动中取得显著成绩的个人或者组织，应当获得相应的优惠政策和奖励。

第五十三条 处罚措施

对违反本法规定的个人或者组织，视情况给予警告、再教育、赔偿、罚款或者追究刑事责任的处罚措施。

第五十四条 警告和再教育

违反本法规定的个人或者组织，情节轻微的，处以警告或者再教育。如未显著展示许可证，未遵守本法第四十二条规定的工厂经营者的义务。

第五十五条 损害赔偿措施

从事工厂经营的个人或者组织对劳动者或工厂内外造成损害的应当赔偿。

第五十六条 罚款

个人或者组织违反本法规定，有下列情形之一的，处以罚款：

（一）两次违反本法第四十二条第一款、第二款、第三款和第四款规定的；

（二）无证经营的；

（三）未经批准扩建工厂的；

（四）未经批准擅自更换、改装工厂机器的；

（五）未经批准擅自将工厂机器转移到其他地点的；

（六）法定状态发生变化未变更工厂经营许可证的；

（七）工厂发生事故未向工业和手工业官员报告的；

（八）未经批准停产一年以上的；

（九）怀疑工厂安全或者工厂产品安全时，未按照有关官员的命令提供工厂产品样品或者有关文件副本的；

（十）厂房、机器或其他方面造成妨害或可能危及他人生命或财产时，不遵守有关官员的命令改变或修缮的；

（十一）按照本条第十项的规定，拆除由工作人员粘贴的停止危险机器运行的标签的。

第五十七条 刑事处罚措施

违反本法规定，伪造工厂经营许可证或者有关证件，不遵守工厂安全措施，造成人员死亡或者健康受损的，依照刑法处罚。

第五十八条 附加处罚措施

除本法第五十六条和第五十七条已经规定的措施外，违法者还将受到其他附加处罚，如暂停工厂经营或吊销许可证。

第七部分　附　　则

第五十九条　法律实施

本法由老挝人民民主共和国政府组织实施。

第六十条　法律生效

本法自老挝人民民主共和国国家主席颁布主席令之日起九十日后生效。

任何与本法相抵触的规定现予废止。

老挝人民民主共和国环境保护法

（1999年4月3日老挝国会第02－99/NA号决议通过，1999年4月26日国家主席令颁布）

第一部分　总　　则

第一条　立法目的

环境保护法规定了管理、监测、恢复和保护环境的必要原则、规定和措施，旨在保护人类健康，保护自然资源和自然丰富性，并确保国家社会经济可持续发展。

第二条　环境

环境是指自然存在或由人类创造的任何有机或无机体及其周围环境，例如：人、动物、植物和其他，彼此之间会产生积极和消极的相互作用和影响，无论对生命、人类和自然的可持续性发展有害或有利。

环境包括构成生态系统平衡的土壤、水、森林、植物、动物、细菌、山脉、悬崖、矿物和空气。人类创造的考古文物、历史遗产、城乡居民点、建筑、振动、辐射、颜色和气味是环境的重要组成部分。

第三条　环境保护

环境保护包括有助于保护环境并且不会对环境造成损害的所有活动，旨在确保环境清洁无污染，并且不会对人类健康、动物、植物和生态系统的平衡造成不利影响。

第四条　保护环境的义务

政府通过提供相关数据和信息，提高公众意识和教育公民认识到环境对其日常生活的重要性，包括鼓励和支持严格执行用于指导和促进环境保护的相关环境保护政策、法律和法规。

从事经营和活动的老挝公民、侨民、无国籍人和外国人都有义务保护环境。

第五条 环境保护的基本原则

环境保护包括以下基本原则：

（一）应优先考虑环境保护，环境治理和恢复是重要活动但处于次要地位；

（二）国家社会经济发展计划应包括保护环境和自然资源的方案；

（三）居住在老挝人民民主共和国的所有个人和组织都有义务保护环境；

（四）对环境造成损害的应依法承担法律责任；

（五）节约利用自然资源、原材料和能源，减少污染和浪费，促进可持续发展。

第六条 国际关系与合作

政府支持在环境保护和发展方面的国际关系与合作。

第二部分 防止环境退化

第一章 防止环境退化

第七条 防止环境退化

防止环境退化是指为防止任何对社会和自然环境造成或可能造成损害或降低其质量的行为而进行的活动。

第八条 环境评估

环境评估是评估开发项目和经营活动对环境影响的过程，包括减轻和减少此种对社会和自然环境的预期影响的方法和措施：

（一）科学、技术和环境局应当发布环境评估程序和方法的一般规定；

（二）各负责管理开发项目和经营活动的部门，应当根据科学、技术和环境局发布的环境评估的一般规定，颁布本部门的环境评估程序和方法的规定；

（三）可能对环境产生影响的开发项目和经营活动应根据本条第一款和第二款的规定向负责的环境管理和监测机构提交环境评估报告，以便在项目开始前取得环境合规证书；

（四）本法施行之前已经对环境造成损害的开发项目和经营活动，应当向相关环境管理和监测机构提出减轻损害的措施、程序和行动，以取得环境合规证书；

（五）环境评估应包括地方主管部门，社会团体以及可能受开发项目或经营活动影响的人员的参与。

第九条 技术应用

生产过程和经营活动应运用与社会经济状况相适应的先进技术，减少对环境的危害，并严格遵守相关部门发布的技术标准。

所有与环境保护有关技术的进口和转让应取得主管部门及科学、技术和环境局授权。

第十条 建造和维修活动

个人或组织从事建造或维修工作的，如道路、桥梁、供水系统、修理厂、高压清洗、通信网络、电网和其他建筑物，必须保障其从业的安全，通过严格遵守主管部门及环境管理和监测机构发布的标准和法规，采取措施防止或减少污染产生，例如：烟雾、灰尘、振动、噪音、辐射、颜色、气味、废弃物和障碍物。

第二章 保护、开发和利用自然资源

第十一条 自然资源

自然资源是指来自自然的有机和无机体，如土地、水、空气、森林、生物多样性、矿物和石头，是多民族人民生活和国家社会经济发展的重要条件。

第十二条 自然资源的种类

自然资源包括下列两种：

（一）可再生自然资源是指通过计划和技术知识合理管理、保护、开发和利用将永久存续的资源。包括土地、水、空气、森林和生物多样性。

（二）不可再生的自然资源，如矿藏和石头，是指会永久消灭的资源。然而，如果合理管理，按计划保护，并有效地开发或利用，它们可以延续许多代。

第十三条 保护自然资源的义务

所有个人和组织都有保护自然资源的义务。任何目击将导致自然资源损害事件的个人或组织都有义务向负责机构报告，以便负责机构及时保护和处理。

第十四条 自然资源开发和利用的管理措施

从事开发、运输、存储、制造或者使用自然资源的个人或组织，应当严格遵守土地、林业、水利、水资源、矿业、农业以及其他相关法律法规的规定。

第十五条 保护生物多样性

生物多样性是指生物的生态系统、类型和种类的多样性，例如：栖息在自然界任何地方的植物、动物、昆虫和微生物。

科学、技术和环境局应发布关于生物多样性管理的一般规定和措施。

地方行政部门和有关部门应分配生物多样性保护区，并指定受保护和未受保护的物种，以保护、发展和增加相关物种的数量。

任何种类的植物、动物、昆虫和微生物的进出口，必须严格遵守生物多样性管理的规定和措施。

第十六条 保护文化、历史和自然保护区

任何从事对文化、历史和自然保护区，如考古、传统、历史、旅游和自然全景地或森林保护区，造成不利影响的生产、经营、服务或其他活动的个人或组织，应严格遵守有关部门和地方行政主管部门的规定和措施。

第三章 预防和应对灾害

第十七条 灾害

灾害是指由自然或人类引起的影响人们健康、生命、财产和环境的现象或事件。灾害包括洪水、干旱、火灾、土地滑坡和侵蚀、虫害、流行病、地震、石油泄漏及其他。

第十八条 预防和应对灾害的义务

所有个人和组织都有义务预防和应对灾害。在灾害事件中目击了灾难预兆或开始的，应立即通知当地政府或最近的组织。地方政府或组织应与其他国家和社会组织合作，确定预防和应对此类灾害的方法，并动员民众和各组织提供必要的举措、劳动力、资金、车辆和设备。

多个地区发生灾害时，有关地方政府应相互配合，寻找预防和应对灾害的方法。

第十九条 国家防灾委员会

政府成立国家防灾委员会。国家防灾委员会应与灾害发生地区的机构和相关地方行政部门合作，制定计划，确定预防和应对灾害的措施，并恢复受灾地区。同时应定期监测脆弱区域或地点，以应对未来的灾害。

第三部分 防治污染

第一章 污 染

第二十条 污染

污染是指水、土壤或空气中的物质或其他污染物超出法律规定的环境标准导致环境产生物理、生物或化学变化，或造成环境污染，或对人的健康和生命、动物、植物和环境造成不利影响的一种状态。

第二十一条 污染类型

污染类型包括：水污染、土壤污染、空气污染、化学污染、放射性污染和源于废物、振动、噪音、辐射、颜色和气味的污染。

水、土壤或空气污染是指由于其中物质或其他污染物超过各自规定的标准而受到物理、生物或化学变化，并对人的健康和生命、动物、植物和环境造成不利影响的污染。

废物污染是指在社会生产和消费中被丢弃的固体、液体和气体，无论是否有毒，其数量在环境中超过规定的标准，并对人的健康和生命、动物、植物和环境造成不利影响的污染。

有毒化学品污染是指环境中的有毒物质或有毒化合物超过规定的标准，并对人的健康和生命、动物、植物和环境造成不利影响的污染。

放射性物质污染是指连续发射超过规定标准的放射性辐射，并对生物身体或细胞造成危害的污染。

振动、噪音、辐射、颜色和气味污染是指上述物质超过各自规定的标准，并对人的健康和生命、动物、植物和环境造成不利影响的污染。

第二章 防治污染的义务和措施

第二十二条 防治污染的义务

所有个人和组织都有义务进行污染防治。从事工业、服务业、农林业、手工业和其他造成污染的生产经营活动的人员，应当运用技术并配置必要的污染防治设施，以达到规定的环境质量标准。

第二十三条 防治污染的措施

各级环境管理和监测机构应当根据职责分工，会同相关部门制定有关环境保护和污染控制的环境质量标准规定。

从事各种作业的人员或组织必须严格防范和控制水污染、土壤污染、空气污染、废物污染、化学污染、放射性污染，以及振动、噪音、辐射、颜色和气味污染。

禁止向运河、天然水域或者其他未经处理的场所排放废水或者超过规定标准的液体。

禁止排放超过规定空气质量标准的有害烟雾、气体、异味、化学品或者粉尘。

危险化学品和放射性物质的生产、进口、使用、运输、存储和处理应当严格遵守法规和标准的规定。

禁止制造超过规定限值的振动、噪音、辐射、颜色和气味。

禁止乱扔垃圾。应当设置垃圾处理场，并在垃圾处理、焚烧、掩埋或者以其他方式处置前将垃圾分类。国家支持废物处理、废物再循环和再利用技术。

禁止通过老挝人民民主共和国的陆地、水域和领空进口或运输各种有害废物。

第四部分　环境治理和恢复

第一章　环境治理

第二十四条　环境治理

环境治理是指通过建立和实施环境质量标准、规定和措施，预防和应对事故，修复由事故造成的损害，使环境恢复原状。

第二十五条　环境治理义务

个人和组织应是环境治理的主要贡献者。

所有个人或组织均有权就可能对人的健康和生命、动物、植物和环境造成不利影响的任何企业提出请求或索赔。

对可能造成不良环境影响的企业的请求或者索赔，应当向企业所在地的地方行政主管部门或者环境管理和监测机构提出，相关机构收到请求或索赔后应当在三十日内进行审议。紧急问题应立即解决。

地方行政主管部门或环境管理和监测机构无法解决问题时，必须在七日内向其上级管理部门或上级环境管理和监测机构提交该请求或索赔。责任机构应当在三十日内处理请求或者索赔，并将处理结果通知提出请求或者索赔的人。

第二章　环境恢复

第二十六条　环境恢复

环境恢复是指将任何被破坏或退化的环境恢复到原来或更好的状态，并达到生态系统内的平衡状态。

第二十七条 环境恢复义务

个人和组织有义务通过提供举措、劳动力、资金和设备积极参与环境恢复，以恢复受损或退化的环境。

第二十八条 受灾地区的恢复

任何从事生产、经营、服务或其他造成灾害的个人或组织，都有义务在当地行政主管部门或有关机构的监督下，补救损失，恢复受灾地区。

发生自然灾害时，地方行政主管部门和有关部门应当配合，确定恢复灾区的办法。

第二十九条 文化、历史和自然遗产恢复

应当保护、修缮和恢复具有历史、文化和民族重要意义的建筑物和建筑风貌，为国家保留其文化和历史价值。

对被灾害破坏的风景名胜应当予以恢复和保护。

第五部分 环境保护基金

第三十条 环境保护基金

政府推动设立环境保护基金，支持环境研究、保护、修复和恢复领域的活动，包括自然资源的保护。

环境保护基金的设立和管理，另行规定。

第三十一条 环境保护基金的来源

环境保护基金包括以下来源：

（一）政府预算；

（二）开发项目和经营活动；

（三）国际和地方机构的援助；

（四）私营部门和个人的捐款；

（五）基金产生的利息和利润。

第三十二条 基金用途

环境保护基金用于活动：

（一）解决紧急和重要的环境问题；

（二）与环境保护科学技术研究有关的项目，管理、监测和实施其他环境保护立法；

（三）促进教育、培训和提高环境意识；

（四）支持世界环境日、国家植树节、国家鱼类放生日等环境保护活动；

（五）基金管理。

第六部分 与环境有关的国际关系与合作

第三十三条 与环境有关的国际关系与合作

政府支持与其他国家和国际环境保护机构的国际关系和合作，以吸引援助，交流技术知识，并培训和提高相关人员在先进科学技术领域的能力。政府还将积极参与预防和治理环境问题的国际活动，并履行老挝人民民主共和国加入的环境国际公约和协议规定的义务。

第三十四条 与环境有关的国际冲突解决

环境领域中出现的且对老挝人民民主共和国环境产生不利影响的国家之间的争端应根据老挝人民民主共和国加入的现有公约或与其他国家签署的协议加以解决。

第七部分 环境管理和监测

第三十五条 环境管理和监测机构

环境管理和监测机构如下：

（一）科学、技术和环境局；

（二）部长级环境管理和监测单位；

（三）省、市或特区的环境管理和监测单位；

（四）地区级的环境管理和监测单位；

（五）乡村政府。

第三十六条 科学、技术和环境局的权利和义务

科学、技术和环境局是中央环境管理和监测机构，有以下权利和义务：

（一）作为政府的秘书处，制定环境战略和政策，并转化为环境管理和监测的计划、具体项目和相关规定；

（二）开展管理和监测活动，定期向政府报告国家环境状况；

（三）在管理和监测环境活动中作为有关部门和地方行政主管部门之间的协调中心；

（四）利用先进的科学技术研究、分析和确定保护、修复和恢复环境的方法；

（五）监督和检查与环境有关的战略计划、工程、项目、法律和法规的实施情况；

（六）颁发或吊销任何从事环境相关服务的组织的许可证；

（七）指导开发项目和经营活动按照规定进行环境评估；

（八）接受和回应群众和有关部门关于环境问题的建议；

（九）与有权发布命令的有关部门合作，调整、暂停、转移或终止对人的健康或生命、动物、植物和环境造成不利影响的任何活动；

（十）培训和提高环境技术人员的技能，教育和提高社会各阶层的环境意识，并与有关部门机构和地方行政主管部门合作，在全国范围内组织环境保护运动；

（十一）传播、收集和分析有关环境和自然资源的数据，作为国家社会经济规划进程的投入；

（十二）在环境保护领域进行国际协调与合作；

（十三）行使政府赋予的或者法律法规规定的其他与环境保护有关的权利和义务。

第三十七条 部长级环境管理和监测单位的权利和义务

部门需要建立其环境管理和监测单位的，应与科学、技术和环境局合作。

部长级环境管理和监测单位在开展部门活动时有以下权利和义务：

（一）根据科学、技术和环境局发布的总体计划和规定，制定和实施与本部门环境保护有关的计划和规定；

（二）利用先进的科学技术研究、分析和确定本部门保护、修复和恢复环境的方法；

（三）对本部门的开发项目和经营活动进行环境评估指导；

（四）监督和检查环境保护法律法规的实施情况；

（五）向有权发布命令的部门提出建议，调整、暂停、转移或终止本部门内对人的健康或生命、动物、植物和环境造成不利影响的任何活动；

（六）就环境治理问题，向科学、技术和环境局、地方行政主管部门和其他有关方面报告、参与讨论和交流经验；

（七）培训和提高环境技术人员的技能，教育和提高本部门所有成员的环境意识；

（八）传播、总结和分析环境和自然资源信息；

（九）在环境保护领域进行国际协调与合作；

（十）行使部委赋予的或者法律法规规定的其他与环境保护有关的权利和义务。

第三十八条 省、市或特区的环境管理和监测单位的权利和义务

省、市或特区建立自己的环境管理和监测单位的，应与科学、技术和环境局合作。

省、市或特区的环境管理和监测单位在本区域开展活动时有以下权利和义务：

（一）根据环境保护计划和规定，制定和实施省、市或特区环境保护计划和规定；

（二）利用先进的科学技术研究、分析和确定本区域保护、修复和恢

复环境的方法；

（三）就环境治理问题，向所在地科学、技术和环境局、地方行政主管部门和部门机构报告、参与讨论和交流经验；

（四）监督和检查环境保护的法律、法令、法规和规定的实施情况；

（五）接收和处理群众及其他方面关于环境问题的建议；

（六）向有权发布命令的部门提出建议，调整、暂停、转移或终止本区域内对人的健康或生命、动物、植物和环境造成不利影响的任何活动；

（七）收集、总结、分析和传播环境和自然资源信息；

（八）培养和提升环境技术人员的技能，教育和提高人民和其他人员的环境意识；

（九）行使省长、市长、特区长官赋予的或者法律法规规定的其他与环境保护有关的权利和义务。

第三十九条 地区级的环境管理和监测单位的权利和义务

地区建立自己的环境管理和监测单位的，应与所在地的省、市或特区的环境管理和监测单位合作。

地区的环境管理和监测单位在本地区开展活动时有以下权利和义务：

（一）根据省、市或特区的环境保护计划和规定，制定和实施本地区的环境保护计划和规定；

（二）利用先进的科学技术研究、分析和确定本地区保护、修复和恢复环境的方法；

（三）监督和检查环境保护的法律、法令、法规和规定的实施情况；

（四）就环境治理问题，向本地区省、市或特区的环境管理和监测单位、地方行政主管部门和相关部门报告、参与讨论和交流经验；

（五）接收和处理群众及其他方面关于环境问题的建议；

（六）向有权发布命令的部门提出建议，调整、暂停、搬迁或终止本地区内对人的健康或生命、动物、植物和环境造成不利影响的任何活动；

（七）收集、总结、分析和传播环境和自然资源信息；

（八）教育和提高人民和其他人员的环境意识；

（九）行使地区长官或省、市或特区的环境管理和监测单位赋予的或者法律法规规定的其他与环境保护有关的权利和义务。

第四十条 乡村政府关于环境管理和监测的权利和义务

乡村政府关于环境管理和监测享有以下权利和义务：

（一）根据区域环境保护的计划、规定、规则和指示，制定和实施有关环境保护的计划和规定；

（二）传播、教育和动员各自村庄的人民参加有关保护、修复和恢复村庄环境的活动；

（三）监督和检查环境保护计划、规定、规则和指示的实施情况；

（四）就环境治理问题，向地区环境管理和监测单位、地方行政主管部门和相关方面报告、参与讨论和交流经验；

（五）行使地区环境管理和监测单位赋予的或者法律法规规定的其他与环境保护有关的权利和义务。

第四十一条 环境检查

环境检查是指为确保有效的环境保护，根据法律法规对环境保护、修复和恢复，自然资源的开发利用和污染控制等活动进行监督和检查。

第四十二条 环境检查形式

环境检查包括以下三种形式：

（一）定期检查；

（二）提前通知后进行检查；

（三）未提前通知进行检查；

定期检查是指根据计划定期和在明确的时间进行的检查。

提前通知后进行检查是指未按计划仅限于必要时进行的检查，且该检查会提前通知被检查人员。

未提前通知进行检查是指未提前通知被检查人员而进行的紧急检查。

在进行环境检查时，环境检查人员应严格遵守法律法规。

第八部分　奖励政策和处罚措施

第四十三条　奖励政策

积极参与环境或自然资源保护的个人或组织将酌情获得奖励或其他优惠政策。

第四十四条　处罚措施

违反本法和其他环境保护规定的个人或者组织，根据情节轻重，给予警告、再教育、罚款、承担民事责任或追究刑事责任的处罚。

第四十五条　警告和再教育

违反本法和其他环境保护规定的个人或者组织，情节较轻的，给予警告和再教育处罚。

第四十六条　罚款

个人或组织有下列情形之一的，处以罚款：

（一）受到警告和再教育，拒不改正的；

（二）丢弃垃圾或排放废弃物造成污染，影响城市公共秩序和市容市貌的；

（三）造成水、土壤或空气质量低于规定的质量标准的；

（四）违反标准或其他规定制造过量的振动、噪音、辐射、颜色、气味、有毒化学品或放射性物质，对人体健康、动物、植物和环境有害的；

（五）不遵守各自环境评估报告中的规定的；

（六）拒绝与有关的环境检查人员合作的。

罚款细则，另行规定。

第四十七条　民事措施

个人或组织违反本法或者其他环境保护规定，造成国家、集体或者个人财产损失的，应当承担民事责任。

第四十八条 刑事措施

违反本法或者其他有关环境保护的规定，构成犯罪的，例如：伪造或篡改环境许可证或环境证书，违反环境标准，实施其他与环境有关的行为损害他人健康或导致他人残疾或死亡的，将依法接受刑事处罚。

第四十九条 附加处罚措施

除本法第四十五条、第四十六条、第四十七条和第四十八条规定的处罚外，违法者还可能被处以其他附加处罚措施，例如：暂停活动、吊销许可证、终止营业、没收违法使用的设备和车辆。

第九部分　附　　则

第五十条 法律实施

本法由老挝人民民主共和国政府组织实施。

第五十一条 法律生效

本法自老挝人民民主共和国国家主席颁布主席令之日起九十日后生效。

任何与本法相抵触的规定无效。

老挝人民民主共和国电信法

（2001年4月10日老挝国会第05/NA号决议通过，2001年4月25日国家主席令颁布）

第一章 总 则

第一条 立法目的

电信法规定了以下事项的管理原则和规定：电信活动的开展和运营；无线电频谱的管理，包括通信频率、无线电广播频率、电视广播频率和其他频率；电信代码和基础设施的管理；卫星定位以及老挝人民民主共和国最高互联网代码的管理和使用；国内和国际互联网服务等不同的电信服务的管理，以确保向社会提供通信服务以及广泛、优质、适当、准确、方便、快捷、安全和公平的信息传输和接收服务，以促进国防建设、国际关系发展和信息交流。

第二条 定义

（一）电信是指通过铜线、混合金属线、光纤电缆和电磁系统等进行国内外信息、声音、图片、数字、字母和符号的传输和接收；

（二）电信资源是指无线电频谱、电信号码、卫星定位以及电信基础设施；

（三）电信号码是指在城镇、省和国家用于电信传输的传输点或目的地点指示电信网络和设备的数字、字母或其他符号；

（四）电信基础设施是指用于支持电信网络服务的建筑物、构筑物以及设备和信号传输线，包括电线、电线杆、电信杆、空中电线、光纤电缆、铜线和电信信号线等；

（五）电信设备是指电话中心、电话机、无线电传输和接收机、电传机、电报机、传真机、计算机、发电机、电力供应机等不同的电信机器以及其他相关设备，包括铜线、混合金属线、光纤电缆、空中电线或用于连接电信网络的材料；

（六）终端设备是指用户使用的电信设备，包括有线或无线电话机、传真机、计算机设备以及属于用户财产的配件和内部电线；

（七）电信网络是指电信基础设施的中央系统，包括有线和无线系统、集成系统，以及纳入电信服务的设备；

（八）互联网是指通过电信网络进行的世界各地不同的计算机网络的连接，以便信息的传输、接收和交换；

（九）国家代码顶层域名是指国际互联网机构为便于在互联网系统内区分国家而向每个用户国家提供的作为最高互联网代码的首字母；

（十）无线电频率是指在通信或传输和接收信息时使用的三千赫至三千吉赫范围内的电磁波频率；

（十一）卫星位置是指卫星设备或卫星站的固定或移动位置及其在太空的线路；

（十二）专用无线电台是指经通信部、运输部、邮政部和建设部许可为机构的特定目的安装和使用无线电频率的无线电台；

（十三）互连是指不同电信服务提供商之间的网络互连，允许不同网络的用户相互通信；

（十四）服务提供商是指获得许可设立企业以提供电信服务的法人；

（十五）服务用户是指使用各类电信服务的人或机构；

（十六）子服务是指提供给用户的电信子服务。

第三条 电信资源和设备的管理

政府负责管理电信资源和国内电信设备的登记。

第四条 促进电信投资的政策

政府鼓励国内外投资者在政府规定的形式、类型和范围内，对电信网络的建设、开发和扩大以及电信服务进行竞争性和联合的投资。

第五条 电信发展基金

为了推动、发展和促进电信产业现代化，政府授权设立电信发展基金；该基金的资金部分来自国内外渠道和国际组织的捐赠，部分来自电信费和服务费。

第六条 国际关系与合作

政府在尊重主权和独立以及在电信技术基础设施和信息，电信互连，广泛便捷的电信服务，无线电频谱及国内外卫星定位的管理和协调等共同利益的基础上，促进国际关系与合作，以便人们使用先进和现代的通信。

第二章 电信系统和服务类型

第七条 电信系统

老挝人民民主共和国的电信系统包括以下三类：

（一）有线电信系统；

（二）无线电信系统；

（三）有线和无线集成电信系统。

这些电信系统可用于不同类型的通信，如电传、电话、电报、传真、个人无线电、电子邮件、互联网和其他。

第八条 电信服务类型

老挝人民民主共和国的电信服务类型如下：

（一）固定电话；

（二）长途电话；国际电话；

（三）移动电话；

（四）公共电话；

（五）传真；

（六）电报；

（七）电传；

（八）个人无线电；

（九）无线电和电视广播；

（十）用于特定目的的移动无线电；

（十一）电子邮件；

（十二）互联网；

（十三）互联网电话；

（十四）与电线或电路租赁、小型卫星天线或 V－SAT 卫星通讯有关的服务；

（十五）电信基础设施服务；

（十六）配套服务等。

第三章　电信服务规定

第九条　一般规定

所有类型的电信服务必须严格遵守电信法律法规和老挝人民民主共和国的其他相关法律法规。

第十条　电信费和服务费

电信费和服务费是各种类型的电信业务产生的收入，包括使用卫星位置、最高国家互联网代码和知识产权的费用；与发放无线电使用许可证有关的费用，建立和开展通信业务，传输和接收信息，生产、出口、进口或销售电信设备的费用。

第十一条　电信费和服务费的确定

通信部、运输部、邮政部和建设部应协调财政部和其他相关部门，制定关于确定电信费用和与电信有关的知识产权费用的规定，并提交政府审议和批准。

第十二条 电信服务范围

老挝人民民主共和国的电信服务范围包括：

（一）国内电信服务；

（二）国际电信服务。

国内电信服务是指在国内开展的各种电信服务。

国际电信服务是指老挝人民民主共和国同其他国家之间的电信服务，该服务必须符合老挝人民民主共和国参加的条约或者国际协定的规定。

第四章 电 信 业 务

第十三条 申请设立电信服务企业

申请设立电信服务企业必须遵守老挝人民民主共和国商法、国内投资促进法和老挝人民民主共和国的其他相关法律。

外国投资必须遵守老挝人民民主共和国商法和外国投资促进法。

第十四条 电信服务提供商的权利和义务

电信服务提供商有以下权利和义务：

（一）要求政府、有关机构或个人根据法律和法规酌情考虑和同意其使用房屋、土地、道路、排水沟、建筑物、构筑物和其他设施；

（二）根据社会经济条件不时地向通信部、运输部、邮政部和建设部提议调整电信费和服务费；

（三）有下列情形之一的，对违反电信服务规定的用户临时或长期暂停服务：

1. 未按通知支付定期服务费的；

2. 未经批准或违反电信管理规定给他人安装电话线路的；

（四）扩大电信网络，特别是基础电话系统，在通信部、运输部、邮政部和建设部确定的范围内向地方用户提供服务；

（五）确保网络和信息中心的信号系统和电信号码与其他电信服务提

供商的互联和分配，以便电信信息向国内外传输；

（六）根据已获许可的服务类型提供电信服务；

（七）保障向用户提供广泛、优质、适当、准确、方便、快捷、安全和公平的服务；

（八）根据用户要求生产、出口、进口、销售和安装符合技术标准的电信设备；

（九）遵守与政府设立的有关会计、统计、报告和其他义务的规定；

（十）接受主管部门的检查；

（十一）优先向国家机构提供电信服务；

（十二）不得许可他人使用、出租或转让投资经营许可证；

（十三）不得利用通信手段破坏国家的稳定、和平、社会经济或文化发展；

（十四）不得使用电信系统诽谤个人或组织；

（十五）不得篡改频率波或使用自己的任何电信设备或电信网络连接到由其他服务提供商或用户使用的频率波、电信设备或网络，以阻碍、中断、侵害、破坏、修改、删除、挖掘、拦截、窃取或检索数据信息；

（十六）除此之外，电信服务提供商还享有和负担老挝人民民主共和国与电信服务有关的法律法规规定的其他权利和义务。

第十五条 电信服务用户的权利与义务

电信服务用户有以下权利和义务：

（一）接受优质、适当、准确、方便、快捷、安全和公平的服务；

（二）经通信部、运输部、邮政部和建设部同意向其他服务用户转售电信服务；

（三）建议服务提供商或相关国家机构解决技术缺陷并审查服务费用；

（四）遵守电信设备使用技术规定和有关部门确定的其他规定；

（五）按照规定定期缴纳服务费用；

（六）不得利用通信手段破坏国家的稳定、和平、社会经济或文化发展；

（七）不得使用电信系统诽谤个人或组织；

（八）不得篡改频率波或使用自己的任何终端设备或电信网络连接到由其他人使用的频率波、电信设备或网络，以阻碍、中断、侵害、破坏、修改、删除、挖掘、拦截、窃取或检索数据信息；

（九）接受主管部门的检查；

（十）除此之外，电信服务用户还享有和负担老挝人民民主共和国与使用电信服务有关的法律法规规定的其他权利和义务。

第五章 电信管理和检查

第十六条 电信管理和检查的目的

电信管理和检查旨在确保国家频率波和卫星位置的使用，代码编号和最高国家互联网代码的管理，以及各类电信服务的运营符合老挝人民民主共和国电信法律法规以及其他相关法律法规和国际规则的规定。

第十七条 电信管理和检查机构

电信管理和检查主体包括以下机构：

（一）通信部、运输部、邮政部和建设部；

（二）省、市、特区的通信、运输、邮政和建设部门；

（三）地区通信、运输、邮政和建设办公室。

第十八条 通信部、运输部、邮政部和建设部的权利和义务

通信部、运输部、邮政部和建设部与电信工作有关的主要权利和义务如下：

（一）研究并决定电信发展战略规划；

（二）决定电信发展的政策、方案、计划和项目，并寻找资金来源；

（三）协调财政部和其他相关部门研究建立、管理和使用电信发展基金的规定，并提交政府审议和批准；

（四）研究、提议或决定颁发许可证以建立、变更、暂停和终止电信

活动；

（五）就国家频率波的订阅、管理和分配，卫星位置使用的管理，最高国家互联网代码的管理以及电信服务提供商和用户的管理与有关部门进行协调；

（六）协调有关部门研究和制定有关电信费、知识产权费和其他服务费的规定；

（七）研究决定技术标准，研究和选择电信设备技术，制定与此类设备使用有关的国内规范；

（八）宏观管理全国的电信活动；

（九）与外国和国际组织建立联系和合作，为电信发展创造有利条件。

第十九条 省、市、特区的通信、运输、邮政和建设部门的权利和义务

省、市、特区的通信、运输、邮政和建设部门与电信工作有关的主要权利和义务如下：

（一）监督和检查设备及通信频率波的使用，包括各自区域内的互联网使用情况；

（二）收集用户数据和使用各类电信服务的需求；

（三）监督和检查各自区域内各类电信服务提供商的经营状况；

（四）行使和履行通信部、运输部、邮政部和建设部规定的与电信活动有关的其他权利和义务。

第二十条 地区通信、运输、邮政和建设办公室的权利与义务

地区通信、运输、邮政和建设办公室与电信工作有关的主要权利和义务如下：

（一）监督和检查各区内各类电信服务的提供情况；

（二）履行省、市、特区的通信、运输、邮政和建设部门赋予的与电信活动有关的其他权利和义务。

第二十一条 检查的内容

电信检查包括以下主要内容：

（一）检查电信系统建设与安装中的规划、勘测和设计；

（二）检查电信系统建设与安装中的安全标准和环境保护；

（三）检查电信设施和设备的技术标准；

（四）检查各类通信频率波的使用；

（五）检查电信业务经营中的服务系统，包括会计和财务系统；

（六）检查电信法的执行情况，检查投标情况，检查与电信系统建设和安装有关的合同，检查政府授权个人或机构在国内外签署的与电信运营有关的合同以及政府与外国签订的协议的履行情况。

第二十二条　检查的形式

电信检查包括以下三种形式：

（一）定期检查；

（二）提前通知后进行检查；

（三）未提前通知进行检查；

定期检查是指根据计划定期和在明确的时间进行的检查。

提前通知后进行检查是指未按计划仅限于必要时进行的检查，且该检查会提前通知被检查单位。

未提前通知的检查是指未提前通知被检查单位而进行的紧急检查。

在进行电信检查时，检查部门应严格遵守法律法规。

第六章　争议解决

第二十三条　行政争议解决

行政争议是指因执行电信许可证规定的条件而发生的与各类电信经营有关的纠纷。

行政争议应根据通信部、运输部、邮政部和建设部的有关规定进行处理。

第二十四条 民事争议解决

民事争议是指因建设、安装或提供各类电信服务对电信用户或其他人造成民事损害而引起的争议。

民事争议应当先调解。调解不成的，受损害方可以向法院起诉。

第七章 奖励政策和处罚措施

第二十五条 奖励政策

对以先进、现代化和高质量的方式建设、开发、扩大电信系统，生产电信设备和高效地提供电信服务的投资者，以及在老挝人民民主共和国对电信系统发展做出突出贡献的国内外人士、机构和国际组织，应给予相应的奖励。

第二十六条 处罚措施

违反本法规定的个人或组织，将视情节轻重给予再教育、罚款或者依法追究刑事责任的处罚措施并赔偿损失。

第二十七条 再教育

以下列方式违反本法规定，情节轻微的个人或组织，应当进行再教育：

（一）服务提供商未能按照技术标准及时解决在安装、维修或提供各类电信服务中出现的技术缺陷；

（二）服务用户未按时缴纳电信费和服务费等。

第二十八条 罚款

以下列方式违反本法规定的个人或组织将被处以罚款：

（一）没有取得许可证提供电信服务的；

（二）超出许可证规定的清单和范围提供电信服务的；

（三）许可他人使用、出租或转让许可证的。

通信部、运输部、邮政部和建设部应协调有关部门研究决定罚款及其数额，并提交政府审议和批准。

第二十九条 刑事责任

违反电信法下列规定的，依法追究刑事责任：

（一）利用通信手段破坏国家的稳定、和平、社会经济或文化发展的；

（二）使用电信系统诽谤个人或组织的；

（三）篡改频率波或使用自己的任何电信设备或电信网络连接到由其他用户使用的频率波、电信设备或网络，以阻碍、中断、侵害、破坏、修改、删除、挖掘、拦截、窃取或检索其他人数据信息的；

（四）毁坏公共或个人电信系统和设备的；

（五）非法进口电信设备的；

（六）滥用职权、行贿受贿、伪造文件、不正当地发布电信服务有关的文件的；

（七）其他与电信活动有关的刑事犯罪。

第三十条 附加处罚措施

除本法第二十八条、第二十九条规定的处罚外，违法者还可能被处以以下附加处罚：

（一）暂停营业；

（二）撤销许可证；

（三）没收犯罪设备和工具。

第八章　附　　则

第三十一条 法律实施

本法由老挝人民民主共和国政府组织实施。

第三十二条 法律生效

本法自老挝人民民主共和国国家主席颁布主席令之日起一百二十日后生效。

任何与本法相抵触的规定无效。

老挝人民民主共和国土地法

（2003年10月21日老挝国会第48/NA号决议通过，2003年11月5日国家主席令颁布）

第一部分　总　　则

第一条　立法目的

土地法规定了相关制度，以确保土地的管理、保护和使用效率以及符合土地使用目的和法律法规，为老挝人民民主共和国的社会经济发展、环境和国界保护作出贡献。

第二条　老挝人民民主共和国的土地

老挝人民民主共和国的土地是指位于老挝人民民主共和国境内的土地区域，包括地表、地下、山脉、岛屿以及水下的土地、水域和空域。

老挝人民民主共和国的土地是老挝人民生活和工作的主要国家资源，是生产、社会经济发展、国防和安全手段的重要依托。

第三条　土地所有权

根据宪法第十七条的规定，老挝人民民主共和国的土地属于国家所有，国家负责在全国范围内对土地实行集中统一管理，并将土地分配给个人、家庭和经济组织使用、出租或特许经营，分配给军队、国家机构、政治机构、老挝国家建设阵线和群众组织使用，分配给外国居民、无国籍人、外国个人和外国机构出租或特许经营。

第四条　促进土地发展

国家通过制定多种政策、方法和措施，促进各经济部门和社会对土地发展作出贡献以提升土地的质量和价值，如：教育、培训、设立土地保护和改善基金，促进对劳动力、设备、资金、技术、基础设施的投资，并加强有效管理。

第五条 保护土地使用权人的权益

国家保护土地使用权人的合法权益，允许其有效、和平、固定和长期使用土地，保障权利人对土地的保护权、使用权、收益权、转让权和继承权。

第六条 土地和环境保护

所有个人和机构都有义务保护土地，确保各类土地状况良好，避免水土流失、地面下沉和土壤退化，未经批准各类土地面积不得减少。

土地使用不得对自然和社会环境产生负面影响。

第七条 禁止土地投机活动

宪法和本法公布前后，出于投机目的而非法占用土地的，应当予以撤销。

禁止在土地上进行投机活动；任何个人或者组织使用土地的，应当经国家批准。

第二部分 土地管理和登记

第一章 土 地 管 理

第八条 土地管理部门

老挝人民民主共和国的土地管理部门包括：

（一）国家土地管理部门；

（二）省、市土地管理部门；

（三）地区或市土地管理部门；

（四）农村土地单位。

第九条 土地管理

国家对全国土地进行集中统一管理，政府根据本法第十条的规定向国家土地管理部门分配管理职责，与有关部门和地方行政部门协调，并且将土地使用管理责任分配给有关部门，如农业和林业部、工业和手工业部、通信、运输、邮政和建设部、信息和文化部、国防部和安全部。

第十条 土地管理部门的权利和义务

土地管理部门有以下权利和义务：

（一）研究制定土地管理政策、法律、主席令、法令、法规和规章制度草案；

（二）在地方、区域和国家各级行政区划进行土地调查、土地分类和制定土地利用规划；

（三）协调有关部门和地方政府规划土地利用，保护和开发土地，进行土地分类，评估土地质量，确定具体用途的土地面积，并监测土地利用情况；

（四）分配土地使用权，出租或者授权特许经营权，收回土地使用权；

（五）编制土地登记册，进行土地估值，办理土地登记，发放土地权属证，收集土地统计资料；

（六）征收土地税；

（七）解决土地纠纷；

（八）管理国家土地和保护环境；

（九）制定土地使用权买卖组织和交易的管理政策；

（十）开发土地数据和信息系统；

（十一）制定政策和规定，保护土地相关从业人员，如：土地测量师或估价师，以及土地买卖方的经纪人或代表；

（十二）行使政府指派的其他权利和履行其他义务。

第十一条 土地区域和土地类别分类

全国土地分为以下区域和类别：

（一）土地区域分类：平原地区、高原地区和山区包括：

1. 城市地区；
2. 农村地区；
3. 特定经济区；
4. 经济特区。

（二）土地类别分类：

1. 农业用地；
2. 林地；
3. 水域用地；
4. 工业用地；
5. 通信用地；
6. 文化用地；
7. 国防安全用地；
8. 建设用地。

第十二条 确定各类土地边界

政府负责在全国范围内对各类土地进行分区和划界，之后提交国会批准。

地方政府根据国家确定的土地类别界限，确定其管辖范围内的土地类别，并报上级政府审议批准。

第十三条 土地租赁

国家批准老挝公民向国家租赁土地，最长期限不超过三十年；租赁期限可以视情况延长。

租赁期应当根据土地使用经营活动的特点和规模确定。

老挝公民之间就已开发土地租赁土地使用权的，应根据合同的约定进行，该合同应当经村政府和公证处认证，并应当在土地所在地的地区或市政府登记。

第十四条 变更土地类别

出于其他必要的土地利用目的且不会对自然或社会环境造成负面影响，经相关管理部门批准，可以变更土地类别。

第二章 农业用地管理

第十五条 农业用地

农业用地是指被确定用于耕种、畜牧、农业研究和试验以及灌溉的土地。

第十六条 农业用地管理

农业和林业部负责管理农业用地，确定不同类别的农业用地，研究和制定关于农业用地的管理、保护、发展和使用规定，提交政府审议和批准。

第十七条 确定农地使用权范围

国家批准个人和家庭根据分配计划和目的，按照下列确定的地区长期有效地使用农业用地：

（一）使用土地耕种水稻和饲养动物的，家庭中每个劳动力的最大面积为一公顷；

（二）使用土地进行工业种植和农作物种植的，家庭中每个劳动力的最大面积为三公顷；

（三）使用土地进行果树种植的，家庭中每个劳动力的最大面积为三公顷；

（四）通过种植农作物或适于放牧的草料对荒地或草地进行改造的，家庭中每个劳动力的最大面积为十五公顷。

国家批准个人使用农业用地的，应根据当地农业用地的特点、规模、实际生产能力、条件和分配计划具体考虑。

单个劳动力有条件和实际生产能力的，有权使用多类农业用地。

个人使用农业用地超过其土地使用权的土地类别限定的面积的，有权向国家申请获得租赁或特许经营权。

批准组织机构为生产目的使用农业用地的，应以有关组织的实际能力为基础。

第十八条 农地使用权分配

地区或市政府审议批准将其管理的农业用地使用权分配给个人和组织使用的，应当颁发土地证书。土地证书的有效期为三年。在此期间，土地使用符合目的和规定，没有异议或者纠纷的，或者纠纷已经解决的，个人和组织有权向省、市土地管理部门申请颁发土地长期使用权证。

第三章 林地管理

第十九条 林地

林地是指被森林覆盖的或森林未覆盖但国家根据林业法规定将其确定为林地的土地。

第二十条 林地管理

农业和林业部负责管理林地，确定不同类别的林地，研究和制定关于林地的管理、保护、发展、使用和环境保护的规定，并提交政府审议和批准。

第二十一条 确定林地使用权范围

国家批准个人和家庭按照其目的长期有效地使用荒地或退化地作为林地，家庭劳动力人均面积不得超过三公顷。林地使用人需要使用超出标准面积的林地的，有权向国家申请获得租赁或特许经营权。

批准组织使用林地的，应以有关组织的实际生产能力为基础。

第二十二条 林地使用权分配

地区或市政府会同村政府审议批准将其管理的林地使用权分配给个人和组织使用的，应当颁发土地证书。土地证书的有效期为三年。在此期间，土地使用符合目的和规定，没有异议或者纠纷的，或者纠纷已经解决的，个人和组织有权向省、市土地管理部门申请颁发土地长期使用权证。

第四章　水域用地管理

第二十三条　水域用地

水域用地是指淹没在水下或围绕着水体的土地，如淹没地、河源地、河岸地、岛屿、新形成的土地、退水时形成的土地，水路改道或绕道形成的土地。

第二十四条　水域用地管理

农业和林业部负责管理水域用地，与土地所在地的地方政府协调研究和制定关于管理、保护、发展和使用水域用地的规定，并提交政府审议和批准。

第二十五条　水域用地使用条件

水域用地的使用应当符合下列条件：

（一）不会引起侵蚀；

（二）不会造成水道阻塞；

（三）不会导致水位下降或洪水泛滥；

（四）不会污染或毒害水体；

（五）禁止在水流汇集区域砍伐树木、破坏森林；

（六）除非必要并事先经有关部门批准，禁止在沼泽和湿地挖掘或取土。

第二十六条　水域用地的使用

水域用地所在地的村政府负责研究并向区或市政府提出建议，将水域用地分配给个人或组织进行适当的保护和使用。

水域用地是在个人或组织的水域用地使用权范围内形成的，水和水资源管理部门以及科学、技术和环境部门认为使用此类土地不会对水域用地造成负面影响的，个人或组织有权使用该土地。

第五章　工业用地管理

第二十七条　工业用地

工业用地是指国家确定的车间和工厂所在地的土地或区域，包括工人住房、工业中心、工业区域、工业园区、工业技术和科学研究场所、废水处理站、工业废物处理场，能源、输电线路、能源天然气管道、供水管道、矿区和其他工业用地。

第二十八条　工业用地管理

工业和手工业部负责管理工业用地，研究和制定关于工业用地的管理、保护、发展、使用和环境保护的规定，并提交政府审议和批准。

输电线、能源天然气管道、供水管道用地的管理，应当与交通、邮政、建设等有关部门协调。

第二十九条　工业用地使用条件

使用工业用地的个人和组织应当符合下列条件：

（一）获得工业及手工业部门批准；

（二）获得城市规划部门批准；

（三）不会对他人、公众或环境造成损害；

（四）使用土地采矿后，进行修缮和恢复。

第六章　通信用地管理

第三十条　通信用地

通信用地是指为修建道路、人行道、水路、桥梁、电话传输线、电信站以及机场、港口、客货运车站、隧道、铁路、仓库和其他通信和运输用地而使用和预留的土地。

第三十一条 通信用地管理

通信、运输、邮政和建设部负责管理通信用地，研究和制定有关通信用地的管理、保护、发展和使用的规定，并提交政府审议和批准。

第三十二条 通信用地使用

通信用地的使用应符合有关部门发布的特别规定。

第七章 文化用地管理

第三十三条 文化用地

文化用地是指文化遗产所在地和历史线路、传统文物、考古遗址、寺庙、自然景观、文化建筑等与国家确定为文化旅游用地有关的土地。

第三十四条 文化用地管理

信息和文化部负责管理全国的文化用地，研究和制定文化用地的管理、保护、发展和使用的条例，并提交政府审议和批准。

使用文化用地的个人或者组织，应当遵守文化用地管理、使用和保护的规定。

第八章 国防安全用地管理

第三十五条 国防安全用地

国防安全用地是指用于国防安全工作的土地，例如：军营、办公地点、军队单位、住房地点、学校、军警训练场、炮兵场、军警机场、港口、仓库、医院、车间、工厂、娱乐场所和其他用于国防和安全的土地。

第三十六条 国防安全用地管理

国防部和安全部负责管理国防安全用地，研究和制定国防安全用地的管理、保护、发展和使用的规定，并提交政府审议和批准。

第三十七条 将其他类别的土地用于国防和安全

必要时，国防和安全部可以根据政府的决定，将其他类别的土地用于国防和安全活动，不论这些土地是由个人还是组织使用。

土地使用完毕的，应当归还原使用权人。对已开发土地的使用权人造成损害的，应当给予适当的赔偿。

第九章　建设用地管理

第三十八条 建设用地

建设用地是指用于建设住所、建筑物、车间、工厂、办公室、机构场所和公共设施的土地。

第三十九条 建设用地管理

国家土地管理部门负责管理建设用地，研究和制定关于建设用地的管理、保护、发展和使用的规定，并提交政府审议和批准。

第四十条 建设用地的类型

建设用地分为以下几类：

（一）公共设施建设用地；

（二）住宅建设用地；

（三）车间和工厂建设用地；

（四）机构办公室和场所建设用地。

公共设施建设用地是指用于集体利益的土地，如建设公园、学校、医院、市场、儿童游乐场、体育场等公共设施。

住宅建设用地是指用于建设个人和家庭住所的土地。

车间和工厂建设用地是指工业生产和加工用地。

机构办公室和场所建设用地是指用于国家机关、企业、使馆、国际组织办公室和场所建设的土地。

建设用地的分配应当按照城镇规划和各类建设用地的比例进行。

第四十一条 建设用地使用的规定

国家应当预留公共设施建设用地用于服务集体利益。需要改变此类土地用途的，仍然应当用于服务集体利益并取得有关部门的事先同意。

建设用地应当根据实际情况使用且不得损害他人利益。所有建设施工均需要得到城镇规划部门的同意，严格按照城镇规划进行，并得到有关主管部门的批准，应当完全符合技术标准，确保环境保护。

第四十二条 确定建设用地使用权范围

国家批准个人和家庭按照建设用地目的有效、长期、和平利用建设用地，家庭人均用地面积不超过八百平方米。

批准组织使用建设用地的，应当以该组织的实际能力为基础。

第十章 土地登记

第四十三条 土地登记

土地登记是指依法对个人或者组织的土地使用权进行证明，以防止伪造土地使用权，便于全国统一管理和保护土地。

土地登记是指在土地登记簿中记录的信息，例如土地使用权人的姓名（如果土地是夫妻财产，则为获得土地使用权的夫妻的姓名），以及土地类别、土地边界和面积、取得方法、土地位置等。

第四十四条 土地登记形式

土地登记有两种形式：

（一）系统化土地登记；

（二）根据申请进行土地登记。

系统化土地登记是指在需要进行土地管理、土地区域划分、土地类别划分等管理工作的特定区域，不经权利人申请系统性地进行登记。

根据申请进行土地登记是指根据需要土地使用权证明的个人或组织的申请进行的登记。

第四十五条 土地登记申请

个人或者组织需要办理土地登记的，应当通过村政府和区或市的土地管理部门向省或市的土地管理部门提出申请。

土地登记申请应当包括下列文件：

（一）土地取得证明，如：国家土地分配证明，转让或继承证明；

（二）农用地、林地的土地证；

（三）原权利人或者土地所在地的地方政府出具的土地担保；

（四）其他必要文件。

第四十六条 审议土地登记申请

区、市土地管理部门收到土地登记申请文件后，应当会同土地所在地的村政府对申请登记的事实和法律法规进行审查。区、市土地管理部门应当在三十日内答复申请人。

信息与实际情况和法律法规相符合的，土地测量单位的工作人员应当在进行测量并制作土地地块图附于申请文件后，报省、市土地管理部门审议土地登记事项。

第四十七条 土地登记簿

土地登记簿是根据序号记录土地登记情况的簿册。土地登记簿第一页有土地管理部门负责人的签名和印章，每页有页码和印章。

土地登记簿应当包括下列主要内容：

（一）持有土地使用权的个人或组织姓名、名称；

（二）土地使用权人的出生年月日、国籍、职业、现住址；

（三）土地使用权人父母的姓名；

（四）土地的批号；

（五）土地地块图编号；

（六）土地界线、面积和土地类别；

（七）土地地图；

（八）土地使用权编号。

第四十八条 土地证

土地证是由区、市政府颁发给个人或组织用以证明农用地或林地临时使用权的正式文件。

持有土地证的个人或组织有权根据有关土地证的规定由他人继承土地，但无权转让或使用土地证进行股权出资、担保或租赁。

第四十九条 土地长期使用权证

土地长期使用权证是证明土地长期使用权的唯一文件。有关机构根据土地登记簿中的信息填写一份并移交土地持有者，除法律规定的条件发生变化外，土地持有者应将其作为长期证据留存。

土地长期使用权证颁发前，有关机构应当在土地管理部门、区或市政府以及土地所在地的村政府发布信息公告，并自签署通知之日起九十日内根据实际情况利用报纸、广播、电视等国家媒体向社会发布信息。在此期间，没有纠纷或者纠纷得到解决的，应当向当事人发放土地长期使用权证。

第五十条 签发土地长期使用权证副本

对土地长期使用权证丢失或毁坏保留证据证明的，省或市土地管理部门将向提出申请的个人或组织颁发土地长期使用权证副本。

没有对土地长期使用权证遗失或毁坏保留证据证明的，是否出具副本应当由土地所在地的人民法院裁定。

颁发土地长期使用权证副本前，应当按照规定向公众发出为期三十日的信息通知。

第五十一条 土地法律交易登记

土地法律交易登记是指根据省、市土地管理部门的权限，将土地使用权的所有交易和变更情况在区、市土地管理部门的法律交易登记簿上进行登记，以监督土地交易和变更状况。

第三部分　土地使用权人的权利和义务

第一章　老挝土地使用权人的权利和义务

第五十二条　土地使用权的取得

个人或组织取得土地使用权的途径包括以下几种：

（一）国家分配；

（二）转让；

（三）继承。

第五十三条　土地使用权人的权利

土地使用权人享有下列权利：

（一）土地保护权；

（二）土地使用权；

（三）土地收益权；

（四）转让土地使用权；

（五）土地使用权的继承权。

第五十四条　土地保护权

土地保护权是指国家赋予个人或组织保护土地以达到特定目的的权利。

第五十五条　土地使用权

土地使用权是指按照国家土地分配计划，为满足土地使用权人的需要，将土地用于一定用途的权利。

第五十六条　土地收益权

土地收益权是指土地使用权的持有人从该土地获取收益和收入的权利，例如从土地租赁、股权出资或担保中获得收益。

第五十七条 转让土地使用权

转让土地使用权是指将土地使用权以出售、转让或者交换的方式让与他人的权利。

第五十八条 土地使用权的继承权

土地使用权的继承权是指土地使用权人死亡后，依法将已开发土地的土地使用权由其丈夫或者妻子、子女、孙子女、父母或者近亲属继承的权利。

继承人已经使用的土地面积中增加了继承的土地后超过法律规定的土地类别的最大面积的，适用本法第八十六条的规定。

第五十九条 国家机构、政治机构、老挝国家建设阵线、群众组织和国家经济组织的权利

拥有土地使用权的国家机构、政治机构、老挝国家建设阵线、群众组织和国家经济组织享有保护和使用土地的权利。但其无权转让、出租或授予特许，也无权将土地作为股权出资或担保。

第六十条 有权使用土地的人和土地使用权人的义务

有权使用土地的人和土地使用权人有下列义务：

（一）按照土地用途使用土地；

（二）不损害土地质量，不对自然和社会环境造成不利影响；

（三）不侵犯他人的权益；

（四）依法处理不可避免的情况；

（五）支付土地有关的费用；

（六）土地使用权人按时履行土地义务，如：缴纳土地税、流转税、租赁所得税、遗产税、名称转让费、土地法律交易登记费；

（七）遵守与土地有关的其他规定。

第六十一条 不可避免的情况

任何个人或组织的土地被他人的土地包围导致无法通行的，该个人或

组织有权要求距离道路最近土地的土地使用权人提供通行道路，土地使用权人收到请求的，应当在其认为适当的地方提供通行道路，并有权要求对因通行给土地上的农作物、建筑物或者其他开发造成的损失给予适当赔偿。

安装电线、电话电缆、挖掘水渠、铺设排水管或公共水管等穿越土地使用权人土地，对树木、农作物或建筑造成破坏或损害的，土地使用权人有权要求赔偿因此造成的损失；提供通行权的人受益的，除损失过大外，不得要求赔偿损失。在这种情况下，应对损害赔偿进行适当的计算。

第六十二条 土地使用权的丧失

有下列情形之一的，丧失土地使用权：

（一）不按照国家规定的目的使用土地或者行使土地使用权的；

（二）被警告后仍连续三年未缴纳土地税的；

（三）未按照合同约定和土地法的规定使用土地或者未行使国家分配的土地使用权的；

（四）根据法院判决丧失土地使用权的。

第六十三条 土地使用权终止

有下列情形之一的，个人或者组织的土地使用权终止：

（一）自愿放弃土地使用权；

（二）国家征收土地用于公共目的；

（三）转让给他人；

（四）死亡后没有继承人。

第二章 外国居民、无国籍人和外国个人与土地租赁或特许权有关的权利和义务

第六十四条 向外国居民、无国籍人和外国个人出租土地或给予特许权

在老挝人民民主共和国生活、投资和从事合法活动的外国居民、无国

籍人、外国个人及其组织可以从国家租赁土地或获得土地特许权。

外国居民、无国籍人及其组织希望向老挝公民租赁已开发土地的，应当事先获得土地所在地的省或市政府的批准。

外国个人及其组织希望向老挝公民租赁已开发土地的，应当根据土地所在地的省或市政府的推荐，获得国家土地管理部门的批准。

第六十五条 土地租赁和特许权期限

国家向外国居民、无国籍人、外国个人及其组织出租土地或给予特许权的期限应根据在该土地上预期经营的业务的特点、规模和条件而定，最高期限不超过三十年，但经政府批准可以根据具体情况延长。

老挝公民向外国居民、无国籍人及其组织出租已开发土地的租赁期不得超过二十年。当事人协商一致，经土地所在地省、市政府批准，可以根据具体情况延长的除外。

国家向来老挝投资的外国个人提供土地租赁或特许经营的期限应根据预期经营和项目的特点、规模和条件而定，最高期限不超过五十年，但可以按政府规定根据具体情况延长。

老挝公民向外国投资者出租土地的期限应根据预期经营和项目的特点、规模和条件而定，不得超过三十年，当事人协商一致，经省、市政府提议和国家土地管理部门批准，可以根据具体情况延长。

在特定的经济区和经济特区，土地租赁的最高期限不得超过七十五年，但经国会批准可以根据具体情况延长。

租赁或者特许经营的土地面积超过一万公顷的，应当经国会批准。

租赁期或特许期应根据每个预期经营的特点、规模和条件确定。

希望在老挝使用土地的大使馆或国际组织可以根据老挝政府和有关国家政府之间的合同进行土地租赁、交换或转让。基于此目的的土地租期不得超过九十九年。

第六十六条 外国居民、无国籍人、外国个人及其组织在土地租赁或特许经营中的权利

依法取得国家土地租赁和特许权的外国居民、无国籍人、外国个人及

其组织享有以下权利：

（一）出售与土地租赁或特许权合同有关的个人财产，但是，国家有优先购买权；

（二）使用与土地租赁或特许权合同有关的个人财产作为与老挝人民民主共和国银行或其他金融机构交易的抵押，在财产上使用固定资产抵押须经国家事先批准；

（三）经国家批准转租土地，且最大转租期不得超过主合同中的租赁期；

（四）在合同规定的期限内继承土地租赁权和特许权；

（五）经事先国家批准，以租赁合同或者特许权协议向他人投资。

外国居民、无国籍人、外国个人及其组织向老挝公民租赁土地的，享有与老挝公民相同的权利。

第六十七条　外国居民、无国籍人、外国个人及其组织在土地租赁或特许经营中的义务

取得土地租赁和特许权的外国居民、无国籍人、外国组织有以下义务：

（一）按照土地用途使用土地；

（二）不损害土地质量，不对自然和社会环境造成不利影响；

（三）不侵犯他人权益；

（四）依法处理不可避免的情况；

（五）全额支付土地租赁、特许经营和其他有关的费用；

（六）全面遵守土地法规以及土地租赁和特许经营的规定。

第三章　赔偿损失

第六十八条　赔偿损失的原因

赔偿损失的原因包括：

（一）违反法律、法规造成的损失；

（二）不可避免的情况造成的损失；

（三）土地征用造成的损失。

第六十九条 赔偿因违反法律、法规造成的损失

任何个人或者组织违反法律、法规使用土地，给他人或者社会造成损害的，应当赔偿其行为造成的损失。

第七十条 赔偿因不可避免的情况造成的损失

任何个人或组织因不可避免的情况而获得使用他人土地的权利进行通行或挖掘排水渠，给他人或公众的作物、建筑造成损失的，应当对损失进行适当赔偿。

第七十一条 赔偿因土地征用造成的损失

国家需要将个人或者组织的土地用于公共目的的，可以征用土地，并向个人或者组织支付适当的赔偿。

为保障征地损失赔偿，应当按村、区、市、省土地总面积的百分之五预留土地。

预留土地尚未使用的，可以临时出租给个人或者组织。

第七十二条 损失的确定

应设立由有关各方代表组成的委员会，负责损失的评估。

第四章 民族解放时期分配的土地和外逃人员遗留的土地

第七十三条 民族解放时期分配的土地

国家不承认对民族解放时期分配的土地提出的赔偿要求。

第七十四条 民族解放时期移居的人留下的土地

国家不承认对在民族解放时期放弃土地的个人或者组织提出的土地赔偿要求。

第七十五条 成为集体财产的土地

国家不承认在民族解放时期和现在将土地给予集体的个人或者组织提出的土地赔偿要求。

第七十六条 外逃人员遗留的土地

国家不承认逃往外国的人对土地提出的赔偿要求。

第四部分 土地使用管控

第七十七条 土地使用管控

土地使用管控是指对个人和组织的土地保护、开发和使用进行监管，以确保其符合目的、法律和法规，并保证使用效率。

第七十八条 土地使用管控的部门

本法第九条规定的负责管理各类土地的部门有责任管控每一类土地的使用，以确保其符合目的、法律和法规。

土地分配、土地租赁、土地特许经营、土地登记由国家土地管理部门管控。

第七十九条 土地使用管控的权利和义务

土地管理部门在土地使用管控方面有以下权利和义务：

（一）要求有关个人或组织提供管控工作所需的文件；

（二）进行土地检查；

（三）向有权使用土地的人和土地使用权人提供建议；

（四）发布命令暂停与该土地有关的非法经营活动；

（五）向有关部门提出收回土地使用权的建议；

（六）行使与土地使用权管控有关的其他权利和履行其他义务。

第五部分　土地问题解决、奖励政策和处罚措施

第八十条　解决行政性土地问题

具有行政性的土地问题，由土地管理部门会同土地所在地的同级地方政府协调解决，这些问题包括：擅自使用土地，违反土地目的、法律、法规使用土地，分配土地后在确定的期限内不使用土地，不按规定缴纳土地税费以及其他具有行政性的问题。

有权使用土地的人或者土地使用权人对处理结果不服的，有权请求上一级部门解决。

第八十一条　解决民事土地纠纷

具有民事性质的土地纠纷，如：已开发土地的继承、土地使用权的转让和其他与土地有关的民事合同纠纷，应当依法提请人民法院审理。

具有民事性质的土地纠纷，由土地所在地的村政府先行调解；不能达成协议的，提交区、市政府调解；调解不成的，任何一方当事人都有权向法院提起诉讼。

第八十二条　奖励政策

依照法律法规的规定使用土地或者行使土地使用权的个人或者组织对土地进行有效保护和开发的，应当给予奖励，并按照国家决定在土地租赁和特许经营等方面给予优惠政策。

第八十三条　处罚措施

对违反有关土地的法律、法规，对公众、环境、财产、健康或者他人生命造成损害的个人或者组织，视情节轻重处以罚款和其他处罚，如损害赔偿。

除上述主要处罚外，对违法者还可以给予撤销土地证或者其他有关土地使用、土地使用权的证明等附加处罚。

第八十四条 刑事处罚措施

从事土地有关工作违反法律法规，如：机会主义地利用职位、滥用权力、行贿受贿、为个人利益伪造文件，造成国家、集体或个人利益损失的，应当受到刑事处罚，包括赔偿所造成的损失。

第六部分 附 则

第八十五条 法律实施

老挝人民民主共和国政府应当颁布法令和详细的规定以实施本法，并在全国范围内进行系统的土地管控，特别是对土地使用权的取得、土地规模、土地使用和土地使用权的行使进行管控。

第八十六条 解决土地问题的期限

根据早前法律和法规获得土地的老挝公民，其土地面积超过本法第十七条、第二十一条和第四十二条规定的面积的，应当自政府发出正式通知之日起三年内解决有关问题以符合本法现在的规定。继续使用超出面积的土地的，应当支付多余的税款；拒绝支付的，将丧失多余土地的使用权。

外国居民、无国籍人、外国个人及其组织在过去取得土地的，应当在政府正式通知公众之日起三年内作出符合本法规定的安排。在此期间以后，有关人员将丧失与该土地有关的土地使用权。继续使用土地的，享有优先从国家获得土地租赁或特许经营的权利。

大使馆和国际组织的问题，由政府作出决定。

第八十七条 法律生效

本法自老挝人民民主共和国国家主席颁布主席令之日起生效。

本法取代 1997 年 4 月 12 日第 01/97 号土地法。

与本法相抵触的规定无效。

老挝人民民主共和国外国投资促进法

（2004 年 10 月 22 日老挝国会第 11/NA 号决议通过，2004 年 11 月 15 日国家主席令颁布）

第一章 总 则

第一条 立法目的

外国投资促进法规定了老挝人民民主共和国促进、保护和管理外国投资的原则、规定和措施，旨在加强与外国的关系和经济合作，提高对财政资源和知识的利用率以提高生产力，逐步实现工业化和现代化，并为改善人民生活条件、巩固和推动国家发展作出贡献。

第二条 定义

外国投资是指外国投资者基于商业目的向老挝人民民主共和国输入资本，包括资产、技术和专业知识。

外国投资者是指在老挝人民民主共和国进行投资的外国个人或法人。

国内投资者是指居住在老挝人民民主共和国并参与合资企业或与外国企业合作的老挝个人、老挝法人、外国居民或无国籍人。

资产是指货币、生产资料和知识产权。

外国投资企业是指在老挝人民民主共和国成立的外国独资企业、合资企业和合同制合作企业。

第三条 促进外国投资

外国投资者可以在老挝人民民主共和国的所有投资行业和地区进行生产和商业投资，但危害国家安全，对环境造成当前或长期负面影响，有害人民健康或优良民族传统的商业活动除外。

政府通过制定海关和税收政策，发布法规和措施，提供信息、服务和其他便利，支持外国投资者在本法第十六条和第十七条规定的投资行业和地区进行投资。

第四条 保护外国投资

外国投资者在老挝的资产和投资受老挝人民民主共和国法律和法规的充分保护，不被扣押、没收和国有化，但基于公共目的需要的除外，在这种情况下外国投资者有权依法获得补偿。

第二章 外国投资形式

第五条 外国投资形式

外国投资者可以通过以下形式在老挝人民民主共和国投资：

（一）合同制企业合作；

（二）国内和外国投资者之间的合资企业；

（三）外国独资企业。

第六条 合同制企业合作

合同制企业合作是指老挝人民民主共和国境内的国内外法人之间在不设立新的法人的基础上达成的一种商业协定。

双方的合作目的、合作形式、合作期限、权利与义务、责任与利益应当在合同中进行约定。

第七条 合资企业

合资企业是指根据老挝人民民主共和国法律成立和注册并由国内外投资者共同经营和所有的企业。合资企业的组织、管理、经营和股东之间的关系应记载于双方的协议和企业的章程中。

合资企业中外国投资者的出资比例不得低于企业注册资本的百分之三十。以外币出资的，应当根据老挝人民民主共和国银行在出资当天的汇率，将外币折算为老挝货币基普。

第八条 外国独资企业

外国独资企业是指在老挝人民民主共和国成立的仅由外国投资者投资的企业。该企业可以是新的法人或外国投资企业的分支机构。

第九条 注册资本

外国投资企业的注册资本不得低于其总资本的百分之三十。在外国投资企业经营期间，企业资产不得低于其注册资本。

第十条 代表处

依据其他国家法律设立的外国法人可以在老挝人民民主共和国设立代表机构用于收集信息，研究投资可行性，协调投资申请事宜。

出于商业目的的代表处或代理不适用本法的规定。

第十一条 授权投资期限

外国投资企业的投资期限取决于经营活动或者项目的性质、规模和条件，但不得超过五十年，经政府批准可以延长。但是，外国投资企业的投资期限最长为七十五年。

第三章 外国投资者的权利、利益与义务

第十二条 外国投资者的权益

外国投资者享有以下权益：

（一）依据法律法规进行生产经营时获得政府的支持；

（二）与经营有关的合法权益受到保护；

（三）对自己的资产享有所有权；

（四）从土地租赁或特许经营中获得利益，例如使用或出售与租赁土地或特许经营相关的资产，利用这些资产为任何个人或金融机构提供担保，将这些资产用于合资企业的出资，转租土地使用权，在租赁期限内转

让土地租赁或特许经营协议，使用土地租赁合同或特许经营权进行合资企业出资或为他人提供担保，外国投资者与土地租赁或特许经营权有关的权利、利益和义务的具体内容必须符合土地法和其他相关法律的规定；

5. 出于必要可以使用外国劳工，但不得超过企业劳工总数的百分之十；

6. 为外国投资者及其家属，包括企业的外国专业人员和员工，提供多次入境签证等便利，如获得政府批准，可以允许其在老挝人民民主共和国境内长期居住，并有权根据老挝人民民主共和国国籍法获得老挝国籍；

7. 已经在老挝人民民主共和国有关部门登记的知识产权受到保护；

8. 依据法律法规全额缴纳关税、税款和其他费用后，通过老挝人民民主共和国境内的银行将利润、资本和其他收入汇回本国或第三国家；

9. 在老挝人民民主共和国境内的银行开设基普账户或外汇账户；

10. 企业经营权益受到侵害时有权向有关部门提起诉讼；

11. 享有法律规定的其他权益。

第十三条 外国投资者的义务

外国投资者应履行以下义务：

（一）依据许可证、可行性研究中的程序、合同和法律法规开展生产经营活动；

（二）按照老挝人民民主共和国企业会计法设立会计账簿，如有必要，可以使用国际公认的会计账簿，但须经财政部同意，向投资促进和管理委员会和其他相关部门汇报企业的经营状况并汇总报送年度财务报表；

（三）及时、足额地缴纳与企业经营有关的关税、税款和其他费用；

（四）为企业中的组织和群众组织的活动提供便利；

（五）优先录用老挝员工，培训和提升员工专业技能，向老挝员工提供技术；

（六）解决企业员工的社会保障、医疗和安全问题；

（七）保护环境，确保企业的商业活动不会对公众、国家安全或社会秩序造成严重影响；

（八）依据法律法规设立储备金；

（九）依据保险和社会保险相关的法律法规购买保险和社会保险；

（十）企业搬迁的，应通知相关部门并确保其经营场所一切正常；

（十一）向投资促进和管理委员会和其他相关部门汇报企业的经营状况；

（十二）履行法律法规规定的其他义务。

第十四条 外国员工个人所得税

在外国投资企业工作的外国员工必须按照总收入百分之十的税率向老挝政府缴纳个人所得税，但与老挝政府已签订双重征税协议的国家的员工除外。

第四章 外国投资优惠政策

第十五条 外国投资优惠政策

国家对在本法第十六条和第十七条规定的投资行业和地区进行的外国投资给予优惠。

第十六条 鼓励投资的行业

受政府鼓励的投资行业如下：

（一）出口生产行业；

（二）农业或林业，与农业、林业和手工业加工有关的行业；

（三）加工业，利用现代科技进行研究开发的工业，与环境保护和生物多样性有关的行业；

（四）与人力资源、技能开发和公共健康有关的行业；

（五）基础设施建设行业；

（六）供应于重要工业活动的原材料和设备的生产行业；

（七）促进旅游产业和运输服务发展的行业。

第十七条 鼓励投资的地区

政府根据地理位置和社会经济条件确定三个鼓励外国投资的地区。具体地区如下：

区域一：缺乏经济基础设施需要进行投资的山区、平原和高原地区。

区域二：有一定的经济基础设施需要进行适度投资的山区、平原和高原地区。

区域三：拥有良好的基础设施以支持投资的山区、平原和高原地区。

第十八条 关税和税收的优惠政策

外国投资企业在本法第十六条和第十七条规定的受鼓励的投资行业和地区进行投资的享有以下关税和税收的优惠政策：

在区域一进行投资的，七年内免征利润税，之后按百分之十的税率缴纳利润税。

在区域二进行投资的，五年内免征利润税，接下来三年内按百分之十五的一半税率缴纳利润税，之后按百分之十五的税率缴纳利润税。

在区域三进行投资的，二年内免征利润税，接下来二年内按百分之二十的一半税率缴纳利润税，之后按百分之二十的税率缴纳利润税。

利润税免除从外国投资企业经营之日起计算。经营林木种植的，从企业开始营利之日起计算。

利润税免税期结束后，外国投资企业必须按照法律法规缴纳利润税。

除上述优惠政策外，外国投资企业还享有以下优惠：

（一）在税收减免期间，企业免征最低税；

（二）企业用于扩大经营活动的利润在会计年度内免征利润税；

（三）对直接用于生产的设备、零部件和车辆，国内不存在或存在但不足的原材料，基于出口目的用于加工或装配而进口的半成品免征进口关税和其他税收；

（四）出口产品免征出口关税。

为替代进口产品，用于加工和装配而进口的原材料和半成品免征或减征进口关税和税收。

经济特区、工业区、边境贸易区和其他特定经济区应按照特定领域的法律法规执行。

第五章 外国投资申请

第十九条 外国投资申请

老挝人民民主共和国的外国投资必须通过投资促进和管理委员会的一站式服务进行申请。

有意在老挝人民民主共和国进行投资的外国投资者应当向中央或省级投资促进和管理委员会提交申请及其附件，包括护照复印件和外国投资者的简历；可行性研究或商业计划；与法人投资者业务有关的信息；以及合资企业的合资协议副本。

第二十条 审查外国投资申请

投资促进和管理委员会收到本法第十九条规定的投资申请及其附件后，必要时应与有关部门和地方协调进行审查，并按照如下期限书面答复外国投资者：

（一）属于鼓励投资目录的项目，十五个工作日；

（二）属于有条件开放目录的项目，二十五个工作日；

（三）涉及特许经营的项目，四十五个工作日。

符合本法规定的外国投资者，应当从获得许可的地方的投资促进和管理委员会同时取得外国投资许可证、企业登记证和税务登记证；之后将被视为按照老挝人民民主共和国法律设立的合法企业。

外国投资企业自收到投资许可证之日起九十日内，应当按照外国投资许可证规定的可行性研究报告中的步骤开展经营活动，并遵守老挝人民民主共和国的法律法规。超过规定期限的，撤销外国投资许可证。

第六章 外国投资管理

第二十一条 外国投资管理机构

外国投资管理机构如下：

（一）中央和省级的投资促进和管理委员会；

（二）其他相关部门和组织。

第二十二条 中央投资促进和管理委员会的权利和职责

中央投资促进和管理委员会由总理设立，设在规划和投资委员会内，有以下权利和职责：

（一）研究促进和吸引外国投资的战略和优惠政策，并提交政府批准；

（二）出台有关保护和促进外国投资的决定、命令、指导意见和通知；

（三）拟定吸引外国投资的计划和投资项目清单；

（四）宣传政策、法律和法规；向外国投资者提供信息和便利；

（五）在职权范围内授予或撤销外国投资许可证，特别是涉及特许经营的项目；

（六）指导和协调有关部门和地方政府执行外国投资促进法；

（七）监督、检查、评估和向政府报告外国投资企业的经营状况；

（八）在支持、促进和解决与外国投资企业经营有关的问题中发挥核心作用；

（九）组织召开中央投资促进和管理委员会年会和与外国投资者的磋商会议；

（十）法律法规规定的其他权利和职责。

第二十三条 省级投资促进和管理委员会的权利和职责

省级投资促进和管理委员会由中央投资促进和管理委员会主席设立，协助省长、首都市长、特区首脑和中央投资促进和管理委员会促进和管理外国投资。省级投资促进和管理委员会设在省规划和投资委员会内，有以下权利和职责：

（一）在本区域内实施促进和吸引外国投资的战略和政策；

（二）宣传政策、法律和法规；向外国投资者提供信息和便利；

（三）在职权范围内授予或撤销外国投资许可证；

（四）就已批准的项目实施优惠政策以及落实上级机关的决定、命令、指导意见和通知，并与有关部门协调；

（五）监督、检查、评估外国投资并向省长、首都市长、特区首脑和中央投资促进和管理委员会报告；

（六）在解决与外国投资有关的问题中发挥关键作用；

（七）组织召开省级投资促进和管理委员会年会和与外国投资者的磋商会议；

（八）法律法规规定的其他权利和职责。

第二十四条 其他相关部门和组织的权利和职责

相关部委，部级组织和其他组织应当按照如下权利和职责促进和管理外国投资：

（一）协助中央投资促进和管理委员会起草和制定与外国投资有关的法律、法规、政策和计划；

（二）拟定本部门吸引外国投资的计划和投资项目清单，提供信息以吸引和促进投资；

（三）参与投资项目的审查和批准；

（四）指导中央和地方各部门实施优惠政策和改进投资项目实施程序；

（五）法律法规规定的其他权利和职责。

上述地方政府和部门应当在本条所规定的权利和职责范围内与地方一级的投资促进和管理委员会进行协作。

第七章 纠纷解决

第二十五条 一般原则

各方应通过友好协商、调解和诉讼的方式解决在经营中发生的纠纷。

第二十六条 调解

在经营中发生纠纷，各方无法协商解决的，应当向发证的投资促进和管理委员会申请调解。

投资促进和管理委员会无法调解的，应当将该纠纷提交经济纠纷解决办公室解决。

第二十七条 诉讼

在经营中发生纠纷无法调解的，当事人可以按照正式纠纷解决程序向经济纠纷解决办公室或人民法院提出申请或起诉。

第八章 奖励政策和处罚措施

第二十八条 奖励政策

对执行本法和促进国家社会经济发展方面取得突出成就的个人或组织应给予相应的奖励。

第二十九条 投资者违法的处罚措施

违反本法规定的个人或法人，将视情节轻重给予警告、暂停营业、撤销投资许可证等处罚措施或提交法院审判。

第三十条 其他违法者的处罚措施

个人违反投资法律法规，通过滥用权力或地位阻碍投资促进和审批，伪造文件，误导投资者，收受贿赂或实施任何行为损害国家或投资者利益的，必须赔偿损失，并根据老挝人民民主共和国法律接受纪律处分或其他处罚。

第九章　附　　则

第三十一条　法律实施

本法由老挝人民民主共和国政府组织实施。

第三十二条　法律生效

本法自老挝人民民主共和国国家主席颁布主席令之日起六十日后生效。1994 年 3 月 14 日老挝国会通过的第 01/94/NA 号外国投资促进和管理法同时废止，但不影响外国投资者在第 01/94/NA 号法律中所享有的权利、利益与义务。外国投资者根据第 01/94/NA 号法律已获得投资许可证的，若希望获得本法规定的优惠政策，可在本法生效后一百二十日内向投资促进和管理委员会提出书面申请。

老挝人民民主共和国经济纠纷解决法

（2005年5月20日老挝国会第27/NA号决议通过，2005年5月25日国家主席令颁布）

第一部分　总　　则

第一条　立法目的

经济纠纷解决法确定了调解员和仲裁员解决经济纠纷的原则、规定和措施，以确保公平快速地解决经济纠纷，促进和扩大生产经营，为文明公正的国家社会经济发展计划作出贡献。

第二条　经济纠纷

经济纠纷是指国内外组织之间、个人之间、组织和个人之间发生的与生产经营有关的冲突。

第三条　经济纠纷解决

经济纠纷由争议双方通过友好协商、调解或仲裁解决。

经济纠纷解决应当依照本法，老挝人民民主共和国其他法律法规和争议双方根据老挝人民民主共和国签署或者参加的协议、条约选定的经济纠纷解决规则处理。

第四条　经济纠纷解决的要件

纠纷解决必须符合以下条件：

（一）应为经济纠纷；

（二）提交解决纠纷应由双方商定；

（三）经济纠纷不属于人民法院正在审理或者已经作出终审判决的

纠纷；

（四）经济纠纷的解决应当符合实际情况，不得违反有关经济纠纷解决的规定，不得违反有关和平稳定和社会秩序的法律法规的规定。

第五条 公正解决经济纠纷

在解决经济纠纷时，调解员或仲裁员必须公正地履行职责，遵守法律法规，不受其他个人或组织的干涉。

第六条 争议双方平等

在解决经济纠纷时，当事人享有平等权利，可以自己或委托代表参加纠纷解决。

第七条 保密

在解决经济纠纷时，调解员、仲裁员、当事方和其他参与方必须对纠纷解决或仲裁中涉及的所有信息和文件保密，不得向第三方泄露。

第八条 语言使用

在老挝人民民主共和国解决经济争端时，应当使用老挝语。不懂老挝语的纠纷解决参与者有权通过翻译方式使用自己的语言或其他语言。

第九条 国际关系

国家根据老挝人民民主共和国签署或加入的协议和条约，通过协调，交流经验，加强经济纠纷解决组织工作人员的知识提升和能力建设，促进经济纠纷解决方面的国际关系与合作，以确保经济纠纷解决的效率。

第二部分　经济纠纷解决组织

第十条 定位和职责

经济纠纷解决组织是指隶属于司法部门的组织，其职责是管理和促进经济纠纷公正、快速和公平的解决。

第十一条 组织结构

经济纠纷解决组织的结构包括两级：

（一）中央级；

（二）省级。

中央级经济纠纷解决办公室简称“OEDR”。该办公室是隶属于司法部的部门。

设立省级经济纠纷解决单位，简称“UEDR”。该单位隶属于政府司法部门，其负责人拥有相当于省级部门副主任的职称。

关于 OEDR 和 UEDR 的组织和功能，另行规定。

第十二条 人员结构

（一）中央级的经济纠纷解决办公室由一名局长、一名副局长、若干技术和行政人员组成。

（二）省级的经济纠纷解决单位由一名主任、一名副主任、若干技术和行政人员组成。

第十三条 中央级经济纠纷解决办公室的权利

中央级经济纠纷解决办公室享有以下权利：

（一）合理、快速和公正地管理和支持全国经济纠纷的解决；

（二）接受经济纠纷解决申请，审查并将符合条件的申请移交调解员或仲裁员处理；

（三）要求各方提供信息和证据；

（四）向司法部部长提议中央级经济纠纷解决办公室的调解员和仲裁员名单，提议解除不适当履行职责的调解员或仲裁员的职务；

（五）为解决纠纷指定调解员或仲裁员；

（六）行使法律、法规规定的其他权利。

第十四条 中央级经济纠纷解决办公室的义务

中央级经济纠纷解决办公室的义务包括：

（一）协调各方和有关组织，以便调解员和仲裁员解决经济纠纷；

（二）监督并记录调解协议、当事人的和解协议和仲裁裁决的执行结果；

（三）制定和发布有关经济纠纷解决的文件和规定；

（四）研究和完善经济纠纷解决的法律法规，报上级部门审议；

（五）研究并向司法部提交有关培训和提升经济纠纷解决组织工作人员技能的议案；

（六）宣传法律法规和经济纠纷解决活动；

（七）在经济纠纷解决方面进行国际联络与合作；

（八）向司法部评估和报告经济纠纷解决情况；

（九）履行法律、法规规定的其他义务。

第十五条 经济纠纷解决方式

经济纠纷包括调解和仲裁两种解决方式。

第十六条 调解员和仲裁员

调解员和仲裁员来自各组织机构、国家和私人企业单位或自愿参与的外国个人，由司法部部长根据中央级经济纠纷解决办公室的选择和提议任命。

第十七条 调解员和仲裁员的标准

调解员和仲裁员应当符合以下标准：

（一）人格完善、品德优良以及诚实守信；

（二）具备相应证书支持的技术知识；

（三）在各自学习领域至少有五年的实践经验；

（四）未被判处监禁；

（五）身体健康。

第三部分　经济争议解决程序

第一章　申　　请

第十八条　申请书内容

申请应当以书面形式提出，并包括下列主要内容：

（一）申请人、代表人和另一方的姓名、年龄、职业、国籍、住址；

（二）纠纷的目的、理由和意义；

（三）双方同意将纠纷提交纠纷解决组织解决的协议；

（四）证人的姓名、姓氏、年龄、职业、国籍和住址。

有关经济纠纷解决的申请书应当按照规定加盖税务章，根据申请人方便，提交中央级或省级经济纠纷解决组织。

第十九条　申请受理

只有双方在其合同中同意将其纠纷提交给中央级或省级经济纠纷解决组织时，有关经济纠纷解决的申请才会被受理。

如果双方在合同中未作约定，双方可在纠纷发生时决定是否将纠纷提交中央级或省级经济纠纷解决组织。

收到申请书后，中央级或省级经济纠纷解决组织应当审查申请书，以决定是否受理。若申请被拒绝，中央级或省级经济纠纷解决组织应当自申请书收到之日起十日内通知申请人并说明理由。

申请被受理的，中央级或省级经济纠纷解决组织应当邀请各方参与纠纷解决程序。如果一方或双方无正当理由拒不到场，或者申请不符合本法第四条和第十八条规定的要求，驳回申请。

第二十条　选择纠纷解决方式

中央级或省级经济纠纷解决组织受理经济纠纷解决申请的，应当邀请各方商议以决定选择调解还是仲裁的方式。

第二章 调 解

第二十一条 任命调解员

任命的调解员人数为应当单数。根据双方的协议，可以有一名或多名调解员。

如果双方同意调解员人数为一人，中央级或省级经济纠纷解决组织应向各方提供至少包含三名调解员的名单供其选择。双方应协商一致从名单中选出一名调解员。如果双方不能在十五日内决定调解员的选择，中央级或省级经济纠纷解决组织将根据知识、能力、经验和诚信选择调解员。

如果双方同意调解员人数为三人，中央级或省级经济纠纷解决组织应向各方提供至少包含五名调解员的名单，以便每一方可以选择一名调解员。此后，双方调解员应从名单中选出第三名调解员担任调解委员会主席。

如果一方或双方无法选择调解员，或无法在名单提供之日起十五日内作出选择，或被选择的两名调解员无法选择第三名调解员，或无法自他们被选择之日起十五日内作出决定，中央级或省级经济纠纷解决组织将选择其他调解员。

如果双方同意调解员人数为三人以上，适用上述规定的原则。

在所有情况下，调解员的任命必须首先由调解员和当事人以书面形式同意。

中央级或省级经济纠纷解决组织应当自收到当事人希望任命的调解员名单之日起七日内任命调解员。

第二十二条 调解员资格丧失

当事人有权对调解员提出异议，调解员本人应当在其作为亲属或与其中一方有利害关系或发生争议时进行回避。

被任命的调解员丧失任职资格、被提出异议或者不能履行职责时，应当推选和任命新的调解员。新调解员的选择程序使用本法第二十一条的规定。

第二十三条 调解开始

调解必须在任命调解员之日起十五日内进行。调解必须在双方当事人或其授权代表在场的情况下进行。

双方有权在调解期间随时向调解员和另一方提出与争议相关的问题、数据和证据。

调解期间，调解员有权随时向当事人提出解决方案。

调解应当进行书面记录。调解笔录应当载明本法第二十六条规定的主要内容。

第二十四条 调解终止

有下列情形之一的，调解终止：

（一）双方达成协议的；

（二）当事人一方或者双方无正当理由不参加调解的；

（三）双方无法达成协议的。

第二十五条 双方无法达成协议

双方无法达成协议的，可决定将争议提交中央级或省级经济纠纷解决组织仲裁。参与调解的调解员不能在同一纠纷中担任仲裁员。

当事人不愿意仲裁的，可以向人民法院起诉。

第二十六条 调解笔录

调解笔录应当包括以下主要内容：

（一）时间、日、月、年、名称、纠纷事项编号和调解地点；

（二）调解员和记录员的姓名；

（三）当事人或者当事人代表的姓名、年龄、职业、国籍和住址；

（四）与经济纠纷有关的主要事项；

（五）各方的解决方案以及各方提出的议案和事项；

（六）各方的服务费和其他费用；

（七）执行调解协议的方式；

（八）双方或其代表的签字，调解员和记录员的签字，调解组织负责人的签字。

第三章 仲　　裁

第二十七条 任命仲裁庭

仲裁庭人数应当是单数。根据双方的协议，可以有三名或多名仲裁员。

仲裁员的选任必须符合本法第二十一条的规定。

第二十八条 仲裁员丧失资格

仲裁员资格的丧失必须符合本法第二十二条的规定。

第二十九条 证据收集

在准备仲裁时，仲裁庭应当审查申请书，收集资料和证据，并听取有关证人的陈述。

如有必要，仲裁庭应当在现场审查资料和证据，并邀请专家、有关证人进行解释或提供相关文件。

仲裁庭收集了完整的资料和证据后，应当邀请各方当事人，并给予最后进行解释以及提供证人和证据的机会。

第三十条 仲裁期限

一般而言，仲裁应当自中央级或省级经济纠纷解决组织接受申请之日起三个月内完成。对于复杂的纠纷，仲裁期不得超过六个月。对于特别复杂的纠纷，不得超过十二个月。

如果仲裁不能在规定的时间内完成，中央级或省级经济纠纷解决组织应通知双方延迟的原因。

第三十一条 保护当事人利益的措施

在仲裁过程中，当事人有权要求仲裁庭请求人民法院裁定扣押、没收或者采取其他措施保护自己的利益。要求合理的，仲裁庭应当请求人民法院裁定或者采取措施保护当事人的利益。

人民法院应当自收到请求之日起十五日内审查申请。

第三十二条 双方解决争议的权利

仲裁庭受理当事人争议后，当事人仍有权在仲裁裁决作出前达成和解。双方的和解应以书面形式作出，且必须由双方、仲裁庭和进行此项仲裁的经济纠纷解决组织负责人签字。

仲裁裁决前双方当事人达成的和解与仲裁裁决具有同等效力。

第三十三条 仲裁裁决作出的时间

仲裁裁决必须自资料和证据收集完成之日起十五日内作出。

第三十四条 仲裁原则

仲裁裁决必须在当事人请求的范围内作出。如果仲裁庭不能达成一致，裁决将以多数票作出。

仲裁裁决书必须在双方当事人在场的情况下宣读，并自发布之日起生效。

如果一方当事人无正当理由不出席，仲裁庭将在该方当事人不在场的情况下宣读裁决，并将该裁决送达每一方当事人。仲裁裁决自双方当事人收到裁决书之日起生效。

第三十五条 仲裁裁决内容

仲裁裁决应当包含以下主要内容：

（一）时间、日、月、年、名称、纠纷事项编号和仲裁地点；

（二）仲裁员和记录员的姓名；

（三）当事人或者当事人代表的姓名、年龄、职业、国籍和住址；

（四）仲裁庭的决定及理由；

（五）仲裁裁决和执行方式；

（六）各方的服务费和其他费用；

（七）仲裁员和记录员的签字，仲裁组织负责人的签字。

第三十六条 仲裁裁决的修正

与计算或打印相关的错误若不影响仲裁裁决的实质性内容，仲裁裁决可以根据一方或双方当事人的请求进行修正。修正仲裁裁决的请求应当在当事人知悉之日起十五日内提交给作出裁决的中央级或省级经济纠纷解决组织。

对修正仲裁裁决的请求的审查应当在收到请求之日起十五日内完成。

第四部分　经济纠纷解决结果的执行

第三十七条 经济纠纷解决结果

经济纠纷的解决包括以下结果：

（一）调解协议；

（二）仲裁裁决发布前的和解协议；

（三）仲裁裁决。

第三十八条 缺席当事人的义务

当事人不出席仲裁的，有义务在裁决作出之日起十五日内或者当事人知道仲裁裁决之日起十五日内执行经济纠纷解决结果。

第三十九条 处于不利一方的权利

由于经济纠纷解决的结果未被执行，处于不利地位的一方有权要求人民法院作出最终判决，以确保经济纠纷解决结果的执行。

第四十条 人民法院确认

人民法院应当自收到当事人请求之日起三十日内作出终审判决。法院只审查纠纷解决程序是否符合现行的经济争议解决的规定，以及是否符合有关稳定、和平与社会秩序的法律法规的规定。如果符合，人民法院将予以确认并执行。除人民法院认定纠纷解决结果错误，或者人民法院的确认事项与当事人之间的和解协议或者仲裁裁决不一致以外，当事人不得上诉。

人民法院认定经济纠纷解决的结果违反前述法律法规的规定，将不予确认该结果。当事人有权要求中央级或省级经济纠纷解决组织重新审查纠纷或向人民法院提起诉讼请求裁决。

第四十一条 外国或国际经济纠纷解决组织仲裁的执行

收到外国或国际经济纠纷解决组织的仲裁裁决后，中央级经济纠纷解决组织应当对此类裁决进行审查。如果仲裁裁决属于老挝人民民主共和国作为与经济争议解决有关的国际条约的一方的权利和义务范围，且该裁决符合老挝人民民主共和国的法律规定，则中央级经济纠纷解决组织应要求各方予以执行。

第五部分 经济纠纷解决的费用

第四十二条 经济纠纷解决的费用

与经济纠纷解决有关的费用包括：

（一）服务费；

（二）纠纷解决费。

第四十三条 经济纠纷解决服务费

服务费是指与调解或仲裁有关的费用，例如：调解员或仲裁员的酬金、支付给专家和证人的费用以及与经济纠纷解决活动有关的其他费用。

为方便经济纠纷的解决，一方或双方应按规定向中央级或省级经济纠纷解决组织交纳一定数额的服务费。如果费用不足，则须继续交纳费用。如果费用超过规定的金额，余额应当退还当事人。

当事人未出席而导致经济纠纷未得到解决的，则当事人无权要求退还其向中央级或省级经济纠纷解决组织支付的用于服务的费用。没有正当理由缺席的当事人应承担相应的责任。

与服务有关的支出，另行规定。

第四十四条 纠纷解决费

纠纷解决费是指经济纠纷当事人应向国家预算支付的费用。

费用的收取规则如下：

（一）价值低于二千万基普的纠纷，费用是二十万基普；

（二）价值在二千万至四千万基普之间的纠纷，费用是四十万基普；

（三）价值在四千万至七千万基普之间的纠纷，费用是六十万基普；

（四）价值在七千万至一亿基普之间的纠纷，费用是八十万基普；

（五）价值超过一亿基普的纠纷，费用是一百万基普。

如果费用是外币，则费用应当根据当天国家银行的汇率兑换成基普货币。

双方必须在中央级或省级经济纠纷解决组织完成经济纠纷解决后支付费用。

在仲裁案件中，通常情况下由败诉方承担费用，但仲裁庭可酌情决定双方共同支付费用。

第六部分 经济纠纷解决的管理与检查

第四十五条 经济纠纷解决的管理组织

负责经济纠纷解决管理的组织包括：

（一）司法部；

（二）省、市和特区的司法办公室。

第四十六条 司法部的权利和义务

司法部在管理经济纠纷解决方面享有以下权利和义务：

（一）研究制定经济纠纷解决的战略规划、方案、法律法规，并报政府审议批准；

（二）发布有关经济纠纷解决的决定、命令、指示和通知；

（三）与有关部门和地方政府合作，按照纵向方式监督和管理经济纠纷的解决；

（四）管理组织和预算，并检查中央级经济纠纷解决办公室的履职情况；

（五）修改、暂停、取消和废除中央级或省级经济纠纷解决组织发布的命令、通知或其他法律行为，或向其他有关组织提议取消与经济纠纷解决法律法规相抵触的其他部门的法律行为；

（六）培训和提升中央级和省级经济纠纷解决组织的工作人员、调解员和仲裁员的知识、能力、行为、道德、技能和工作方法；

（七）协同有关部门，向总理提议任命、罢免或调任中央级经济纠纷解决办公室局长；

（八）协同有关部门，任命、罢免或调任中央级经济纠纷解决办公室副局长和省级经济纠纷解决单位副主任；

（九）根据中央级经济纠纷解决办公室的建议任命或罢免调解员或仲裁员；

（十）协同有关部门，对在经济纠纷解决中有突出表现的工作人员进行奖励，对违规人员给予纪律处分；

（十一）在经济纠纷解决方面与外国联络；

（十二）总结、评估经济纠纷解决情况并向政府报告；

（十三）行使法律、法规规定的其他权利和履行法律、法规规定的其他义务。

第四十七条 省、市和特区的司法办公室的权利和义务

省、市和特区的司法办公室在管理经济纠纷解决方面享有以下权利和义务：

（一）执行上级关于经济纠纷解决的战略规划、方案和法律法规；

（二）监督省级经济纠纷解决单位制定和实施本地区经济纠纷解决

方案；

（三）管理组织和预算，并检查省级经济纠纷解决单位的履职情况；

（四）向司法部提出关于建设和改进组织结构的建议，与中央级经济纠纷解决办公室和有关部门协调，任命、罢免和调任省级经济纠纷解决单位的主任和副主任；

（五）监督省级经济纠纷解决单位处理与经济纠纷解决有关的群众投诉；

（六）协同有关部门，对在经济纠纷解决中有突出表现的省级经济纠纷解决单位工作人员进行奖励，对违规人员给予纪律处分；

（七）总结、评估省级经济纠纷解决单位的工作情况并向司法部报告；

（八）行使法律、法规规定的其他权利和履行法律、法规规定的其他义务。

第四十八条 经济纠纷解决的检查组织

经济纠纷解决的检查组织与本法第四十五条规定的行政管理机构相同。

第四十九条 司法部在检查方面的权利和义务

在检查经济纠纷解决的活动和执行情况时，司法部有以下权利和义务：

（一）检查战略规划、方案和法律法规的执行情况，并检查中央级经济纠纷解决办公室的经济纠纷解决情况；

（二）检查群众对中央级经济纠纷解决办公室解决经济纠纷的投诉；

（三）检查司法办公室对省级经济纠纷解决单位的管理；

（四）行使法律、法规规定的其他权利和履行法律、法规规定的其他义务。

第五十条 司法办公室在检查方面的权利和义务

在检查省级经济纠纷解决单位的履职情况时，省、市和特区司法办公室有以下权利和义务：

（一）检查省级经济纠纷解决单位在实施战略规划、方案、法律法规和处理经济纠纷解决方面的工作情况；

（二）检查群众对省级经济纠纷解决单位解决经济纠纷的投诉；

（三）行使法律、法规规定的其他权利和履行法律、法规规定的其他义务。

第七部分　奖励政策和处罚措施

第五十一条　奖励政策

调解员、仲裁员以及中央级和省级经济纠纷解决组织的工作人员表现出色的，应给予适当奖励。

第五十二条　处罚措施

中央级或省级经济纠纷解决组织的工作人员在履行职责过程中有不法行为的，如滥用职权和收受贿赂，将受到再教育、纪律处分或法律法规规定的其他处罚。

调解员、仲裁员在履行职责过程中故意违法滥用职权、受贿或从事其他违法行为的，应当接受再教育。情节严重的，将被移除中央级经济纠纷解决办公室的调解员或仲裁员名单，或将根据法律法规受到处罚。

一方或双方拒绝合作或违反经济纠纷解决最终结果的，将依法受到再教育或其他处罚。

第八部分　预算、标志和印章

第五十三条　预算

中央级和省级经济纠纷解决组织工作中使用的预算如下：

（一）中央级经济纠纷解决办公室的预算由司法部决定；

（二）省级经济纠纷解决单位的预算由其所在地的省、市或特区决定。

第五十四条 标志

中央级和省级经济纠纷解决组织的标志是一张圆圈内的天平图。

第五十五条 印章

中央级和省级经济纠纷解决组织有自己的官方印章。

第九部分 附 则

第五十六条 法律实施

本法由老挝人民民主共和国政府组织实施。

第五十七条 法律生效

本法自老挝人民民主共和国国家主席颁布主席令之日起六十日后生效。

任何与本法相抵触的规定无效。

老挝人民民主共和国海关法

（2005 年 5 月 20 日老挝国会第 28/NA 号决议通过，2005 年 5 月 25 日国家主席令颁布）

第一部分　总　　则

第一条　立法目的

海关法规定了老挝人民民主共和国境内货物进出口、过境和流通的原则、政策、规定和措施，旨在促进和保护国内货物生产和商业经营、投资、与外国的合作和出口，有效提高生产力，确保国家预算收入，为国家社会经济发展做贡献。

第二条　关税定义

关税是指从事货物进出口、过境和流通的个人、组织和法人在通过边境海关检查站时按照关税税率表规定的税率向国家支付货币的义务。

第三条　政府的海关政策

政府制定相关海关政策，鼓励和促进生产和服务，通过政策实施促进和保护货物生产，鼓励出口以吸引国内外投资；推动通过边境海关检查站进出口货物的个人、组织和法人对国家预算纳税义务的履行，以不断扩大对社会经济发展做出的贡献，并确保国家财政实力得到加强。

第四条　相关定义

海关是指金融部门的一个机构，负责履行海关法实施、关税征收和与货物进出口、运输和储存有关的其他义务。

海关工作人员是指被招聘和任命到海关工作的公务员。

海关官员是指被任命到边境海关检查站、海关站、流动海关单位工作并执行专项海关任务的海关工作人员。

规定的其他税费是指法律规定的由海关官员在货物进口海关时征收的进口消费税、进口营业税、利润税（个人进口的情形）、车辆费、人员出入境费和过境手续费。

报关规则是指由货物所有人或经授权人按照海关法律法规的程序向海关官员申报货物进口的规则。

海关代理是指代表其他个人或法人提供海关货物报关服务的个人或法人。

指定路线是指为使货物运输处于海关官员控制之下，由海关官员确定的道路、铁路、水路和任何其他路线。

货物扣押是指在起诉结果出来之前暂时扣留货物。

货物留存是指在起诉结果出来之前将不方便移动并禁止其买卖、转让或抵押的货物保留在被告处。

没收货物是指根据法院的判决将属于海关违法者的货物收缴国库。

市场倾销是指为抢占市场份额对国内同类商品的生产或流通产生不良影响，以低于生产成本的价格销售商品的行为。

第五条 关税区

关税区是指海关官员履行职责并覆盖老挝人民民主共和国全部主权领土的地区。海关官员可以根据老挝人民民主共和国政府缔结的国际条约和公约在关税区外履行职责。

在关税区内，所有通过海关进出口货物的个人、组织和法人，不论国籍，均应当严格遵守与货物进出口有关的海关法律法规。

第六条 必要情形时调整税率

出于必要改变税率以保护国家利益并适当与社会经济发展状况相一致的，政府可向国会常务委员会提议，由其向国家主席提议发布主席令暂时调整税率；此后，国会常务委员会应当向下届国会报告，对税率调整进行审议并通过法律。

严禁任何个人或者组织改变本法规定的税率。

第七条 关税货物

所有进出老挝人民民主共和国的货物均须按照关税税率表的规定和原则缴纳关税和履行其他义务，暂征关税或免税的货物除外。

第八条 关税缴纳义务

所有通过海关进出口货物的个人、组织和法人都应当按照法律和法规履行与关税缴纳有关的义务。

第九条 国际合作

政府在互相尊重主权和互利的基础上，扩大和促进海关工作方面的国际合作，以发展海关事务，如技术经验交流、人力资源开发、信息交流以及根据老挝人民民主共和国已签署或加入的国际条约和公约促进贸易发展和其他。

第二部分 报关程序

第一章 货物分类和货物原产地

第十条 货物分类

进出口老挝人民民主共和国的所有类型的货物都应当根据关税税率表中每种货物的分类号向海关申报。

老挝人民民主共和国的关税税率表以国际统一关税制度为基础。

第十一条 货物原产地

货物原产地是指按照关税税率表、成分数量或其他贸易惯例规定进行货物开采、生产或加工的国家。

原产地证书以及货物从原产地转移到进口国符合规定的，可以用来确定进口货物原产地。

政府应当发布有关货物原产地以及在某一国家生产并使用其他国家原材料或部件的货物原产地的规定。

第二章　货物报关价值

第十二条　出口申报价值

出口申报价值是指根据买卖合同送至边境海关检查站的货物的实际价值。

第十三条　进口申报价值

进口产品申报价值的确定应当符合世界贸易组织 1994 年《关税及贸易总协定》确定的原则。

政府应制定实施细则。

第三章　限制和禁止货物

第十四条　限制货物

限制货物是指因包装、质量不符合标准或会导致市场倾销等原因，受国家法律、法规限制进出口的货物。

如有必要，政府应当颁布法令严格管制某些类型的货物，在一定时期内的特定条件下禁止其进出口。

限制货物需要进出口的，应当取得相关政府部门的许可证并附在报关单上。

第十五条　禁止货物

禁止货物是指政府为确保下列目的而禁止进口、出口、销售、购买、拥有或使用的货物：

（一）确保稳定、安全和社会秩序；

（二）保护人、动物和植物的生命和健康；

（三）保护公民的良好道德标准，优良的民族传统和文化；

（四）保护国家遗产；

（五）保护自然资源；

（六）履行《联合国宪章》规定的义务；

（七）执行老挝人民民主共和国有关法律的规定。

第三部分 报关、缴纳关税和其他义务

第一章 报关规定

第十六条 初次报关

通过边境海关检查站进出口货物的人员，应当执行下列规定：

（一）所有陆、水、空进出口的货物，应当经过有关部门规定的路线，并向边境海关检查站、海关站或最近的海关办公室申报；未经批准禁止使用其他路线或在任何场所储存货物，禁止擅自越过边境海关检查站；如有违反，将被视为故意逃避海关。

（二）在货物或运输单据已初次向海关官员申报进行登记入仓或按照本法第十七条的规定作出详细申报前，任何人不得以任何方式卸载抵达边境海关检查站的货物，但在紧急情况下，需要避免因事故、火灾、自然灾害或者其他无法预见的危险情况影响人身、财产安全的除外。

（三）通过海关检查站应当申报的货物和运输工具如下：

1. 过境海关检查站的旅客个人携带的物品或者货物；
2. 通过邮递进出口的货物；
3. 通过边境海关检查站旅行的私人车辆和交通工具；
4. 以自己名义出口或进口的货物。

（四）所有拥有货物的个人、组织和法人应当：

1. 如实向海关申报货物；
2. 海关官员在货物检查期间要求提供信息的，按照规定和原则提供合作和便利。

（五）财政部发布有关进出口货物报关的时间、方式、文件要求或各种例外的规定。

第十七条 详细报关

所有进出口货物，无论是否授权暂收、减免关税和其他义务，都应当由货物所有人或经书面授权的代表或海关代理人向海关官员提交详细的海关申报。详细的报关单应当包括海关制度规定的所有信息。

如果报关人员不知道其申报货物的详细情况，则有权在填写详细的报关单之前在仓库检查货物。

第十八条 报关文件

详细报关文件应当符合以下程序：

（一）详细的报关单应当有货物所有人或其书面授权代表的签字，签字人应当对详细的报关单中包含的所有信息负责；

（二）应当与详细的报关单一起提交的与货物有关的文件应包括：提单、发票、许可证和其他相关文件的原件，以证明信息的正确性；

（三）财政部应当发布有关详细报关的规定和程序。

第十九条 报关时间

详细的海关申报表应当自货物登记入库之日起三十个工作日内向边境海关检查站提交；详细的海关申报表未在截止日期前提交的，则货物由海关部门具体管控。

第二十条 海关代理人

海关代理人有义务代替货物所有人或者运输人提供的与报关有关的服务。

财政部发布有关海关代理人的标准、条件和活动范围的规定。

第二十一条 详细的报关单登记

详细的报关单由报关员填写后提交给海关官员，报关员应当核实报关单中包含的所有信息。申报表中的信息被涂改、勾画或污损的，视为无效。申报表中的信息一旦被登记并经过批准缴纳关税和履行其他义务，或在检查开始后，不得更改。

第二章 缴纳关税和其他义务

第二十二条 关税和其他义务的计算

关税和其他义务应当以用基普表示的海关货物申报价值为基础，根据详细报关单登记之日银行的外币汇率和关税税率表中规定的税率计算。

第二十三条 缴纳关税和其他义务的方法

详细的报关单登记后，应以基普货币全额支付关税和履行其他义务，关税和其他义务的接收者应当在每次付款时向付款人出具收据。

不缴纳关税或履行其他义务、迟延缴纳或履行的，由政府进行处罚。

第三章 从仓库或边境海关检查站运走货物

第二十四条 海关官员检查货物

详细的报关单登记后，海关官员应当视情况检查全部或部分货物。

货物检查应当在货物所有人或其授权代表在场的情况下进行。

如有必要，检查必须包括打开集装箱或箱子，清点、称重和测量货物，核实货物所有人所提供的各种信息或使用其他检验技术。

对货物检验结果有争议的，报关员有权要求海关官员重新检验货物。

边境海关检查站的货物检验应当在海关部门指定的地点进行。

检查完毕后，海关官员应当将检查结果制作备忘录并签名。

货物检验所发生的搬运、移动等符合法律法规规定的必要费用，由货主承担。

第二十五条 从仓库或边境海关检查站运走货物

从仓库或边境海关检查站运走货物应当符合以下条件：

（一）报关人员全额缴纳关税和其他义务，并经海关官员检查和证明无误后，货物才能从仓库或边境海关检查站运走。

（二）必要时，海关官员将授权货物所有人在支付关税和履行其他义务之前从仓库或边境海关检查站移出某些类型的货物，但应当签订担保合同，由法人或有信誉的个人以现金、支票、银行担保或保证的形式提供担保，担保金额等于关税和其他应付义务的百分之一百二十，担保应当自海关人员指定之日起七日内提供。到期不提供的，海关官员将根据本法第二十三条计算罚款。

（三）按照本条第一项和第二项的规定，经授权的货物应当立即从仓库或边境海关检查站运走。

第四章 海关文件的保存

第二十六条 有关文件保存的规定

从事进出口或过境业务的人应当保存与海关有关的下列文件：

（一）账簿、带有证明文件的海关申报表和其他信息，包括以电子形式保存的与此类海关有关的信息；

（二）本条第一项规定的各种文件应在其老挝境内的营业场所保存十年；

（三）根据海关官员的要求，本条规定的人员应当向海关官员出示与货物进出口有关的文件、记录、档案和其他资料，以供检查；

（四）本条规定的人员不在的，其授权代表有义务向海关官员出示与海关有关的文件以供检查。

第二十七条 文件的临时保存

在调查期间，海关官员有权暂时保存货物进出口人员的必要文件，如与详细报关单有关的全套文件、账簿和与货物进出口有关的其他文件。

第五章　报关核查和报关申诉

第二十八条　报关核查

详细的报关单应当自登记之日起三年内，由税务机关对货物原产地、货物分类、海关货物申报价值、税率和其他有关信息进行事后核查。

核查期间，发现上述信息有误并对关税和其他义务的评估产生影响的，海关部门应当将核查结果向进出口商或其代表发出通知，要求额外缴纳并履行本法第九部分第一章规定的关税和其他义务以及因其违法行为而受到的罚款。

各海关的详细报关单应当自货物从仓库或边境海关检查站运出之日起适当的时间内进行核查。

第二十九条　对海关申报提出申诉

报关人员有权按照以下步骤就报关提出申诉：

（一）报关人员对海关部门的核查决定或结果有疑问或不同意，并且影响其支付关税和其他义务的，有权自报关单登记之日或知道海关部门决定之日起三十日内向海关部门提出书面申诉；

（二）海关部门应当在收到反对意见后三十日内审议并答复本条第一项规定的申诉；海关部门没有答复的，则视为接受申诉；海关部门答复的，应当提供必要的解释、理由和意见；

（三）报关人员不同意海关部门决定的，有权向上级部门申诉，上级主管部门未解决的或者报关人员认为解决不适当的，有权向法院提起诉讼。

第四部分　已提供担保货物的运输和仓库制度

第一章　已提供担保的货物的运输规定

第三十条　货物运输的管理

由海关当局控制的货物在关税区内通过陆路、水路和航空从一个地方运到另一个地方的，应当附有海关官员在起点签发的通行证。

提供担保但未缴纳关税和履行其他义务的货物的运输，应当按照本法第二十五条的规定进行。

货物的进口商或运输商必须严格遵守已提供担保的货物运输许可证中的所有规定。限制货物的运输应当附有相关部门的许可证，并应当向其运输路线上的海关官员出示。

第三十一条 担保到期

货物运至目的地并达到已提供担保的货物运输许可证规定的条件时，运输人应当立即将运输许可证和已提供担保的货物一起提交目的地海关，以便根据海关制度进行详细的海关申报。

货物检验应当按照规定在目的地进行，未在起点海关缴纳关税的，目的地海关在放行货物供国内使用之前应当全面征收关税和履行其他义务，该货物已纳入其他海关制度分类的除外。

目的地海关官员证明起点海关官员确定的信息是正确和完整的，则与已提供担保的货物运输许可证有关的合同应终止。提供现金担保的，应当退还给货物所有人。

货物所有人或者其代表无正当理由违反合同的，依照本法规定的程序追究责任。

第二章 过境货物运输规定

第三十二条 过外国境的货物运输

如有必要，当地生产的货物和已按照规定缴纳关税和义务的货物可通过外国领土从老挝境内的一个地方转移到另一个地方。这些货物将免除出口关税以及进出口限制。

此类货物的运输应当获得附有担保的货物运输许可证，并且遵守本法第三十一条规定的程序。

如果此类货物不属于限制或禁止出口的货物，或此类货物免征出口税，则此类货物的运输只需要普通运输许可证，而无需提供担保。

第三十三条 过老挝境内的货物运输

根据过境制度从国外经老挝人民民主共和国运往第三国的货物，应当持有出发地边境海关检查站签发的附有担保的货物运输许可证，并且应当遵守本法第三十一条规定的程序。过境货物暂不征收关税。过境货物的所有者或运输者应当向其运输路线沿线的海关官员和出口边境海关检查站出示附有担保的过境货物运输许可证，以方便过境管理。

出口地的边境海关官员证明货物已经越过老挝人民民主共和国边境的，附有担保的过境货物运输许可证的担保合同终止。担保合同应仅就从老挝境内出口的实际数量和类型的货物终止。

第三章 仓库和仓库制度

第三十四条 仓库

仓库是指位于关税区内，在详细的海关申报提交之前暂时由海关官员控制的货物存放地方。

第三十五条 仓库制度

仓库制度是指与特定时期的货物仓储有关的规定，该进出口货物在海关关税暂收的情况下由海关部门控制，等待适当的海关指令下达。

仓库分为以下四种类型：

（一）实物仓库是指不包括本款第二、三和四项的规定存放一般货物的地方。

（二）临时仓库是指为签有保证合同仅向到外国旅行者出售货物并按具体规定销售货物的免税商店储存货物的地方。

（三）工业仓库是指企业进出口货物进行临时组装、改造、加工或者修理的储存场所，此后应当按照适当的海关制度对此类货物进行分类。

（四）特殊仓库是存放下列特殊货物的场所：

1. 活体动物；

2. 受限制或特殊控制的货物；

3. 不适合存放在其他类型仓库的高风险货物和危险货物。

财政部应授权建立仓库制度，确立仓库建设地以及每个仓库的货物组织、使用、管理和储存期的相关规定。

第三十六条 仓库管理规定

经老挝人民民主共和国过境的限制货物可获准储存在上述一种仓库中，但必须在一定期限内再次出口。

海关工作人员认为有必要的，有权随时按照规定对各类仓库的存货和货物进行检查。

如果海关官员确认储存的货物丢失或数量少于初始库存中规定的数量的，仓库所有人应当按照此类损失发现当日的税率支付关税和履行其他义务，并且承担相关法律责任，不可抗力除外。

被暂停征收关税的货物从一个仓库运至另一个仓库、运至边境海关检查站或再出口时，应持有海关官员签发的附有担保的货物运输许可证。

第四章 临时进出口规定

第三十七条 一般货物临时出口

暂时出口的货物运回国内时，如有改进、提高或者增加，应当按照规定缴纳关税和其他义务，计算关税和其他义务的依据是改进、提高或者增加的购买材料的成本。

临时出境的人员可以在不缴纳关税和其他义务的情况下临时携带非限制或禁止出口的个人物品。

临时携带个人物品出境的，出境人员必须按照海关规定的格式申报。

第三十八条 限制货物临时出口

从老挝人民民主共和国临时出口受限制货物的，应当获得相关政府部门的批准，并且应当附有第三方的担保合同，保证此类货物按原数量和状态退回。

上述货物没有返回该国的，应当按照担保合同的内容执行。

第三十九条 一般货物临时进口

关于货物临时进口的规定如下：

（一）货物在进口时已明确说明将按原数量在政府规定的最长二年的期限内再出口的，则可将其归入临时进口制度；如果是长期项目，每次可延长二年期限，但最长不得超过项目终止之日。

（二）暂时进口的货物应当暂停征收进口关税并免除再出口关税，但在再出口前应当接受海关官员的管控。

（三）根据临时进口制度分类的货物包括：

1. 为某些目的进口的货物，如供驻老挝的外交官和国际组织使用的货物；

2. 为展览、教育、实验等目的进口之后按原数量和状态再出口的货物；

3. 为加工和组装成成品、半成品，改进或修理后再出口的货物；

4. 直接用于生产的车辆，用于生产的重型机械、工具和设备、用于特定项目或特定生产的备件、材料和其他相关设备，如国际招标项目、外国公司和国际援助项目，间接用于生产的车辆，特别是三十座以下的车辆，应当按照进口时的规定缴纳关税和履行其他义务，活动完成后车辆所有人应当重新出口该车辆；进口时缴纳的关税和其他义务予以退还；

5. 用于出口货物的空袋子、空箱子和包装材料；

6. 租用的电影胶片；

7. 法律、法规规定的其他货物。

（四）暂不征收关税的进口货物，未经有关部门批准不得销售、转让或者交换。销售、转让、交换货物的，应当按照规定足额缴纳关税和履行其他义务。未经许可销售、转让或者交换的，应当按照本法第五十二条的规定进行处理。

（五）加工或改进的残余物，或不符合再出口质量要求的成品、半成品必须在国内使用或销售的，则应当按照规定全额缴纳关税和履行其他义务。

（六）临时进入老挝人民民主共和国的人员携带的个人物品适合在老挝停留期间使用并且不属于限制或禁止物品的，暂停缴纳关税和其他义务，但这些物品必须在此类人员被授权停留在老挝的期限内出境，并且应当填写海关申报表予以保证。

第四十条 与临时进口有关的担保

对于临时进口的货物，进口商应当与海关部门签订担保合同，明确说明此类货物将在适当的时候以其原始数量和状态重新出口。进口间接用于生产的车辆，特别是三十座以下的车辆，除签订担保合同外，还应当缴纳关税和履行本法第三十九条规定的其他义务。

第五部分　特殊管控下的货物

第四十一条 特殊管控的条件

属于海关特殊管控的货物类型如下：

（一）未按照本法第十九条的规定进行详细申报的货物；

（二）因其他原因保留在仓库的货物。

海关官员应当将上述货物登记在海关特别登记册上。

货物不具有买卖价值的，海关可以按照规定予以销毁。

海关特殊管控的货物，变质快、管控有困难或者不宜入库的，海关可以按照规定立即拍卖；之后从中依法扣除费用、关税和其他义务涉及的费用以及罚款。其余款项自在海关特别登记册登记之日起由海关部门为货物所有人保管，期限为四个月。

仓储费和其他费用，货物的变质和价值损失由货物所有人自己承担。

第四十二条 特殊管控终止的条件

货物所有人有权自货物在海关特别登记册登记之日起四个月内要求海关部门退还货物和货款，但应当符合下列条件：

（一）自海关特别登记册登记之日起每天按货物成本的百分之零点零一缴纳罚款，节假日除外；

（二）货主申报货物供当地使用的，应支付关税和其他义务；

（三）货主将货物再出口到外国，或根据仓库制度将货物带入免税区的，应适当和完整地填写详细的报关单。

经海关公告或者通知，由海关特殊管控的货物和款项超过四个月未经货物所有人申报的，应当移交国家。

第六部分　免除关税和其他义务

第四十三条　一般免除

免征进口关税的进口货物类型如下：

（一）为旅行者提供的某些食物；

（二）搬家时的某些家居用品；

（三）通过继承而获得的特定物品；

（四）出国代表团携带的礼物及其成员随身的个人物品；

（五）学生、公务员和老挝外交官在完成学业、培训或在国外执行公务三个月以上的，进入老挝人民民主共和国携带的属于非商业性质的某些类型和数量的个人物品（不包括机动车辆）；

（六）非商业性质实验所需的教育用品和进口材料；

（七）用于科学研究的材料和设备；

（八）汽车油箱中剩余的燃料；

（九）老挝飞机和外国飞机基于协议或互惠基础上的国际航班燃料；

（十）不具有商业价值的样品；

（十一）外国的赠品、赠款或贷款，包括政府向外国支付的债务；

（十二）人道主义援助物品；

（十三）用于国防和公共安全等用途的设备；

（十四）在有关国家机构批准的基础上进行宗教活动所必需的某些类型的物品。

政府应当具体确定免征关税的货物；必要时，政府可以发布免征关税的附加货物清单。

第四十四条 减免关税以促进投资

根据投资促进政策进行的所有进口均应遵守促进外国和国内投资法律中规定的激励措施。

第四十五条 对外交使团和国际组织的关税免除

下列货物按互惠原则免征或者暂停征收关税及免除履行其他义务：

（一）享有外交特权的外国外交官和国际组织工作人员的个人物品；

（二）经老挝外交部批准，驻老挝大使馆和国际组织使用的物品；

（三）外国高级别代表团随行的物品。

外国政府机构、国际组织或外国非政府组织的物品须遵守老挝人民民主共和国政府与有关组织签署的协定。

如果有可靠的信息，海关官员可检查货物，但应当在货物所有人或其授权代表、外交部代表和国家有关代表在场的情况下进行。

如果有可靠的信息，并且可以肯定地证明外交邮袋含有限制或禁止的物品，海关官员应当与外交部代表和大使馆有关工作人员协调，制定备忘录并将其转移出境。

政府应发布有关免税或暂停征收关税和履行其他义务的商品的类型、种类和数量的规定。

第七部分 经济特区、特别经济区或免税区的关税

第四十六条 经济特区、特别经济区关税的规定

经济特区内的货物，暂停征收关税且不受海关人员的常规管理。

特别经济区内的货物，适用有关法律、法规的规定。

从经济特区和特别经济区运出货物供国内使用的，适用本法第七条的规定。

第四十七条 免税区和免税店

在免税区内销售的货物，应当暂停征收关税且不受海关官员的常规管理。

在免税店内销售的货物，应当暂停征收关税，但应接受海关官员的常规管理。

从免税区和免税店运出并在国内使用的超过规定数量限制的货物，应按照规定缴纳关税和其他义务。

财政部对免税区和免税店的管理作出具体规定。

第八部分　使用船只沿边界河流运送旅客或货物

第四十八条　边界船舶登记

船舶所有人在老挝境内从事沿边界河流载客、货物运输业务的，应当在船舶所在地的边境海关检查站依法办理登记。

第四十九条　与沿边界河流运输有关的海关规则

从船上装卸货物前，沿边境河流运输货物的船舶，除紧急情况外，应当在设有边境海关检查站或者海关站的码头停泊。船舶所有人到港后应当将船舶登记证和货物运输单交海关查验。在航行期间或在码头停泊后，或在船上沿航行路线进行搜查和检查时，船舶所有人应当向海关官员出示船舶登记证和通过河流运输的货物清单，以方便检查船舶是否载有货物或乘客。

出售和购买、转让、改变船只特征或船只停止航行的，船只所有人应当在出售、转让、停止航行或改变船只特征之日起二十日内通知船只登记地的海关部门和有关机构。

第九部分　海关违法行为

第一章　海关违法行为分类

第五十条　违法行为类型

海关违法分为两类：轻微违法和严重违法。

轻微违法包括以下三个等级：

（一）一级轻微违法；

（二）二级轻微违法；

（三）三级轻微违法。

严重违法分为以下三级：

（一）一级严重违法；

（二）二级严重违法；

（三）三级严重违法。

第五十一条 一级轻微违法

一级轻微违法包括：

（一）故意提供不准确、不完整的详细信息，但不影响对关税和其他义务的评估；

（一）隐瞒或者拒绝依照本法第七十六条的规定向海关工作人员提供必要的文件；

（三）干扰或妨碍海关官员履行职责；

（四）未列入其他等级的其他违法行为；

（五）故意错误申报发货人和收货人的姓名，但不影响关税和其他义务的评估；

（六）通过不符合规定的边境海关检查站进出老挝国境进行货物进出口。

违反一级轻微违法的人将被处以十五万基普至五百万基普的罚款。

第五十二条 二级轻微违法

二级轻微违法包括：

（一）第二次违反一级轻微违法；

（二）故意提供对关税和其他义务评估有影响的不准确信息，如：货物分类、货物原产地、关税税率、海关货物申报价值和其他对关税和其他义务评估有影响的信息；

（三）申报不正确的货物箱数或者将多个单位货物或多种货物合并为一个单位或一种货物，故意向海关官员提交以逃避关税和其他义务；

(四) 故意申报不正确的暂停、减免、免税货物箱数;

(五) 进口未经有关部门批准的货物;

(六) 减少或者增加货物数量但未在仓库申报;

(七) 违反货物临时进出口制度;

(八) 为逃避关税和其他义务故意错误申报发货人和收货人的姓名;

(九) 根据临时进口制度和减免关税进口的货物、车辆未按目的使用或违反临时进口制度。

违反二级轻微违法的,视为逃避或者隐瞒缴纳关税和其他义务,应当依照法律法规的规定足额缴纳关税和其他义务,并处相当于被免除或隐瞒的关税和其他义务一倍的罚款。

被扣押的用于隐藏逃避关税的非限制货物和材料以及用于违法的车辆,在全额缴纳所有关税、其他义务涉及的款项和罚款后应当退还给货主。

第五十三条 三级轻微违法

三级轻微违法包括:

(一) 第二次违反二级轻微违法;

(二) 在老挝进出口非限制货物以逃避关税;

(三) 为逃避关税使用车辆等隐藏货物;

(四) 未经批准或无合法文件,保留、储存或持有超过规定的家庭使用量的非限制性和非禁止性物品。

违反三级轻微违法的,视为逃税人员,应当依照法律法规的规定足额缴纳关税和履行其他义务,并处逃税金额和其他义务金额两倍的罚款;第二次犯三级轻微违法的,处三倍罚金。

被扣押的用于隐藏逃避关税的非限制货物和材料以及用于违法的车辆,在全额缴纳所有关税、其他义务和罚款后应当退还给货主。

第五十四条 一级严重违法

一级严重违法是指未经适当批准进出口、运输或持有受限制的货物。

首次违反一级严重违法的,处以相当于关税和其他义务一倍的罚款。所有货物上缴国家。

第五十五条 二级严重违法

二级严重违法是指第二次未经适当批准违法进出口、运输或持有受限制货物。

违反二级严重违法的，由海关部门向法院提起诉讼并可处关税及义务所涉款项两倍的罚款。所有货物、材料和用于违法的车辆上缴国家。

第五十六条 三级严重违法

三级严重违法是指第三次违法走私、夹带、隐瞒、进出口、运输或持有受限制货物。

违反三级严重违法的，由海关部门向法院提起诉讼并可处关税及义务两倍的罚款。所有货物、材料和用于违法的车辆上缴国家。

第五十七条 违反禁止货物的规定

海关官员发现武器、鸦片、海洛因、安非他命或者其他毒品等具有一般犯罪性质的非法物品的，海关部门应当进行初步调查，并将案卷连同被告人和证据一并送交刑侦警察，并准备档案送交检察官起诉。

第二章 违法责任

第五十八条 持有货物和运输工具

持有非法货物或非法货物的运输工具的，应当承担法律责任。

各类运输工具的驾驶人因自身行为违反海关法的，应当承担海关和刑事责任。

第五十九条 报关责任

与海关人员订立合同的，应当严格执行合同的规定。

报关员应当对向海关人员申报货物的错误行为负责。

伪造报关单或者其他有关单证逃避关税和其他义务的，依照法律法规的规定没收货物并予以追诉。

海关代理必须对其报关业务负责，履行职责有错误的，视情节轻重依法追究其民事责任或者刑事责任。

第六十条 民事和刑事责任

货物所有人对根据其命令履行报关、缴纳关税和法律法规规定的其他义务的个人以及扣押的货物承担民事责任。

担保人应当在其责任范围内按照法律法规的规定负责缴纳关税和履行其他义务。

被认定参与海关违法的，应当根据严重程度承担刑事责任，并须依照法律法规的规定共同承担缴纳关税、其他义务所涉款项、罚款以及没收货物的责任。

第十部分　与海关有关的起诉

第一章　开 展 调 查

第六十一条 调查

发现有违反海关法律法规的，海关人员有权扣押犯罪时使用的货物、车辆以及有关文件进行调查，并作为起诉的证据。

发现与海关有关的明显犯罪的，海关官员有权根据刑事诉讼法的规定，逮捕犯罪嫌疑人以及扣押实施犯罪所用的货物和车辆。

发现与海关有关的明显犯罪的，其他官员有权逮捕犯罪嫌疑人和扣押货物，并且应当立即将其送交海关官员进行处理；属于本法第五十五条和第五十六条规定的犯罪，海关官员在调查和准备备忘录后，应将犯罪嫌疑人连同证据和案件档案一起送交检察官，以便向法院起诉。

发生本法第五十七条规定的严重罪行，海关官员应当将犯罪嫌疑人连同证据一起移交给警官以进一步起诉。

第六十二条 合作

海关工作人员执行职务时如有需要，公务员、军队、警察和公民有义务配合海关工作人员执行职务，特别是监督和扣押货物。

第六十三条 准备备忘录

本法第六十一条规定的备忘录，应当由两名及以上海关官员立即进行。

备忘录应当在犯罪嫌疑人面前准备并由其阅读，犯罪嫌疑人无法阅读的，由第三人向他宣读；犯罪嫌疑人及海关人员应当在备忘录上签字或按手印。犯罪嫌疑人拒绝在备忘录上签字或按手印的，应当予以注明。备忘录一式三份，一份保存在案件档案中，一份交给犯罪嫌疑人，另一份存档。

找不到犯罪嫌疑人的，海关官员应当在备忘录制好后二十四小时内将其张贴在海关办公室、海关站或其他公共场所，以便通知货物所有人自张贴之日起二十一日内提取货物。超过期限的，将被视为放弃权利，货物收归国有。

海关犯罪备忘录在有相反证据证明之前有效，备忘录未按照法律法规的规定准备的，法院可以认定该备忘录无效。

第六十四条 证据保全

海关官员应当保护作为证据被扣押的货物和运输工具。禁止使用、损毁、遗失、交换、挪用证据，违法者应当依法承担责任。

海关官员应当拍卖易变质的货物或者本法第四十一条规定的不宜储存的货物。海关官员应当保留拍卖所得直至起诉结束。

属于非限制货物的，海关官员可以批准被扣押货物和运输工具的所有人在案件解决之前暂时保管，但应当依法提供担保。

属于禁止货物的，海关部门应当将证据移交警察以进一步起诉。

第二章 案件供认

第六十五条 案件供认

海关工作人员有权根据犯罪嫌疑人的供认和相关法律法规解决海关案件。

犯罪嫌疑人承认犯罪备忘录规定的关税、其他义务和罚款责任的，海关官员应当编制供认备忘录，明确说明供认的内容和条件。

犯罪嫌疑人应当立即支付关税、其他义务所涉款项和罚款；无法立即支付的，则应当在供认备忘录签署之日起十五日内支付。除本法第五十四条、第五十五条、第五十六条、第五十七条规定的情形外，非限制货物、用于违法的运输工具和材料应当在付款后交还所有人。

第六十六条 向海关部门申诉

货物所有人对缴纳的关税、其他义务所涉款项和罚款数额有异议的，有权自货物被扣押之日起或自案件内容登记在册之日起或自缴纳税款和其他义务所涉款项之日起三个月内，向海关部门提出申诉，有权要求查看文件或要求海关部门根据法律法规重新审查案件。

第三章 起 诉

第六十七条 起诉权

有下列情形之一的，海关官员有权向法院起诉违法者：

（一）未缴纳关税、其他义务所涉款项和罚款的；

（二）不遵守供认备忘录的；

（三）不配合、诋毁、威胁、妨碍和攻击海关官员的；

（四）不遵守合同或担保协议的；

（五）不遵守海关法的；

（六）有其他刑事犯罪的。

第六十八条 起诉

海关起诉的，应当向检察院或法院提交案件卷宗，包括：请求书、调查备忘录及其他必要的文件，请求书的内容应当包括犯罪嫌疑人的犯罪行为、指控罪名、违反的法律条款和起诉的原因。

海关案件的起诉应当符合民事或刑事诉讼法的规定。

第六十九条 撤销起诉

犯罪嫌疑人供认的，海关部门有权在法院作出最终裁判之前撤销起诉。

第十一部分 海关部门和活动

第一章 海关部门

第七十条 定位和职能

海关部门是财政部下属的机构，负责管理和控制国内海关工作，以便通过垂直管理形式将海关关税和其他费用汇集到国家预算之中。

第七十一条 组织架构

海关部门的组织架构包括：

（一）海关局；

（二）省、市和特区海关办公室；

（三）边境海关检查站；

（四）流动海关单位；

（五）海关站。

第七十二条 海关部门的权利和义务

各级海关部门有下列权利和义务：

（一）海关局

1. 担任财政部研究海关政策的咨询机构，以提交政府审议；

2. 执行和宣传与海关工作有关的法律、命令和各种政策，以提高对法律法规的认识、执行，确保社会上的个人和组织，特别是进出口商了解其重要性和共同利益，积极配合海关工作；

3. 监督和管理与海关有关的政策和法律法规以及关于进出口管理、货物运输和防止走私、逃税和携带违禁货物的规定的执行情况；

4. 管理和检查海关工作和海关工作人员；

5. 审查和解决来自进出口商的申诉；

6. 处理和解决海关案件；

7. 收集和提供进出口统计信息并向财政部总结和报告海关工作；

8. 在与有关地方行政当局合作的基础上，提交培训、教育、岗位分配、任用、调动和轮换的计划，实施本部门海关局长、副局长，省级海关主任、副主任，国际海关检查站负责人的人员晋升和免职政策；

9. 与中央有关部门和地方政府联系和合作；

10. 经授权与外国联络和合作；

11. 行使法律法规规定的其他权利和履行其他义务。

（二）省、市和特区海关办公室

海关办公室仅在有海关边防检查站的省、市、特区设立。没有海关边防检查站的，可以合并为一个海关，具体由财政部确定；

1. 根据海关法律法规和其他有关法律，作为海关的咨询机构，严格执行本地区海关工作的战略、政策和管理机制；

2. 及时、准确和全面地监督、管理、制定计划、计算和征收其职责范围内的关税和其他义务所涉款项；

3. 审查和解决来自进出口商的申诉；

4. 处理和解决海关案件；

5. 管理和检查海关部门的履职情况；

6. 宣传与海关工作有关的政策和法律法规；

7. 与其他相关部门合作履行职责；

8. 在与地方有关部门协作的基础上，提交与培训、教育、岗位分配、任命、调动和轮换有关的计划，并执行其负责的海关各单位正职和副职负责人，国际海关检查站副职负责人，地方检查站正职和副职负责人的人员晋升和免职政策；

9. 与中央有关部门和地方政府联系和合作；

10. 经授权与外国联络和合作；

11. 行使法律法规规定的其他权利和履行其他义务。

（三）边境海关检查站

1. 在其职责范围内执行工作计划、政策、法律法规，特别是海关法；

2. 准确、完整和及时地征收关税和其他义务所涉款项；

3. 透明及时地向货物进出口提供服务和便利，并遵守法律法规；

4. 管理和检查通过边境海关检查站的货物进出口；

5. 制止在边境海关检查站区域内有关违反海关法律法规的行为，并对违法者进行起诉；

6. 与检查站地区内的其他有关部门和地方政府合作，确保统一履行职责；

7. 总结、评估并向上级报告工作；

8. 执行海关部门分配的其他任务。

（四）流动海关单位

1. 严格执行海关法律法规和其他有关法律；

2. 定期巡逻防止和制止其职责范围内的货物走私和非法贸易；

3. 扣押用于犯罪的货物和车辆作为调查证据以准备起诉，并向有关部门报告；

4. 搜查和收集与走私和非法贸易有关的资料；

5. 与有关部门和地方政府合作开展工作；

6. 行使法律法规规定的其他权利和履行其他义务。

（五）海关站

1. 严格执行海关法律法规和其他有关法律；

2. 监测和建立用于收集与走私、逃避关税和非法贸易有关的信息和数据的基础设施；

3. 在其职责区域内进行巡逻；

4. 扣押用于犯罪的货物和车辆作为调查的证据，并向有关部门报告；

5. 与有关部门和地方政府合作开展工作；

6. 行使法律法规规定的其他权利和履行其他义务。

第七十三条 人员架构

海关部门的人员架构如下：

（一）海关局正副局长，部门正副主任，单位正副负责人；

（二）各省、市、特区海关部门正副局长；办公室主任和副主任；

（三）边境海关检查站站长和副站长；

（四）流动海关单位的主管和副主管；

（五）海关站主任和副主任；

（六）技术人员和助理。

各级工作人员的任免，应当依照政府法、地方行政法和政府的各项规定办理。

第七十四条 海关工作人员标准

海关工作人员应当背景清楚，忠诚，符合国家政策和法律法规，具备良好的道德品质，正直，有健康的生活习惯，从未贪污、受贿、挪用财产，遵守组织规定未受到纪律处分，团结他人，公正、吃苦耐劳，对自己的职责负责，有兴趣学习，身体健康，具有良好的海关技术知识，掌握其他有关法律法规。

第七十五条 保守公务秘密

海关工作人员执行职务或者被指定执行其他任务的，应当严格保守公务秘密。

第二章 海关官员的权利和义务

第七十六条 海关官员的权利

海关官员享有以下权利：

（一）对涉嫌违反海关法律法规的人员、货物、车辆、身份证或者个人旅行证件进行全天搜查；

（二）有违反海关法律法规嫌疑的，责令车辆驾驶人停车接受搜查；

（三）司机拒绝执行其命令的，可以使用适当方法和必要工具强行拦截运输车辆；

（四）取得人民检察院的搜查证，进入营业场所和仓库查验进出口货物和有关文件；

（五）视需要对货物的装卸进行监督和检查；

（六）根据老挝人民民主共和国法律法规和邮政联盟公约的规定，在邮政工作人员在场的情况下检查可疑包裹；

（七）搜查建筑物，寻找走私货物；

（八）依照具体规定持有和使用武器、装备等；

（九）依照法律法规履行职责时，如有必要有权请求有关部门、地方政府、军队和公民协助；

（十）依照法律法规的规定，检查、扣押被认为侵犯知识产权或违反禁止买卖植物品种、濒危野生动物公约的货物；

（十一）配合有关部门履行职责；

（十二）依照法律法规的规定行使其他权利。

第七十七条 海关官员的义务

海关官员有下列义务：

（一）严格执行海关法律法规和其他有关法律；

（二）准确、完整、及时地征收关税和其他义务所涉款项；

（三）向社会，特别是进出口商进行宣传和提供建议，以提高认识、配合执行和积极参与，为关税支付和其他义务履行提供帮助；

（四）采取各种措施，以防止和制止与走私和逃避海关有关的活动；

（五）保守国家秘密和公务秘密；

（六）履行安排的其他职责。

第七十八条 辖区内履职

海关辖区是海关工作人员的控制区域，范围从边境向海关境内延伸三十公里。海关办公室不在辖区内的，范围可以扩大到海关办公室周围十公里。

为便于预防和打击走私、非法贸易和违反海关法律法规的行为，财政部有权颁布规定，在指定地点和指定时间内将海关辖区范围从三十公里扩大到五十公里，并将海关办公室周围的十公里扩大到二十公里。

第七十九条 辖区外履职

为追踪有确凿证据逃避海关的走私货物，海关官员有权在本法第五条和第七十八条规定的整个关税区内履行职责。

第八十条 海关制服和徽章

海关部门配有制服和徽章。海关人员特别是海关官员在执行职务时应当穿着印有政府批准的标志和官方徽章的制服。

必要时，海关官员可以秘密履行职责，但应向被检查人出示官方徽章。

第十二部分 海关工作的管理和检查

第一章 海关工作管理机构

第八十一条 海关工作管理机构

管理海关工作的机构包括：

（一）财政部；

（二）省财政局；

（三）地区财政办公室。

第八十二条 财政部的权利和义务

财政部在海关工作管理方面有下列权利和义务：

（一）研究海关工作发展的战略、政策、法律法规和计划，报政府审议；

（二）发布与海关工作有关的规定、决定、命令、指示和通知；

（三）监督和检查全国关税征收计划的执行情况；

（四）宣传与海关有关的政策、法律法规和其他有关法律；

（五）与中央和地方各级、各部门合作，监督、检查和促进海关法的执行；

（六）总结并向政府和国会报告与海关工作有关的问题；

（七）对表现突出的人员给予奖励，对违反法律法规的人员给予纪律处分；

（八）行使法律法规规定的其他权利和履行其他义务。

第八十三条 省财政局的权利和义务

省财政局在海关工作管理方面有下列权利和义务：

（一）指导省、市、特区海关和工作人员按照法律法规的规定，及时、全面、准确、完整地将征收的关税和其他义务所涉款项纳入国家预算管理；

（二）宣传与海关有关的政策、法律法规和其他有关法律；

（三）检查海关工作人员履行职责的情况，确保其符合法律法规的规定；

（四）定期就会计制度、统计数据和海关收入汇报制度的实施提供建议；

（五）总结、评估并向地方政府和财政部报告其所在地海关工作的执行情况；

（六）对表现突出的人员给予奖励，对违反法律法规的人员提出纪律处分的建议；

（七）行使法律法规规定的其他权利和履行其他义务。

第八十四条 地区财政办公室的权利和义务

地区财政办公室在海关工作管理方面有下列权利和义务：

（一）宣传与海关有关的政策、法律法规和其他有关法律；

（二）监督、检查、评估并向区或市政府以及省财政局报告其所在地海关工作的执行情况；

（三）行使法律法规规定的其他权利和履行其他义务。

第二章 海关工作检查机构

第八十五条 海关工作检查机构

负责海关工作检查的机构包括内部检查机构和外部检查机构。

（一）内部检查机构包括：

1. 财政部、海关局、财政检查局；

2. 省级财政局、海关局和财政检查局；

3. 地区财政办公室。

（三）外部检查机构包括：

1. 国家监察机关；

2. 国家审计机关。

除上述机构外，各地地方政府、老挝国家建设阵线、群众组织、社会组织、大众媒体和其他相关部门可以根据其职责参与检查工作。

第八十六条 内部检查机构的权利和义务

内部检查机构有权检查其职责范围内各级海关执行法律法规和履职的情况，尤其是检查计划起草，及时、准确、完整地计算和征收关税和其他义务所涉款项的情况。

政府应当制定有关内部检查机构检查海关工作的权利和义务的详细规定。

第八十七条 外部检查机构的权利和义务

外部检查机构有权在其权利和义务范围内检查各级海关部门的职责、权利和义务的履行情况，以确保海关工作的效率、透明度和公平性。

第八十八条 检查形式

海关部门的检查包括以下三种形式：

（一）定期检查；

（二）提前通知检查；

（三）突击检查。

定期检查是指按计划定期进行的检查。

提前通知检查是指在计划外进行的提前通知受检查人的检查。

突击检查是指不事先通知检查对象进行的检查。

在检查过程中，海关部门和检验人员应当严格遵守法律法规。

第十三部分　奖励政策和处罚措施

第一章　奖励政策

第八十九条　奖励

海关官员、公务员、军人、警察和通过提供信息为海关工作作出贡献，直接或间接参与对违反海关法律法规的犯罪嫌疑人逮捕的人员，将获得奖励，具体规则由政府规定。

第九十条　对纳税义务人和其他义务人的政策

对诚实、准确、全面、及时执行法律法规的货物进出口者给予奖励，并在货物进出口中给予便利。

第二章　处罚措施

第九十一条　对海关工作人员的处罚措施

对违反法律法规未造成海关税收和其他义务所涉款项损失的海关工作人员，给予教育和警告。

任何海关工作人员故意违反法律法规，给海关税收和其他义务所涉款项造成重大损失的，将按规定给予纪律处分并进行损害赔偿。

违反法律法规，对国家、集体或者个人利益造成重大损害，如滥用职权、伪造证件、受贿的，根据情节轻重依法追究其刑事责任。

第九十二条　对进出口者的措施

对违反本法规定进行进出口的个人或者法人，根据情节轻重，采取教育、警告、赔偿损失或者刑事处罚等措施。

第九十三条 其他措施

除本法第五十一条至第五十七条规定的处罚外，有下列情形之一的，没收货物：

（一）在海关暂收关税制度中替换或试图替换货物；

（二）替换或者提取过境货物；

（三）替换或者提取海关监管的货物。

法院对违反海关暂收关税制度的行为作出判决的，违法者将被禁止暂时进出口货物、移动过境货物以及在仓库临时储存货物。

允许违法者使用其姓名以逃避上述第二款规定处罚的人，将受到相同的处罚。

应被没收的货物无法被扣押，但海关部门有确凿证据的，可请求法院下令没收金钱以代替此类货物。

对于违法行为，无论轻微违法还是严重违法，将根据法律法规对每一类违法行为适当增加处罚，包括暂停进出口活动或吊销营业执照。

第十四部分 附 则

第九十四条 法律实施

本法由老挝人民民主共和国政府组织实施。

第九十五条 法律生效

本法自老挝人民民主共和国国家主席颁布主席令之日起九十日后生效。

本法取代 1994 年 7 月 18 日第 04/94NA 号海关法。

任何与本法相抵触的规定无效。

老挝人民民主共和国企业法

（2005 年 11 月 9 日老挝国会第 55/NA 号决议通过，2005 年 12 月 9 日国家主席令颁布）

第一部分　总　　则

第一条　立法目的

企业法规定了老挝人民民主共和国企业的设立、经营和管理的原则、程序和措施，旨在提升全体经济部门的生产、经营和服务能力，促进生产和生产关系的劳动力发展，推动国家社会经济增长，为国家建设和多民族人民生活水平的改善作出贡献。

第二条　定义

本法所涉用语，含义如下：

（一）企业是指依照本法进行登记，由个人或者法人组成的有名称、资金、行政管理机构、办公场所的经营组织，企业也被称为“经营单位”；

（二）经营是指以营利和服务于社会共同利益为目的，在任何特定行业中进行的商业活动，无论是作为从生产到服务的一部分还是整个过程；

（三）受管控的经营清单是指对国家稳定、社会秩序、民族优良传统和环境高度敏感，在企业登记注册前须经有关部门许可和检查的经营类型清单；

（四）个体独资企业是指以个人名义经营的，对企业债务承担无限责任的一种企业形式；

（五）合伙企业是指根据两个及以上投资者之间的合同，共同出资，共同经营，共享收益的一种企业形式；

（六）普通合伙企业是指以相互信任为基础，由合伙人共同经营，全体合伙人对企业债务承担无限连带责任的一种合伙企业形式；

（七）有限合伙企业是指普通合伙人对企业债务承担无限责任，有限合伙人对企业债务承担有限责任的一种合伙企业形式；

（八）公司是指通过将其资本分成若干价值相等的股份，股东以其所认缴的股份为限对公司承担有限责任的一种企业形式；

（九）有限公司是指股东人数在二人以上三十人以下的公司，但本法第八十五条第一款规定的情形除外；只有一个股东的有限公司称为一人有限公司；

（十）上市公司是指至少有九名股东作为发起人，公司的股份可以自由转让并公开向公众发行的一种公司形式；

（十一）股票公开发行是指依照法律法规的规定，在证券交易所或者证券交易所以外的地方向社会公开发行股票；

（十二）国有公司是指由国家设立，根据适于公司的规则进行管理，出售股份不得超过全部股份百分之四十九的公司；

（十三）合营公司是指由国家和国内外其他部门联合设立，双方各持百分之五十股份的公司；

（十四）股份代表合伙企业或公司的资本，可以根据本法规定的合伙企业或公司的形式进行等值或不等值划分；

（十五）普通股是指所有者无法赎回的一种股份；

（十六）优先股是指所有者可以赎回，具有不同于普通股的特定权利和义务的一种股份；

（十七）股份证书是指代表合伙企业合伙人或公司股东的权利和所有权比例的重要法律文件；

（十八）公司债券是指由公司发行的无担保借款凭证，债券持有人有权依照法和约定获得本金和利息；

（十九）股利是指从合伙企业或公司产生的净利润中扣除资本成本、费用和债务后分配给合伙人或股东的红利；

（二十）法定人数是指召开会议所需要的最低参会人数；

（二十一）商业秘密是指披露后可能给企业的稳定和财务状况造成损失的，与企业生产过程、经营或者服务有关的重要信息；

（二十二）清算人是指法院或企业指定的享有和履行解散或破产企业资产清算的权利和义务的人，以便偿还债务并将剩余资产分配给相关企业的所有人、合伙人或股东。

第三条 设立企业的权利

居住在老挝人民民主共和国的老挝公民、外国居民、无国籍人及其组织，有权根据老挝人民民主共和国的法律法规设立企业或参与商业交易。

第四条 商业交易中的平等

国内外所有经济部门在商业活动中的法律地位一律平等，可以在提高生产力、扩大生产、经营和加强服务方面进行竞争与合作。

第五条 企业的义务

企业有义务按照经营目的开展经营活动，设置会计账簿，履行对政府的财政义务，保护劳动者的合法权益，保护环境以及遵守老挝人民民主共和国的其他有关法律法规。

第六条 国家政策与企业权益保护

国家鼓励和促进国内外个人和组织在所有非限制性行业设立企业或参与经营活动，通过发布海关和税收政策、法规措施以及提供信息为企业提供服务和其他便利条件，为社会经济发展作出贡献。

企业的合法权益，即资本和财产，受法律保护。

第七条 国际合作

国家通过交流经验和信息，调动先进的资本、科学技术和企业管理经验，促进国际关系和商业活动中的合作，推动市场开放以及区域和全球一体化。

第八条 法律适用范围

本法适用于在老挝人民民主共和国境内设立和经营的国内外私营企业、国营企业以及合营企业。

合作企业和小型零售商不适用本法，将另行规定。

第二部分　企　　业

第一章　企业的类型、形式和种类

第九条　企业的类型

老挝共有四类企业：私营企业、国营企业、合营企业和集体企业。

私营企业可以选择本法第十条、第十一条规定的任何形式或者种类进行设立和经营。

国有企业和合营企业只能以公司的形式设立和经营。国有企业称为“国有公司”，合营企业称为“合营公司”。

第十条　企业的形式

企业的形式是指作为各类企业设立和经营基础的商业组织。

企业分为三类：

（一）独资企业；

（二）合伙企业；

（三）公司。

第十一条　合伙企业和公司的种类

合伙企业和公司分为以下四类：

（一）合伙企业分为两类：

1. 普通合伙企业；

2. 有限合伙企业。

（二）公司分为两类：

1. 有限公司，包括一人有限公司；

2. 上市公司。

第二章 企业登记

第十二条 企业登记

企业登记是指国家接受企业的登记申请作为对在老挝境内设立并经营业务的国内外个人或法人的合法认可。

企业登记程序另行规定。

企业在整个经营期间应当登记一次。

第十三条 提交企业登记申请

有意在老挝开展业务的，应当按照本法规定向有关国家机关提交企业登记申请。

第十四条 审议企业登记的程序和时间

收到企业登记申请后，商务部门应当检查将要登记的业务类型是否属于受管控经营清单。从事业务不在受控名单之内的，商业部门的企业登记机关应当在收到申请之日起十个工作日之内签发企业登记证书。

申请登记的经营类型属于受管控经营清单的，商务部门应当立即向有关部门提出申请。除某些业务需要较长的技术审查过程外，该主管部门应在不迟于十个工作日内考虑并作出答复。此后，商务主管部门应当在三个工作日内颁发企业登记证。

未发给企业登记证的，应当书面答复企业登记申请人并说明理由。

本条第二款规定的受管控经营清单和技术审查程序的时限，只能由政府批准。

第十五条 无效的企业登记

无效的企业登记是指企业登记的部分或者全部内容不符合规定的形式、类别或者实际情况。此种登记可以进行更正。

不能更正的，企业依照本法规定的程序解散。

受法律限制的人进行的企业登记或者违反法律法规的企业登记无效。

企业登记无效或者企业解散，不免除企业的责任。

第十六条 企业登记的效力

企业登记具有下列效力：

（一）设立独立于股东的合伙企业或者公司法人，在其宗旨和章程规定的范围内享有权利、承担义务和责任；

（二）企业在营业执照规定的营业范围内从事经营活动，不需要有关部门的批准或者审查，但本法第十四条规定的受管控经营清单确定的特定类型的经营活动除外；

（三）提交的企业登记申请内容应当予以披露，利害关系人可以查阅本法第十九条第一款规定的申请；

（四）企业名称和税务登记注册。

第十七条 未经营的后果

企业应当自企业登记之日起九十日内开展经营活动。企业无故逾期不经营或者暂停营业且连续十二个月以上不履行财务义务的，企业登记主管机关应当通知该企业说明原因。企业自收到通知之日起十个工作日内未与登记工作人员会面，或者会面没有提供充分理由的，应当暂停营业并依照本法规定的程序解散。

第十八条 变更企业登记内容

企业登记目的、注册资本等内容变更的，应当自作出变更决定之日起一个月内通知企业登记主管人员，但企业登记中涉及受管控经营清单范围内的经营内容变更应当符合本法第十四条第二款的规定。

企业在登记中提供无效的内容或者在本条第一款规定的期限后发出变更通知的，无论故意与否，均不得对抗善意第三人。

第十九条 企业登记内容公开

个人和法人可以查阅或者向企业登记机关获取登记文件副本。登记文件是指企业依照本法规定提交的用于办理企业登记的文件。要求提供此类文件副本的，应当按照规定支付费用。

本条前款规定以外的文件只有经有关企业事先同意后才可以披露，法律另有规定的除外。

第二十条 企业注册资本

个人独资企业的注册资本是企业所有人在企业登记中向企业登记机关申报的资本。

合伙企业或者公司的注册资本是本法第三十三条第二款第四项和第八十一条第二款第四项规定的全部股份的价值。该注册资本也被称为合伙企业或公司的“法定资本”。

必要时对于某些类型的经营，有关部门有权规定企业登记所需的最低注册资本，但应当获得政府的批准。

依法登记的注册资本应当真实存在于老挝人民共和国境内。违反规定的，当事人应当依法对向政府作出虚假陈述的违法行为负责。

第三章 企业名称

第二十一条 选择企业名称

企业可以选择一人或者数人的姓或氏，经同意也可使用他人的姓名作为名称。企业注册在前的名称应当优先于其他企业。企业名称应当同时标明企业的形式或者类别。

不接受企业登记的，其名称终止。

企业登记注册后，经营者应当展示企业名称标志。

第二十二条 禁止使用的名称

禁止使用的名称如下：

（一）引起混淆的名称，与同一省、市内其他企业名称相似或相同的名称，或其他广为人知的企业名称；

（二）与民族优秀文化传统或者社会秩序相悖的名称；

（三）包含任何国家、国际组织、文化特征标志或国家圣地的名称；

（四）与企业的形式或类别相同或相似的名称。

第二十三条 允许他人使用企业名称或者许可证

任何允许他人使用企业名称或许可证从事经营活动的授权应当以书面形式作出，并应当符合合同法的规定。

没有书面授权使用他人企业名称或者许可证，但有充分证据表明企业名称或者许可证所有人知道但没有投诉、反对或者使用的，视为授权。

第二十四条 允许他人使用企业名称或者许可证的责任

授权他人使用其企业名称或者许可证的，应当按照合同约定或者法律规定向第三人负责。

授权无行为能力的人使用其企业名称或许可证的，授权人应当对该人的行为负责。

授权受法律限制的个人或法人使用其企业名称或许可证的，授权人应当对相关个人或法人的行为承担连带责任。获授权的人进行的经营活动，视为未经企业登记而进行的经营活动。

国有公司不得授权任何个人或者法人使用其企业名称或许可证。违反规定的，应当向第三方承担责任。

第二十五条 名称转让及其限制

符合下列情形之一的，可以转让企业名称：

（一）与整个企业一并转让，包括其权利和义务；

（二）属于依法解散的企业的名称。

依照前款规定转让名称的，受让人应当自转让之日起六十日内通知企业债务人和债权人，并于五个工作日内通知有关企业的登记人员。

禁止以任何形式不当转让名称，包括通过转让名称垄断市场。违反规定的，转让方和受让方应当根据老挝人民民主共和国的相关法律法规对其行为负责。

国有公司不得向其他企业转让名称。

第二十六条 名称注销

名称随企业解散一并注销。名称终止后，名称所有人应当自终止通知之日起七日内去掉姓名标志。

使用被注销的名称或者许可证的，视为无证经营。

第三部分 个人独资企业

第二十七条 提交企业登记申请

注册登记个人独资企业的，应当提交下列信息：

（一）企业名称和类型；

（二）企业所有人和管理人的姓名、住址和国籍；

（三）企业所在地；

（四）注册资本。

第二十八条 所有人的权利和义务

个人独资企业的所有人有下列权利和义务：

（一）自主管理企业或者聘请他人管理企业；

（二）自主决定利润的使用或者与企业有关的其他事项；

（三）依照企业会计法的规定记账；

（四）履行对国家的义务；

（五）法律规定的其他权利和义务。

第二十九条 企业经理

个人独资企业的所有人本人可以担任经理，也可以聘请一人或多人担任经理。外部聘用的经理按照与个人独资企业所有人达成的协议获得报酬。

拥有多名经理人的个人独资企业可以任命一名经理为总经理，总经理有权代表个人独资企业与第三方签订合同。合伙企业和一人有限公司的经理准用上述规定。

经理根据合同中约定的权利和义务并在企业所有人的监督下履行其职责。

经理可以将他的任务分配给其他助理。

第三十条 经理雇佣合同

经理的雇佣合同应当依照合同法的规定以书面形式订立。劳动合同应当载明合同双方的权利、义务、报酬、责任以及劳动合同的终止。

企业所有人、经理和第三方之间的关系由相关法律规定。

第三十一条 个人独资企业的解散和清算

有下列情形之一的，个人独资企业解散：

（一）企业所有人决定解散企业；

（二）法院判决解散；

（三）企业破产；

（四）没有继承人的企业所有人死亡或者失去行为能力。

个人独资企业解散的，所有人有义务自行清算或者指定第三人清算，但法院判决解散或者企业破产的，由法院指定清算人。

第四部分 合伙企业

第一章 合伙企业的一般规定

第三十二条 合伙人

合伙人是指合伙企业的投资者。

合伙企业的合伙人可以是个人或者法人。

第三十三条 合伙合同

合伙合同应以书面形式订立，并应符合合同法的规定。

合伙合同应当载明下列主要内容：

（一）企业名称；

（二）经营目的；

（三）企业和分支机构（如有）的名称和所在地；

（四）合伙企业的法定资本或者股份价值，分为现金、实物或者劳务；

（五）合伙企业合伙人的姓名、住址和国籍；

（六）合伙企业所有合伙人的姓名和签名。

前款第四项所称法定资本是合伙企业的注册资本。

第三十四条 合伙企业的法人地位

合伙企业法人地位内容包括：

（一）合伙企业名称；

（二）企业和分支机构（如有）的名称和所在地；

（三）资产和资本；

（四）合伙企业的章程；

（五）基于合伙企业形式设立的债务责任；

（六）以与自然人相同的方式行使权利和义务，并在法律诉讼中成为原告或被告的法律能力。

第三十五条 合伙企业分支机构

在老挝注册的合伙企业无须再注册其分支机构，该分支机构不具有独立于合伙企业的法人资格。

各分支机构的设立应当通知所在地的企业登记人员。

外国合伙企业在老挝境内的分支机构，应当依照本法规定办理企业登记。

老挝合伙企业在外国设立分支机构的，适用该国法律。

国内外法人的分支机构在老挝被起诉的，该诉讼应当被视为针对该法人。该规定适用于在老挝人民民主共和国设有分支机构的外国法人。

第三十六条 合伙企业的章程

合伙企业章程应当包括下列主要内容：

（一）本法第三十三条第二款第一项至第五项规定的事项；

（二）合伙企业经理的姓名、地址和国籍，其他合伙人不是共同管理人的，可以规定对经理权利行使的限制；

（三）利润分配办法和合伙企业的损失责任；

（四）出资方式和时间；

（五）企业管理；

（六）会议和通过决议的规则；

（七）争议的解决；

（八）解散和清算。

本条第一款的内容应当列入企业登记申请，但合伙企业可以决定增加其他内容。

合伙企业的章程应当由经理签署。

第三十七条 变更合伙合同和章程

合伙企业合同、章程的内容，除另有约定外，应当经全体合伙人一致同意。

合同、章程修改或变更的，应当自合伙人会议作出修改决定之日起十个工作日内通知企业登记主管人员。

第二章 普通合伙企业

A. 企业登记以及普通合伙企业内部关系

第三十八条 提交普通合伙企业登记申请

申请普通合伙企业登记，应当提交下列文件：

（一）企业登记申请表；

（二）载有全体合伙人姓名和签名的普通合伙合同；

（三）合伙人决定不担任共同管理人时，经理的姓名、住址和国籍；

（四）普通合伙企业章程。

企业登记申请表应当由经理签署。

第三十九条 出资

普通合伙企业由合伙人共同出资。此种出资方式包括现金、实物或者劳务。

实物出资和劳务出资应当以货币计价。劳动提供的出资，不计入普通合伙企业的资产负债表。

本条第一款规定的出资方式和时间由合伙人约定。企业登记前，合伙人应当按照约定足额出资。

除本条第一款规定的出资外，普通合伙企业的合伙人可以用其自有资金为普通合伙企业进行的任何交易提供支持。

本条第四款所述资金的使用，包括负债和股利的分配，由合伙人约定。

第四十条 股权

普通合伙企业股值不一定相等。

普通合伙企业依照本法第三十九条第三款的规定，由合伙人缴纳股款后，按照缴纳的股款比例向合伙人签发股权证明。

普通合伙企业的股权证明不得转让。

第四十一条 经理

普通合伙企业的合伙人可以共同担任经理，也可以指定一个或者多个合伙人担任经理。

经理是普通合伙企业和其他合伙人的代表。除另有约定外，经理不得因履行职责而领取工资或奖金。

第三人可以担任普通合伙企业的经理。被任命为经理的第三人有权获得合伙人同意的工资或奖金。

第四十二条 经理的任免

经理的任免须经全体合伙人一致表决，另有约定的除外。每个合伙人有一票投票权。

被任免经理职务的合伙人无权投票。

第四十三条 经理的权利和义务

经理有下列权利和义务：

（一）为了普通合伙企业的最大利益，勤勉忠实地履行职责；

（二）行使普通合伙企业章程规定的权利，履行章程规定的义务；

（三）聘任第三方协助其负责普通合伙企业的交易。

多个合伙人共同担任经理的，普通合伙企业的管理应当以多数票通过或者按照章程的规定执行。每人有一票投票权。

只有一名经理的，该经理有管理普通合伙企业的唯一权限，但另有限制的除外。

本条第三款规定的限制，在企业登记申请中未作规定的，对第三人无效。

第四十四条 合伙人的权利和义务

合伙人有下列权利和义务：

（一）随时了解普通合伙企业的整体情况；

（二）审查或者复制普通合伙企业的会计记录和其他文件；

（三）按约定获得利润分配，承担损失；

（四）对普通合伙企业的全部债务承担无限责任；

（五）权利行使达成协议的，有权进行否决、反对或申诉，但应当在章程中详细规定使用该权利的事项和适用程序；

（六）接受普通合伙企业解散时约定的部分出资和利润。

第四十五条 接受新合伙人和股份转让

普通合伙企业不得接受新合伙人，各合伙人之间不得相互转让股份，但另有约定的除外。

合伙人同意接受新合伙人或允许股份转让的，应当经全体合伙人一致同意。

接受新合伙人可以通过向第三人转让股份或允许第三人获得新发行股份进行。

接受新合伙人或者将股份转让给其他合伙人的，合伙企业应当自决定接受或者转让之日起五个工作日内通知有关企业登记人员。

因股份转让或者其他原因导致普通合伙企业只剩下一名合伙人的，普通合伙企业解散。

普通合伙企业名称包括合伙人姓名的，该合伙人退伙时，普通合伙企业有权将该合伙人的姓名从其名称中删除。

第四十六条 合伙人的禁止性行为和商业交易

合伙人不得从事与其普通合伙企业相竞争的行为或商业交易。

与普通合伙企业相竞争的行为或交易包括：

（一）合伙人从事与普通合伙企业目的相似的商业交易；

（二）合伙人担任其他企业的经理或董事，从事与普通合伙企业目的相似的商业交易；

（三）在其他普通合伙企业中担任合伙人或在有限合伙企业中担任普通合伙人。

违反本条限制性规定的，普通合伙企业有权要求返还全部利润或者申请解散普通合伙企业。

第四十七条 免除限制

有下列情形之一的，可以免除本法第四十六条规定的限制：

（一）已获得所有其他合伙人的一致同意；

（二）合伙人的行为或商业交易是在其加入合伙企业之前进行的，并且其他合伙人未表示反对。

B. 普通合伙企业与第三人的关系

第四十八条 债务责任

各合伙人对普通合伙企业的债务承担无限责任。债权人可以要求各合伙人清偿债务，但应当首先向尚未清偿的普通合伙企业要求。

合伙人可以约定各合伙人对普通合伙企业债务或者损失的责任比例，但该约定不得对抗第三人。

符合下列情况之一的，合伙人对合伙企业的债务负责：

（一）因经理或者其他合伙人依照普通合伙企业章程的规定履行职责而产生的债务；

（二）为实现普通合伙企业的目的而履行职责产生的债务，且该行为已得到全体合伙人的同意。

第四十九条 获得收益权

所有合伙人有权从普通合伙企业与第三方的交易获得的利益中提取收益，无论该利益是否以普通合伙企业的名义获得。

第五十条 退伙合伙人和新合伙人的责任

退出普通合伙企业的合伙人应当对其退出前所发生的普通合伙企业债务承担责任。

上述责任应当自退出之日起一年内终止，但约定更长责任期的除外。

新合伙人对普通合伙企业的全部债务承担责任，但另有约定的除外，该约定不得对抗第三人。

C. 普通合伙企业合并

第五十一条 普通合伙企业合并

普通合伙企业可以与一个或者多个其他普通合伙企业合并为原普通合伙企业或者新普通合伙企业。

普通合伙企业合并的，应当满足下列条件：

（一）除另有约定外，须经被合并的普通合伙企业的全体合伙人通过会议一致同意，会议决议应当自通过之日起十个工作日内向企业登记人员登记；

（二）合并决议通过之日起十个工作日内，通过媒体至少公告一次以通知债权人并允许债权人自收到通知之日起六十日内反对合并，债权人未在规定期限内反对或者答复的；

（三）该企业已重新登记注册。

第五十二条 反对合并及合并法律后果

债权人反对普通合伙企业合并的，普通合伙企业不得合并，除非已经偿还该债权人的全部债务。

普通合伙企业合并，不导致企业解散或原有权利、责任的丧失。

D. 普通合伙企业解散

第五十三条 解散原因

普通合伙企业解散的原因包括：合伙人协议解散、法院裁定解散和依法解散。

普通合伙企业解散的，应当自解散事由发生之日起十个工作日内通知企业登记人员。

第五十四条 合伙人协议解散

普通合伙企业经合伙人一致同意可以解散。

第五十五条 法院裁定解散

普通合伙企业的合伙人发现下列情形之一的，可以请求法院解散普通合伙企业：

（一）普通合伙企业遭受损失无法弥补的；

（二）发生不可抗力致使普通合伙企业无法继续经营的；

（三）该合伙人被误导或被迫成为合伙人的；

（四）合伙人因故意或重大过失违反合伙合同、企业章程，给普通合伙企业造成严重损害的。

造成上述后果的合伙人不得请求法院解散普通合伙企业。

其他合伙人可以请求法院责令有过错的合伙人支付赔偿或者退出合伙企业，而不责令解散。该情形下，普通合伙企业应在扣除该合伙人造成的损失后，按该资产的现值将该企业的资产分配给该合伙人，但是合伙人另有约定的除外。

第五十六条 依法解散

普通合伙企业有下列法定理由之一的，可以解散：

（一）依照普通合伙企业合同或者章程的规定解散；

（二）普通合伙企业只剩下一个合伙人；

（三）合伙人死亡、破产或者无行为能力的，但是另有约定的除外；

（四）本法第二部分第二章、第三章规定的解散事由出现。

合伙人死亡普通合伙企业未解散的，已故合伙人的继承人有权领取已故合伙人的全部股利或者财产。

第五十七条 临时解散的效力

普通合伙企业临时解散具有以下效力：

（一）暂时中止合伙人向普通合伙企业请求利益的权利；

（二）合伙人支付未缴股份的责任并未终止；

（三）暂时停止支付，但应当支付对企业的应收款项；

（四）普通合伙企业无权从事经营活动，但应当依法继续存续直至解散登记并永久注销企业登记证，完成未决事项并进行清算。

E. 普通合伙企业清算

第五十八条 清算方式

合伙人可以按照普通合伙企业章程的规定或者按照合伙人之间的约定，决定资产分配或者清算的方法，但因破产、法院裁定或者合伙企业只有一名合伙人而解散的情形除外。

第五十九条 清算人的任免

普通合伙企业的清算，可以由经理或者全体合伙人担任共同清算人，也可以由指定的合伙人或者第三人担任清算人。该任命须经全体合伙人一致同意。

合伙人对清算人的选择投票数不满足本条第一款规定的，普通合伙企业的合伙人可以请求法院指定清算人。

本条和本法第六十条规定的清算人，应当按照与任命相同的方式免除其职务。

第六十条 法院指定清算人

普通合伙企业因破产、法院裁定或者合伙企业只有一名合伙人而解散的，由法院指定清算人。

普通合伙企业因合伙人死亡解散的，已故合伙人的继承人有权担任清算人或者参与清算。

有多个继承人的，应当指定一人作为代表。

第六十一条 替代无法履行职责的清算人

清算人因任何原因在任命后无法履行其职责，例如死亡或失去行为能力，全体合伙人均应共同担任清算人直至任命新的清算人。

普通合伙企业应当在本法第五十九条、第六十条和第六十一条规定的任免终止之日起十个工作日内，公告清算人职务的任免。

第六十二条 清算人的权利和义务

普通合伙企业清算时，清算人有以下权利和义务：

（一）向普通合伙企业债权人发出解散的书面通知，并自解散事由发生之日起十个工作日内通过适当的媒体予以公告，以便向社会公布，并允许债权人出示与普通合伙企业债务有关的文件；

（二）收集所有资产，编制资产负债表；

（三）继续完成普通合伙企业的待办业务；

（四）按照约定向普通合伙企业领取执行职务的报酬；

（五）采取必要措施保全资产，要求清偿债务，出售或者转让普通合伙企业的资产；

（六）向审计人员提交资产负债表报告以证明其准确性；

（七）向有关债权人、合伙人或法院（法院指定的清算人）报告资产的收集和各种活动；

（八）召集债权人和合伙人会议，对必要的事项作出决定，并至少每六个月召开一次会议；

（九）执行合伙人和债权人会议交办的任务；

（十）向企业登记机关报送资产负债季度报告；

（十一）向债权人清偿债务，将剩余资产分配给合伙人；

（十二）以普通合伙企业名义在诉讼中参与调解或者向法院提起诉讼；

（十三）法院指定清算人的，清算人认为普通合伙企业的资产包括合伙人的资产不足以清偿债务的，应当向合伙人和法院报告，普通合伙企业不能清偿多余债务的，清算人可以向法院申请破产。

法院依照企业破产法规定的程序宣告破产后，清算人的权利和义务终止，清算人的任务移交资产监督委员会。

第六十三条 多个清算人履行职责

多个清算人共同履行职责，除特定任务分配外，在每人一票的情况下以多数票通过，但应当自指定之日起十个工作日内通知企业登记人员。

对清算人权利的限制不得对抗第三人。

第六十四条 清偿债务和分配资产的优先顺序

债务的清偿和资产的分配，应当按照下列优先顺序进行：

（一）员工工资；

（二）非因担保交易法第四条规定的企业、国家或人员之间的合同而欠国家的债务；

（三）有担保的债务；

（四）无担保的债务；

（五）本法第三十九条第四款、第五款规定的普通合伙企业对合伙人的债务；

（六）合伙人之间的权益和损失分配；

（七）合伙人的出资返还，除非合伙人在出资时同意，否则不得偿还劳务出资。

第六十五条 清算人在清算后的职责

清算结束后，清算人应当：

（一）立即就资产分配和债务偿还情况编制报表和报告，由债权人和合伙人会议通过；

（二）在资产分配和债务清偿完成之日起十个工作日内，向社会公布资产分配和债务清偿情况报告；

（三）移交有关普通合伙企业清算的全部文件，并向企业登记人员登记清算完毕。

第六十六条 清算人的责任

清算人对下列行为负责：

（一）因故意或重大过失在履行职责中对普通合伙企业造成损害，重大过失是指不履行职责或者以清算人知道或者应当知道会造成损害的错误方式履行职责；

（二）法律规定的侵害指定人和第三人的行为。

第六十七条 解散登记和注销企业营业执照

本法第六十五条第二项规定的财产分配和债务清偿完成公告后，清算人应当在十个工作日内向有关企业登记机关办理普通合伙企业永久解散登记。

企业登记主管人员应当按照第一款的规定，将企业名称从企业登记处注销，并自注销之日起十个工作日内予以公告。

普通合伙企业自法院裁定永久解散之日起，不具有法人资格。

因合伙企业破产、合并而解散的普通合伙企业，不需要发出解散通知。

第六十八条 普通合伙企业合伙人的责任

全体合伙人对普通合伙企业自法院裁定永久解散之日起三年内未清偿的债务承担连带责任。

前款所述情况下，法院应当指定一名清算人执行清算程序，直至债务全部清偿。

第三章 有限合伙企业

A. 一般规定和企业登记

第六十九条 合伙人责任

有限合伙企业的普通合伙人对有限合伙企业的债务承担无限责任。

有限合伙企业的有限合伙人，以其出资为限对有限合伙企业承担有限责任。

未完成登记的有限合伙企业的合伙人对合伙企业设立期间发生的债务承担无限责任。

第七十条 提交企业登记申请

有限合伙企业的登记申请，适用本法第三十八条的规定。

B. 有限合伙人、有限合伙企业和第三人之间的关系

第七十一条 出资

有限合伙人可以以现金或者实物出资，但不得以劳务出资。有限合伙企业的每股价值不必相等。

出资方式和出资时间由有限合伙企业全体合伙人约定。

第七十二条 股份转让

有限合伙人可以不经其他合伙人同意转让其股份。股份转让经事先通

知并对企业登记作出修改的，对第三人有效。

有限合伙人出现特定状况的，应采用以下解决方案：

（一）合伙人死亡的，其继承人可以代替其成为合伙人，但另有约定的除外；

（二）合伙人破产的，依照企业破产法的规定，只能将破产合伙人的股份出售并交由资产监督委员会进一步处理，对破产合伙人的股权处分将终止其在有限合伙企业中的合伙人资格，但有限合伙企业可以继续经营；

（三）合伙人失去行为能力的，由该合伙人的监护人监督和管理其权益，但合伙人另有约定的除外。

第七十三条 有限合伙人管理有限合伙企业的责任

除由全体普通合伙人任命外，有限合伙人无权像普通合伙人一样担任经理。

有限合伙人未经任命担任经理的，具有以下效力：

（一）该有限合伙人对给企业和第三人造成的损害承担无限责任；

（二）有限合伙企业的合伙人支持、赞成、委派或者知道该行为但没有提出异议的，由有限合伙企业对第三人的损害承担连带责任。

有限合伙人实施前款规定的行为的，对第三人的债务承担无限责任，但对有限合伙企业仍承担有限责任。

第七十四条 授权他人使用企业名称的效力

有限合伙企业的名称来自普通合伙人的姓名。

授权有限合伙企业直接或者间接使用其姓名的有限合伙人，应当以与普通合伙人类似的方式对有限合伙企业对第三人的债务承担责任，但对有限合伙企业的有限责任不变。

第七十五条 股利或利润的分配

有限合伙人有权从有限合伙企业的经营活动中按照约定的比例或者数额分得利润，但有限合伙企业遭受损失或者因以前的亏损累计导致资本减少的除外。

股利或利润应当根据老挝企业会计法的规定在每个财政年度结束时支付。

有限合伙企业依法分配的股利和利润不得要求返还。

第七十六条 有限合伙人的权利和义务

有限合伙人享有下列权利和义务：

（一）向有限合伙企业经理查询经营情况、提出意见和建议；

（二）被指定为有限合伙企业清算人；

（三）任免经理，但另有约定的除外；

（四）对公司章程的修改和有限合伙企业的解散进行表决，表决方式应当在有限合伙企业章程中详细规定；

（五）进行其他合法的经营活动，不论其经营活动是否与所在的有限合伙企业的经营活动相似或者相同。

有限合伙人根据前款第一项至第五项的规定行使权利和履行义务，不视为参与本法第七十三条规定的有限合伙企业管理。

第七十七条 普通合伙企业有关规定的准用

除第四部分第三章的规定外，企业登记、企业内外部关系、企业合并、解散和清算，适用本法第四部分第二章的规定。

第五部分　公　　司

第一章　公司的一般规定

第七十八条 公司股东

股东是指向公司出资的人。

股东以其认缴的股份数额为限对公司债务承担责任。

公司可能有一个或多个股东。

公司的股东或者发起人可以是自然人或者法人。

第七十九条 公司的法人地位和公司分支机构的地位

公司属于法人，其分支机构与本法第三十四条、第三十五条规定的合伙企业分支机构具有同等的法律地位。

第八十条 母公司

任何公司获得另一家公司足够数量的股份以获得对该公司管理的控制权，称为母公司。

前款所述由另一家公司控制的公司称为子公司。

对管理控制范围的限制应符合有关法律法规的规定。

第八十一条 公司设立合同

公司设立合同应根据老挝合同法的规定以书面形式订立。

公司设立合同应当载明下列事项：

（一）企业名称；

（二）经营目的；

（三）公司和分支机构（如有）的名称和所在地；

（四）法定资本划分为股份的价值和数量、实物出资比例、现金出资比例、普通股和优先股；

（五）公司发起人的姓名、地址、国籍以及各发起人认购的股份；

（六）关于董事对公司债务的无限责任的规定，本项规定的董事的无限责任应在该董事离职之日起一年后终止；

（七）公司发起人的姓名和签字。

前款第四项所称法定资本为公司的注册资本。

只有一个股东的公司不需要公司设立合同。

第八十二条 公司章程

公司章程应当载明下列事项：

（一）本法第八十一条第二款第一项至第六项规定的事项；

（二）公司利润或者股利的分配方法；

（三）出资方式和时间；

（四）行政管理；

（五）会议和表决方法；

（六）争议解决方法；

（七）解散和清算。

本条第一款内容应当列入企业登记申请，但公司可以增加信息。

公司章程应当由董事签署。

第八十三条 公司设立合同或章程的修改

公司设立合同或者公司章程内容的修改，应当依照本法第一百四十四条的规定，由股东会作出特别决议。

股东会对公司设立合同或者公司章程的修改、变更作出决议的，应当自股东会作出修改决议之日起十个工作日内通知企业登记人员。

第二章 有限公司

A. 一般规定和公司设立

第八十四条 有限公司持股

有限公司可以持有其他公司的股份，也可以是其他合伙企业的合伙人，但不得担任本有限公司的股东。

第八十五条 股东人数多于或少于规定人数

三十人以上的有限公司，依照本法第一百四十四条的规定作出特别决议的，可以继续保留有限公司的地位。

有限公司不愿保留其有限公司地位的或者未获得本条第一款规定的足够表决权的，应当按照上市公司设立的程序和原则修改企业登记证，或者解散公司。

有限公司只剩下一名股东的，应当根据本法第五部分第二章第J节的规定将公司变更为一人有限公司，或解散有限公司。

第八十六条 有限公司设立

有限责任公司应当按照下列程序和条件设立：

（一）至少有两名发起人向公司总部所在地的企业登记机关提交设立合同作为申请；

（二）本条第一款规定的有限公司设立合同作为申请提交的，公司应当派人认购公司的全部股份，股份认购不得以公开发行方式进行，认购股份的人称为股份认购人；

（三）召开公司成立大会；

（四）有限公司的发起人将全部工作交由公司成立大会选举的董事负责；

（五）董事向本法第九十六条第一款规定的有限责任公司的发起人、认股人要求足额缴纳股款；

（六）本条第五项规定的股份缴足后，董事应当自股份缴足之日起三十日内对企业进行登记。

第八十七条 有限公司发起人

有限公司发起人是发起设立有限公司的人，但不是有限公司的代表，发起人至少应当持有一股。

有限公司发起人的主要职责是在公司成立大会召开前从事与设立有限公司有关的一切活动。

第八十八条 发起人对认股人的责任

有限公司发起人有下列行为之一的，对认股人承担责任：

（一）为个人利益行事的；

（二）隐瞒与设立有限公司有关的收入或者费用的；

（三）在设立有限公司的目的以外产生费用或者订立合同的；

（四）评估资产超过实际价值的；

（五）本法规定的其他责任。

对于发起人的上述行为应当依照法律法规的规定处理并向认股人赔偿由此造成的损失。

第八十九条 奖励发起人对第三人的责任

有限公司发起人对与第三人订立的与设立有限公司有关的合同，或者未经批准的设立有限公司的费用，或者虽经批准但公司未登记的费用，承担无限连带责任。

第九十条 有限公司成立大会的权利和义务

有限公司成立大会有以下权利和义务：

（一）通过有限公司章程；

（二）批准设立合同和发起人与第三人订立的与有限公司设立有关的其他合同，包括发起人设立有限公司的费用；

（三）决定普通股和优先股；

（四）选举有限公司首届董事会。

发起人应当在公司成立大会召开前至少十个工作日，向认股人报送公司成立报告书并载明认股人名单、地址和个人认购的股份数。

第九十一条 有限公司成立大会的决议

公司成立大会的决议只有经出席会议的一半以上的发起人和认股人以及其代表所认购股份总数一半以上的认股人通过后才有效。一股等于一票。

发起人、认股人除选举有限公司董事的表决外，无权就其参与的有利于其利益的事项进行表决。

有限公司成立大会应当确定发起人或者认股人是否参与可能使其受益或者直接受益的事项。

第九十二条 提交企业登记申请

有限责任公司办理企业登记通知书，应当提交下列文件：

（一）企业登记申请表和有限责任公司设立合同；

（二）有限公司成立的会议记录；

（三）有限公司章程。

企业登记申请由董事签署。

第九十三条 董事在企业登记中的过错责任

本法第八十六条第六项规定的期限届满的，登记机关应当不予登记，但非因董事或者股东的过错造成登记迟延的除外，经五分之四以上已缴足股款的股东表决通过决议可以继续办理企业登记。

有限公司未登记的，董事应当自企业登记机关不予登记之日起三个月内将股份价值全额退还股东。

超过三个月且相关董事未将股份价值全部退还给认股人的，董事应负责支付剩余金额以及银行贷款的利息，但董事可以证明其对迟延办理企业登记无过错且不能足额返还该股份的除外。

B. 股份和有限公司股份证书

第九十四条 股份

有限公司每股股份的票面发行价值不得低于二千基普。

有限公司的股份可以由一名或多名股东持有，并应指派一人作为有限公司的股东，但这些股东应共同负责向该有限公司支付未缴股款。

有限公司的股份可以通过现金或者实物出资。除另有约定外，实物出资应当经出席公司成立大会的三分之二以上的发起人、认股人同意，以货币方式进行评估。以实物和现金以外的其他形式出资的，应当在公司成立大会上详细确定。

有限公司有两种股份：普通股和优先股。

第九十五条 股份价值和低于票面价值的股份发行

有限公司股份的价值由公司设立合同确定。这种股票价值被称为票面价值。

有限公司不得发行第一款规定的低于票面价值的股份，但根据本法第一百一十二条的规定有限公司进行减资的除外。本款规定的限制不适用于股东为出售或购买股份而制定的价格。

有限公司只能依照本法第一百一十条的规定增加其股份的价值。

第九十六条 企业登记前缴纳股款

企业登记前的股款缴纳是指根据本法第八十六条第五项的规定在公司成立大会后的股款缴纳。以实物出资的，认购人应全额支付，以现金出资的，至少应支付所认购股份价值的百分之七十。

除公司章程另有规定外，有限公司董事可以在企业登记后随时要求股东支付剩余股款。

第九十七条 企业登记后缴纳股款

有限公司董事要求支付本法第九十六条第二款规定的股款时，应当提前三十日书面通知各股东按照其持股比例支付并说明支付日期和金额。

前款规定的其他情形的股款支付，如本法第一百一十条规定的增资的股款支付，应当以现金方式进行并且不得与有限公司进行债务抵销，但股东大会作出特别决议的除外。

第九十八条 未支付股款的效力

有限公司董事第一次催缴未缴股款的，股东应当自收到通知之日起按银行贷款利率支付未缴股款的利息，并有权在股东大会上仅以已缴股款的股份表决。

股东在第二次催缴时仍未能同时支付股款和利息的，董事有权按照本法第一百一十一条第一款第一项至第四项的规定优先出售上述股份以收回股款和利息。剩余价款应退还相关股东。

本条第二款规定的股份出售金额不足的，董事有权要求全额支付；否则，董事可以拒绝办理股份转让登记或者中止有关股东在股东大会上的表决权。

第九十九条 普通股股东的权利和义务

普通股股东是指普通股的所有人。普通股股东有下列权利和义务：

（一）对有限公司的活动提出意见；

（二）参与有限公司的活动；

（三）按期支付股价；

（四）利益受到保护；

（五）获得有限公司章程规定的有限公司信息，查阅有限公司的记录；

（六）公司董事、高级管理人员、职工侵害其利益的，可以提出申诉；

（七）对其未缴股份承担责任；

（八）有限公司股东向第三人转让或者出售股份的，享有优先购买权；

（九）选举或者免职有限公司董事；

（十）公司解散的，接受清算后的部分资产；

（十一）按持股比例获得利润分配；

（十二）行使法律法规规定的其他权利和履行其他义务。

前款第十项、第十一项规定的利润、资产，应当在有限公司优先股股东和债权人分配后进行。

第一百条 优先股股东的权利和义务

优先股股东是指优先股的所有人。优先股股东有下列权利和义务：

（一）本法第九十九条第一款第一项至第六项规定的权利和义务；

（二）有权在普通股股东之前分配资产和利润，利润可按固定数额或股东同意的股份比例分配；

（三）获得其他特殊权利，对特殊权利的修改应当在有限公司章程中确定；

（四）在有限公司盈利时要求赎回股份，或在有限公司拒绝购买其股份后向新股东出售股份，另有约定的除外。

有限公司同意购买前款第四项所述股份的，应当按照设定的价格或者约定的价格购买。

优先股股东无权选举有限公司董事。

第一百零一条 发放有限公司股份证书

有限公司登记之日起三十日内，董事会应当向股东签发股份证书。股份证书由董事签名并加盖有限公司印章。

股份证书的价值应至少为一股。

有限公司的股份证书分为记名和无记名两种。

第一百零二条 记名股份证书

记名股份证书应当包含下列事项：

（一）股份证书编号；

（二）有限公司名称；

（三）股东姓名；

（四）股东所持股份数；

（五）每股的价值；

（六）未缴款部分的价值和付款时间；

（七）董事签字并加盖有限公司印章。

记名股份证书可用于尚未缴款的股份。记名股份证书在股东已缴足股款并登记注销原证书后，可以转换为无记名股份证书。

有限公司章程要求董事持有有限公司股份的，董事只能持有记名股份。

第一百零三条 无记名股份证书

无记名股份证书是一种可转让票据，满足下列条件时可以发行：

（一）股款已缴足；

（二）公司章程规定公司可以发行无记名股份证书。

无记名股份证书与记名股份证书具有相似的内容，但与股东姓名、未缴股款有关的内容除外。

第一百零四条 股份转让

有限责任公司的无记名股份可以通过将股份证书移交他人进行转让。

无记名股份符合下列条件的，可以转让：

（一）符合有限公司章程对股份转让的限制；

（二）不违反对股份转让的任何法律限制；

（三）根据法律规定的股份转让情形而获得；

（四）转让应当以书面形式作出，载明转让人和受让人的姓名和签名，以及转让人和受让人的各自至少一名证人的姓名和签名，所转让的股份证书的编号；

（五）转让登记，转让给第三人的，应当事先向公司其他股东发出要约，并在股东名册上登记受让人的姓名和地址。

股款未缴足的，有限公司董事可以拒绝登记记名股份的转让。

有限公司已办理前款所述股份转让登记的，转让人仍应就其所转让股份中未缴款部分向债权人承担责任。

第一百零五条 依照法律规定情形转让股份

依照法律规定情形转让股份是指依照本法第九十八条第二款、第一百零八条第三款的规定，或者因股东死亡、破产或者其他情形进行股份转让。

接受依法转让的股份的人，应当向有关有限公司提交收购该转让股份的充分、适当的证据，包括股份证书，以便获得股份证书的签发并登记为该有限公司的新股东。

第一百零六条 法律限制股份转让的情形

法律限制股份转让的情形包括：

（一）本法第九十八条第三款规定的限制；

（二）其他法律对股份转让的限制，如对外国人、外国居民或无国籍人在各类经营中的限制；

（三）资产监管期间的股份转让；

（四）按照有限公司章程规定，在股东名册无法登记时转让股份的。

第一百零七条 股东名册

股东名册应当载明下列主要事项：

（一）股东的姓名、地址和国籍；

（二）股份数量、价值和按种类划分的股份证书编号；

（三）记名股份证书的未缴股款；

（四）登记为有限公司股东的日期；

（五）从有限公司股东名单中注销的日期。

股东名册应当保存在有限公司办公室内，并在约定的时间供股东查阅。

股东名册更改的，有限公司董事应将股东名册副本报送企业登记人员，没有更改的，则应至少每年一次于十二月二十五日前报送给企业登记人员。

第一百零八条 记名股份的无效转让

违反本法第一百零四条第二款规定的，记名股份的转让无效。

股份转让无效的，受让人未经妥善处理不得成为该有限公司的股东。转让人仍然是转让股份的所有人。

受让人善意持有股份超过两年，其他人无任何主张或异议的，有权成为该股份的合法所有人。

第一百零九条 转让人和受让人的责任

在下列情形下，转让人对其所转让股份的未付款部分向债权人承担责任：

（一）本法第一百零四条第四款规定的情况发生时；

（二）转让股份被催缴股款；

（三）受让人无法支付未缴部分的股份。

转让人的债务是对债权人的债务，应当自股份转让登记之日起一年内终止。有限公司不得向转让人提出索赔。

受让人取得转让股份的一切权利、义务和责任。

C. 有限公司增资或减资

第一百一十条 增资

有限公司可以通过增加股份数量或者增加每股价值的方式增加注册资本。

增加注册资本，应当依照本法第一百四十四条的规定，经股东会特别决议通过。

第一百一十一条 新增股份

新增股份应按下列优先顺序发行：

（一）按持股比例向有限公司股东发出书面通知并说明答复时间，未作出答复或延迟答复的，视为放弃；

（二）在规定期限届满后未取得股份的，或者股东拒绝按其持股比例取得股份的，应向有意的其他有限公司股东提供；

（三）董事有权购买本款第二项发行后剩余的股份；

（四）第三人可以认购剩余股份，股份转让的方式和程序应当符合有限公司章程的规定。

本法第九十八条规定的措施适用于到期未缴股款的新股认股人。

第一百一十二条 减资

有限公司可以通过减少股份价值或股份数量减少其注册资本。减少注册资本应当符合下列条件：

（一）减资后剩余股份的价值不得低于二千基普；

（二）减资后的剩余资本不得少于注册资本的二分之一，不得少于本法第二十条第三款规定的有关部门设定的资本；

（三）减少注册资本应当依照本法第一百四十四条的规定作出特别决议；

（四）有限公司的债权人没有提出反对。

第一百一十三条 通知债权人

有限公司减资的，应通知债权人以便其提出反对意见，具体如下：

（一）向有限公司全体债权人发出书面通知，说明减资原因以及减少的股份价值或者数量，反对的期限自收到通知之日起不得少于两个月，逾期不答复的，视为不反对；

（二）公告应当至少发布十次，说明答复的期限和本条第一款所述的其他事项。

第一百一十四条 债权人异议

债权人有异议的，有限公司不得减少其资本，但该债权人的债务已全部偿还的除外。

债权人因有限公司的过错未收到减资通知的，有限公司应当自股东大会作出减资决议之日起一年内清偿所欠债权人的债务。

债权人有过错的，视为无异议。

第一百一十五条 增资或减资登记

依照本节规定增加或者减少资本的有限公司，应当按照下列规定向有关企业登记机关办理资本变更登记：

（一）增资登记应当自规定缴纳股款之日起十个工作日内办理；

（二）减资登记应当自无异议之日或者向债权人清偿债务之日起十个工作日内办理。

有限公司办理增资或者减资登记时，应当自变更登记之日起十个工作日内至少公告一次。

提交登记变更后的新注册资本的文件，应当包括有限公司股份被增加或者减少的股东名单、国籍、地址、股份证书编号和所持股份数。

D. 有限公司董事和董事会

第一百一十六条 董事

董事是有限公司的代表。董事、有限公司和第三人之间的关系应以相关法律法规为依据。

有限公司董事没有工资，每年按股东大会确定的费率或数额领取酬金和报酬。但第三方董事或另有约定的除外。

董事可以是股东，也可以不是股东，另有约定的除外。

董事应当在公司章程规定的职权范围内行事，并接受股东大会的监督。

根据需要，有限公司可以设若干名董事。

一家有限公司有多名董事的，其中一名董事有权代表该有限公司与第三方签订合同，该董事被称为一般董事。

董事会主席当选为一般董事的，称为董事长。

第一百一十七条 董事资格

有限公司董事应当具备下列条件：

（一）不得为法人；

（二）具有民事行为能力；

（三）不是处于业务经营限制期内的破产人员；

（四）未被以贪污、挪用财产罪定罪。

第一百一十八条 董事的任免

董事的任命方式如下：

（一）第一届董事会由有限公司成立大会任命；

（二）随后的董事会由股东大会任命；

（三）两次普通股东大会之间的任何空缺应由董事会会议任命。有限公司没有董事会的，则章程应规定该董事的任命。

有限公司的董事，不论其任命方式如何，均由股东大会免职。

有充分理由的或对该董事失去信心的，可以随时对该董事免职。

有限公司股东或者董事会无权请求法院任免董事，但违反本法或者公司章程规定的任免程序的除外。

第一百一十九条 董事任免表决程序

董事的任免表决分累积投票和普通投票两种方式进行。

累积投票是指每一名股东将其所持股份乘以将要选举的董事人数，并投票选出一名或多名候选人。计票时，一股等于一票。得票最多的候选人当选为董事。

罢免累积投票选出的董事，其罢免的票数至少应等于该董事当选的票数。

普通投票是指在一股一票的情况下选举一名董事的投票。

本条第四款选举产生的候选人应当获得出席会议的股东及其代理人半数以上的投票。罢免该董事应与其当选方式相同。

第一百二十条 董事人数和任期

有限公司可以设一名或者数名董事，董事人数由公司章程规定或者股东大会同意。

有限公司董事每届任期二年，可以连选连任。

本法第一百一十八条第三项规定的被任命为新董事的任期，与被更换董事的剩余任期相等。

第一百二十一条 董事的责任

董事对下列行为承担责任：

（一）未在公司章程或者公司设立合同规定的经营范围内履职的；

（二）违反公司章程的；

（三）超越职权范围行使权利、履行职责的；

（四）未行使或履行被分配的权利或者职责的。

董事能够证明其行为没有违反规定，或证明其反对该行为并在会议记录中记载的，可以免除责任。

股东应向有限公司偿还因董事违反公司章程向其支付的款项。

董事对第三人的民事责任适用相关法律规定。

第一百二十二条 董事违反规定的责任

董事因违反本法第一百二十一条第一款第一项至第四项的规定对第三人负有责任的，由有限公司承担该责任。

董事超越分配给公司董事、高级管理人员或雇员的权利和义务范围，但没有违反有限公司宗旨的，有限公司应对第三人承担责任。有限公司及其董事、高级管理人员、职工的内部责任，依照有关法律法规的规定处理。

第一百二十三条 对董事的措施

对违反本法第一百二十一条规定的董事，有限公司应当采取措施。对董事采取的措施由有限公司章程规定。

有限公司不采取本条第一款规定的措施的，代表有限公司实缴股份百分之四以上的股东，可以向公司发出通知，要求公司对董事处以罚款或者终止其行为。

有限公司未能对违规董事采取行动或采取行动不适当的，前述股东可提起诉讼，要求法院代替公司对该董事处以罚款或终止该董事的行为。

第一百二十四条 董事代表有限公司履行职责

董事履行的职责分为两种：作为有限公司的代理和履行特定职责。

作为有限公司代理履行职责是指依照有关法律履行职责。本规定也适用于有限公司的高级管理人员和雇员。

董事的具体职责包括：

（一）依照公司设立合同、章程和股东会决议，管理公司业务；

（二）按确定的数额和期限催收应缴股款；

（三）按照规定的宗旨和目标管理和使用有限公司的资本；

（四）建立会计制度，维护和归档有限公司的文件；

（五）与审计人员合作，确认资产负债表中数字和信息的来源和准确性，提交股东大会通过；

（六）向股东报送资产负债表副本，并保留该副本供无记名股份持有人在要求时审查；

（七）合理分配利润；

（八）管理和调动有限公司的高级管理人员和雇员；

（九）告知公司在会计年度内直接或间接参与的可能使其受益的交易，或其在有限公司或公司子公司中的增资减资情况。

第一百二十五条 对董事的限制

董事不得从事下列与有限公司竞争的经营活动：

（一）从事与有限公司相同或者类似的经营活动，不论是为个人利益还是为他人利益，但经股东会同意的除外；

（二）作为普通合伙企业的合伙人或者有限合伙企业的普通合伙人，从事与有限公司相同或者类似的经营活动，但经股东会同意的除外；

（三）与所在的有限公司进行交易，无论是为了个人利益还是为了他人利益，但另有约定的除外；

（四）董事及其家庭成员或近亲属不得向所在的有限公司借款，但有限公司章程允许的除外，这些限制也适用于有限公司的高级管理人员和雇员。

违反前款限制规定的，适用本法第一百二十三条规定的措施。

第一百二十六条 任命董事对第三人的责任

董事任命违反有限公司章程或因其他原因而导致董事缺乏资格的，有限公司不得以此对抗第三人。

第一百二十七条 终止董事职务

有下列情形之一的，可以终止有限公司董事职务：

（一）任期届满；

（二）股东会通过董事免职的决议；

（三）法院根据本法第一百一十八条第四款的规定免除董事职务；

（四）董事死亡、破产、辞职、缺乏法律行为能力或者缺乏本法第一百一十七条规定的资格。

上述董事职务终止和任命新董事后，应自任命之日起十个工作日内通知相关登记人员变更登记。

按照本条第二款的规定进行变更登记的，对第三人产生效力。

董事辞职自有限公司收到董事辞职信之日起生效。

董事会任期终止的，现有董事会应当继续履行必要的任务直至新董事会被选举产生，但本条第一款第三项规定的依照法院作出决定的情形除外。

第一百二十八条 董事名册

董事名册应当包括以下内容：

（一）董事的姓名、国籍、出生日期和地址；

（二）股份类型、股份价值、股份编号和每位董事持有的股份数量；

（三）董事选举日期；

（四）董事名册和股东会会议记录应当置备于有限公司总部供股东查阅。

第一百二十九条 董事会

有二人以上董事的有限公司，除另有约定外，可以设立董事会。资产超过五百亿基普的有限公司应设立董事会并聘任审计人员。

董事会按照有限公司章程规定的原则和程序履行职责。公司章程未规定原则和程序的，有限公司董事会根据本法第一百三十一条至第一百三十四条的规定执行。

董事会通过董事之间的职责分工运行。

董事会应当设董事长，并可以选择设副董事长。

第一百三十条 董事会的权利和义务

董事会有下列权利和义务：

（一）作为中央协调机构，监督董事的工作；

（二）任命一名董事填补两次普通股东大会之间的空缺；

（三）决定有限公司的经营管理方案，提交股东会通过；

（四）行使有限公司章程规定的其他权利和履行其他义务。

第一百三十一条 董事会会议法定人数

董事会会议的法定人数由董事会自行决定，但不得少于董事总数的一半。只有两名董事的，法定人数为两人。

董事职位空缺但有足够数量的董事达到法定人数的，董事会仍有权利开展活动，除非新董事被任命为替代董事。

董事职位空缺且董事人数低于本条第一款规定的法定人数的，董事会不得开展活动，除非所需董事人数符合规定。

第一百三十二条 董事长和副董事长

董事长、副董事长从董事中选举产生。

董事长主持董事会会议和股东会会议，并在有限公司章程规定的权利和义务范围内从事其他活动。

副董事长负责协助董事长并执行董事长交办的工作。

董事长不能出席董事会会议或者股东会会议的，由其中一名副董事长主持。没有副董事长或副董事长不能出席会议的，应当推选一名董事主持具体会议。

无董事会的有限公司股东大会，应当推选一名董事主持具体会议。

第一百三十三条 召开董事会会议

各董事可召开董事会会议。

董事应亲自出席会议。除非经其他董事一致同意，否则不得委派其他人员出席董事会会议。出席董事会会议的代表有权发表意见，但无表决权。

必要时，董事会可通过其他通讯方式召开非正式会议。

第一百三十四条 董事会决议和会议记录

董事会决议须经多数出席会议的董事通过。一名董事有一票表决权。

作为董事，董事长与其他董事一样具有表决权。但是票数相等时，董事长有多余一次的表决权。

董事与相关决议有任何利害关系的，不得投票。

在非正式会议上通过决议的，应在有限公司章程中详细规定使用特定通信手段时的表决程序。

董事会会议应当制作会议记录或者报告。董事会会议记录应当保存在公司总部供股东查阅，但含有商业秘密或者与有限公司战略竞争有关的文件、资料除外。

第一百三十五条 有限公司高级管理人员和雇员

有限公司的高级管理人员包括经理、秘书、会计和其他一般管理人员。

有限公司的高级管理人员由董事会任免，没有董事会的，由董事任免。有限公司的雇员由经理聘任或者解聘。

有限公司的高级管理人员和雇员有权领取报酬。有限公司管理人员和雇员的工资由股东会批准。

有限公司的高级管理人员和雇员应当按照规定行使权利，履行职责。

有限公司董事、高级管理人员和雇员之间的关系，适用有关法律。

聘任或者委派任务应当采用书面形式，并详细说明相关权利和职责。

有限公司不设经理的，由董事行使经理的权利，履行经理的职责。

E. 有限公司股东大会

第一百三十六条 股东大会

有限公司股东大会是有限公司的最高权力机构。有限公司股东大会分为普通股东大会和临时股东大会。

普通股东大会每年至少召开一次。会议召开的时间由有限公司章程规定。

必要时，如审计员职位空缺，可召开临时股东大会。

有下列情形之一的，可以召开临时会议：

（一）半数以上董事同意召开股东大会；

（二）股东提起诉讼，法院裁定召开股东大会；

（三）代表至少百分之二十已缴股份的股东提出请求。

股东召开前款第三项规定的会议时，应当以书面形式共同向董事会或者董事提出请求并说明请求召开会议的目的。董事会或者董事应当自收到请求之日起三十日内召开临时会议。

第一百三十七条 提前通知股东

董事会或者董事召开普通或者临时股东会的，应当提前五个工作日将会议召开、闭幕的日期、地点和时间通知全体股东，并向股东发送必要的文件。

会议延期的，董事会或者董事应当重复本条第一款规定的程序。

向股东发出通知的，可以直接发送或通过通信系统发送。

第一百三十八条 法定人数

有限公司应当在公司章程中详细规定会议的法定人数和会议程序。有限公司章程未作规定的，股东会的法定人数至少为占已缴股份总数的二分之一以上的两名股东。

有限公司章程可以规定不同的法定人数，但法定人数不得少于本条第一款规定的人数。

无效转让股份的，不论其持有人是否出席会议，均不计入会议。

第一百三十九条 会议议程

会议主席应按约定设立和保持议程顺序。议程顺序变更的，须经出席会议的股东过半数同意。

股东大会可以增加会议议程，但应当由代表已缴股份总数三分之一以上的股东提出提案。

审议事项需要较长时间的，会议可以决定推迟审议，并且不必遵循本法第一百三十七条规定的召集程序。

第一百四十条 会议地点和规则

股东大会应当在有限公司总部召开，但必要时或者另有约定的除外。

会议开始后两小时内仍未达到法定人数的，主席有权暂停会议。

下次会议应在会议暂停之日起十五个工作日内举行，无论是否达到法定人数。

第一百四十一条 对投票权的限制

股东有下列情形之一的，可以限制其投票权：

（一）根据公司章程规定；

（二）除另有约定外，股东未支付其股份价款；

（三）股东为无记名股份持有人，但在会议召开前向会议主席或董事出示该股份证书的除外；

（四）股东与待表决事项有直接利害关系。

股东会应当决定该股东是否属于前款第四项规定的范围。

第一百四十二条 委托代理人参加股东大会

股东可以委托代理人出席会议，但应当以书面形式在会议召开前向董事会或者董事提出，书面委托应包括下列事项：

（一）代理人和被代理股东的姓名；

（二）被代理股东持有的股份数量；

（三）会议的名称、时间、地点和授权范围。股东授权代理人投票的，应当注明。

除非授权书中另有规定，代理人拥有与被代理股东相同的投票权。

第一百四十三条 股东会决议

股东大会决议分为普通决议和特别决议。

普通决议在一股一票的会议上以所代表的股份数的简单多数票通过为有效。

第一百四十四条 股东会特殊决议

股东会议作出特别决议的，包括本法第一百三十七条规定的会议审议事项，应当通知股东。

通过特别决议而召开的股东大会，可以一次或者多次召开。特别决议经代表百分之八十以上的已缴股份和人数三分之二以上的出席会议股东或其代表通过有效。

需要特别决议的事项包括：

（一）对本法规定的事项进行表决；

（二）修改公司章程或者公司设立合同；

（三）增加或者减少资本；

（四）有限公司合并或者解散；

（五）将有限公司的全部或部分业务出售或转让给他人；

（六）购买或者接受其他企业转让的业务；

（七）股东人数在三十人以上的，仍保持有限公司的形式。

有限公司应当自决议通过之日起十个工作日内向有关登记机关办理登记。

第一百四十五条 通过决议的方法

股东大会的普通决议或者特别决议，可以在每次会议上以记名或者不记名投票的方式通过。

第一百四十六条 少数股东权益保护

股东大会决议根据本法第一百四十三条、第一百四十四条的规定通过后生效；但是决议对有限公司造成实质损害的，有限公司应当向对决议提出反对意见的股东赔偿。

第一百四十七条 股东会决议无效

股东大会决议只能通过法院裁定无效。有下列情形之一的，法院可以裁定股东大会决议无效：

（一）违反公司章程或者公司设立合同；

（二）违反决议通过程序；

（三）违反本法第一百三十七条规定的会议通知规则。

第一百四十八条 有权要求决议无效的人

股东和董事有权请求法院裁定股东大会决议无效。

股东死亡或者无行为能力的，其合法继承人或者监护人有权请求法院裁定股东大会决议无效。

申请股东大会决议无效的请求，应当自股东大会决议通过之日起六十日内提出。

第一百四十九条 普通股东大会的权利和义务

普通股东大会的主要权利和义务如下：

（一）通过公司章程和公司设立合同；

（二）选举董事或者董事会；

（三）选举审计师；

（四）决定董事的年酬、会议津贴等；

（五）决定公司高级管理人员的工资、审计人员的费用和其他员工的工资；法院根据本法第一百五十五条第三款指定的审计人员的费用由法院规定；

（六）通过公司的经营报告、应收账款、费用和经营计划；

（七）通过股利分配办法；

（八）行使其认为必要的其他权利和履行其他职责。

两次普通会议之间召开临时会议的，行使必要权利和履行义务。

F. 有限公司财务

第一百五十条 股利分配

除另有约定外，股利按比例平均分配给已缴股份的股东。股利分配须经股东大会事先批准。

有限公司之前年度累计亏损的，不得分配股利。

违反本条第二款的规定给公司债权人造成损害的，债权人可以向股东提出请求返还已分配的股利，但该请求应当自股利分配之日起一年内提出。

第一百五十一条 公积金

公积金分为两种：法定公积金和其他公积金。

法定公积金是为防范风险而设立的基金，有限公司每年应当在扣除累计亏损后提取净利润的百分之十列为法定公积金。法定公积金累计额达到注册资本一半的，可以不再提取，但公司章程另有规定的除外。

其他公积金可以由股东大会同意设立。

第一百五十二条 公积金的使用

有限公司的法定公积金，除法律另有规定外，只能用于弥补有限公司的亏损。经股东大会批准，有限公司的其他公积金可以用于弥补亏损。

G. 有限公司审计

第一百五十三条 审计

审计是指对企业会计法规定的信息和会计记录的准确性进行核查。

审计由股东大会选举的审计师进行。

有限公司可以自成立之日起聘请审计师，或者长期聘用审计师，或者聘请审计师按照股东大会的决定进行定期审计，但是有限公司资产超过五百亿基普的除外。

第一百五十四条 审计师的资格

审计师应具备下列资格：

（一）非有限公司的董事、高级管理人员或雇员；

（二）除股东外，与有限公司没有直接的利害关系。

审计师可以是股东或第三方。

第一百五十五条 审计师的任免

审计师由股东大会选举或免职。

审计师职位因任何原因出现空缺的，董事会或董事应召开临时会议，选举审计师以填补原审计师人数。

违反本条第二款规定的，三名及以上股东有权共同请求法院任命审计师。

第一百五十六条 审计师的权利和义务

审计师有下列权利和义务：

（一）收取费用；

（二）根据需要随时对有限公司的账目进行审计；

（三）向有限公司董事、高级管理人员或雇员询问与审计有关的任何事项；

（四）编制有限公司的收入、开支和资产负债表报告向股东大会提交，包括汇报和证明有限公司会计制度和会计记录的适当性或准确性。

第一百五十七条 年度经营报告

有限公司的年度经营报告应当包括下列主要事项：

（一）总资本、注册资本和未缴的已发行股份数量；

（二）发行和已缴的股份种类和数量；

（三）有限公司持有股份的其他公司或子公司的名称、地点和业务类型，以及持有股份的类型和数量；

（四）本法第一百二十四条第三款第九项规定的内容；

（五）有限公司支付给每位董事的薪酬数目；

（六）公司章程规定的其他事项。

第一百五十八条 股东检查文件的权利

股东有权在办公时间内随时查阅或复印与有限公司许可有关的文件，但涉及商业秘密和战略竞争的文件除外。

复印费仅按成本收取。

股东可以要求有限公司董事证明有限公司复印件的准确性。

H. 有限公司的合并和解散

第一百五十九条 有限公司合并

有限公司可以与其他公司合并，保留原公司或者成为新公司。

有限公司满足下列条件的可以合并：

（一）依照本法第一百四十四条的规定作出特别决议。

（二）自决议通过之日起十个工作日内，通过适当的大众媒体至少三次公布合并情况，并通知债权人自收到通知之日起六十日内允许其反对合并。债权人逾期不答复的，视为无异议。

（三）该企业已重新注册登记。

本法第五十二条对公司合并的异议和有限责任公司合并的效力，同样适用。

第一百六十条 有限公司解散的原因

有限公司解散的原因包括两个：依法解散和法院裁定解散。

有限公司解散，应当依照本法第五十三条第二款的规定办理临时解散登记。

第一百六十一条 有限公司依法解散

有下列法定原因之一的，有限公司可以解散：

（一）依照公司章程解散；

（二）有限公司股东会根据本法第一百四十四条的规定作出解散决议；

（三）有限公司破产；

（四）本法第二部分第二章、第三章规定的解散事由出现。

第一百六十二条 法院裁定解散

有下列情形之一的，董事、股东可以向法院申请公司解散：

（一）违反本法规定的公司设立程序的；

（二）违反有限公司设立合同或者公司章程的；

（三）有限公司持续亏损，无法解决的；

（四）公司因不可抗力不能继续经营的；

（五）公司只剩下一名股东或者有三十名以上股东的，但本法第八十五条规定的情形除外。

法院收到诉讼请求后，问题较小或者可以解决的，可以裁定解散也可以责令有关公司解决。

第一百六十三条 临时解散的效力

有限公司临时解散与本法第五十七条规定的合伙企业临时解散具有同等效力。

I. 有限公司清算

第一百六十四条 清算方式

股东可以选择有限公司章程规定或者股东大会同意的资产分配或者清算方式，但有限公司因破产、法院裁定解散，或仅有一名股东或三十名以上股东的情形除外。

第一百六十五条 清算人的任免

有限公司任免清算人的程序应当在公司章程中详细规定。有限公司章程未规定清算人任免的，股东会应当以至少三分之二出席会议的股东或者代理人同意的投票表决方式选择清算人。清算人应当是自然人，可以是内部人员或者第三人。

股东对清算人的选择投票数不满足本条第一款规定的，与有限公司有利害关系的人可以请求法院指定清算人。

本条和本法第一百六十六条规定的清算人，应当按照与任命相同的方式免除其职务。

第一百六十六条 法院指定清算人

有限公司因破产或者法院裁定解散，公司只剩下一名股东或者有三十名以上股东的，由法院指定清算人。

第一百六十七条 替代无法履行职责的清算人

清算人因任何原因在任命后无法履行其职责的，例如死亡或失去行为能力，应当按照相同的程序任命新的清算人代替其履行职责。

有限公司应当自本法第一百六十五条、第一百六十六条规定的清算人的任免之日起十个工作日内公告清算人的任免情况。

第一百六十八条 清偿债务和分配资产的优先顺序

债务的清偿和分配，依照本法第六十四条第一项至第四项规定的优先顺序进行。

全额清偿前款规定的债务后，剩余资产由股东分配。

第一百六十九条 普通合伙企业清算规定的适用

除本法第五部分第二章第I节的规定外，有限公司的清算还应当符合本法第六十二条关于清算人的权利和义务，第六十三条关于多个清算人履行职责，第六十五条清算人在清算后的职责，第六十六条清算人的职责，第六十七条解散登记和注销企业营业执照的规定。

J. 一人有限公司

第一百七十条 设立一人有限公司

一人有限公司按照下列程序设立：

（一）根据本法第一百七十二条第一款的规定，以一人有限公司名义足额缴纳股款；

（二）起草一人有限公司章程；

（三）完成企业注册登记。

第一百七十一条 提交企业登记申请

一人有限公司的企业登记申请时应当提交下列文件：

（一）申请表和单独任命的经理授权书；

（二）一人有限公司章程。

单独任命经理的，上述所有文件均应有股东和经理的签名。

第一百七十二条 一人有限公司股份的支付和转让

一人有限公司的股东应当在企业登记前以现金和实物的方式足额缴纳其所持股份。

企业登记注册后，一人有限公司的股份不得抽逃，但是可以转让、继承。

一人有限公司应当自企业登记之日起三十日内，将其股份证书交由企业登记机关核准。

一人有限公司的股份证书不得单独转让。

第一百七十三条 公司超过一个股东

一人有限公司有一个以上股东的，应当将公司变更为有限公司并符合本法第五部分第二章第 A 节至第 J 节的规定，或者解散。

第一百七十四条 股东的权利和义务

一人有限公司的股东有下列主要权利和义务：

（一）通过一人有限公司章程；

（二）聘用经理；

（三）必要时聘用审计师；

（四）决定经理、审计师和其他雇员的工资和费用；

（五）通过一人有限公司的经营报告、应收账款、支出费用和经营计划；

（六）使用股利；

（七）行使一人有限公司章程规定的其他权利和履行其他义务。

第一百七十五条 经理

一人有限公司的经理可以是股东本人也可以是受雇的第三人。被聘为经理的第三人有权获得与股东约定的报酬。股东可以聘任一名或者多名经理。

经理应当在一人有限公司的章程范围内履行职责，并受股东的监督。

经理可以将部分工作安排给其他人。

第一百七十六条 经理的雇佣合同

一人有限公司经理的雇佣合同应当依照合同法的规定以书面形式订立。该合同应详细说明双方的权利、义务、报酬、责任以及合同的终止。

经理、一人有限公司和第三人之间的关系适用有关法律法规的规定。

第一百七十七条 对经理的限制

一人有限公司聘用的经理不得从事与一人有限公司竞争的下列经营活动：

（一）从事与一人有限公司相同或类似的经营活动，无论是为自己还是为其他人的利益，但经股东授权的除外；

（二）担任与一人有限公司有相同或类似业务的合伙企业的普通合伙人，但经股东授权的除外。

第一百七十八条 有限公司规定的适用

除本法第五部分第二章第J节的规定外，公司增资减资、财务、审计、合并、解散和清算的事项应当适用有限公司的规定。

第三章 上市公司

A. 一般规定和公司设立

第一百七十九条 上市公司股东人数的规定

上市公司至少应有九名发起人，并自企业登记之日起聘请审计师。

上市公司股东不足九人的，应当依照本法第五部分第二章第J节的规定解散和清算。

第一百八十条 上市公司发起人

上市公司的发起人应为满足下列条件的自然人或法人：

（一）具有法律行为能力；

（二）不是处于业务经营限制期内的破产人员；

（三）未被以贪污、挪用财产罪定罪；

（四）共同持有至少占注册资本百分之十的股份。

老挝公民、外国居民、居住在老挝人民民主共和国的无国籍人或外国人有权成为持有上市公司全部股权的发起人，但在必要情形下，发起人中至少应包括一半的老挝公民，政府须逐个确定。

第一百八十一条 召开上市公司成立大会

上市公司的成立大会应当自上市公司的设立合同提交企业登记人员并已全部认购其股份之后的九十日内召开。

未能在本条第一款规定的时间内召开上市公司成立大会的，发起人应当自决定推迟会议之日起十个工作日内通知有关企业登记人员。

下次会议应自向登记人员发出通知之日起三十日内举行。不能召开后续公司成立大会的，公司设立合同终止，上市公司的发起人应当将所缴纳的股款全部退还认股人。

上市公司的成立大会应当在公司总部所在地的区或省召开，应当有至少三分之二的发起人及认股人出席会议。

第一百八十二条 上市公司设立合同

上市公司设立合同应当符合本法第八十一条的规定，并载明向社会公开发行股票的意向。

股票公开发行应当在上市公司注册地进行并遵守有关股票买卖的法律法规。

对股票交易的规范，另行规定。

B. 上市公司股份及债券

第一百八十三条 股份和股份支付

上市公司每股股份不得超过十万基普。

上市公司的股东应当在公司成立之日以实物或现金足额缴纳股款。

上市公司完成企业登记后，股东不得请求法院裁定赎回其股份。

第一百八十四条 股份证书

上市公司的股份证书应当包括下列内容：

（一）股份证书的编号；

（二）上市公司企业登记许可的名称和编号；

（三）股东姓名和国籍；

（四）各股东所持股份数量；

（五）每股价值；

（六）发布股份证书的日期；

（七）授权董事的姓名和签名以及上市公司的印章。

上市公司的股票可以转让。

第一百八十五条 股份转让

上市公司的股份可以向公司股东或第三方转让。股份转让应当由转让人在股份证书上注明受让人姓名并经双方签字，转让人将股份证书交给受让人后转让完成。

股份转让的生效：

（一）转让给上市公司的，自公司收到转让登记请求时生效；

（二）转让给第三方的，自上市公司完成转让登记时生效。

上市公司在收到请求后认定转让适当的，应当自收到请求之日起五个工作日内办理股份转让登记。

股份转让不当的，上市公司应当自收到请求之日起五个工作日内通知申请人解决。

新股份证书的替换方式和期限，由上市公司章程规定。

上市公司发起人自公司登记注册之日起两年内，不得转让本法第一百八十条第一款第四项规定的股份。

第一百八十六条 公司债券

上市公司可以向社会发行债券筹集资金。公司债券的发售应当根据与股票交易有关的法律、法规规定的程序和规则进行。

上市公司应当根据本法第一百四十四条规定的特别决议通过向社会发行公司债券募集资金。

C. 上市公司合并

第一百八十七条 上市公司合并

上市公司可以和其他公司合并，保留原上市公司或者成为新公司。

除本节的规定外，上市公司合并应当根据本法第一百五十九条规定的程序进行。

第一百八十八条 股东反对公司合并

上市公司股东反对合并的，上市公司应当按照当时证券交易所的价格收购其持有的股份。

证券交易所没有参考价格的，应当由股东大会作出特别决议指定的独立评估师进行评估。

在对本条第二款规定的股价进行评估后，对方股东拒绝出售其股份的，相关上市公司可以进行合并，无论反对股东是否同意估价，该股东都将成为被合并公司的实际股东。

第一百八十九条 上市公司的合并和登记时间

上市公司的合并应当自全部被合并公司作出合并决议之日起一百五十日内完成，企业登记应当自合并完成之日起十个工作日内完成。

第一百九十条 有限公司规定的适用

除本法第五部分第三章的规定外，上市公司提交企业登记申请、发起人责任、增资或减资、董事和董事会、股东大会、财务、审计和清算事项，都应当符合有限公司的规定。

第六部分 国有公司

第一章 一般规定和国有公司的设立

第一百九十一条 与国有公司有关的一般规定

国有公司最初由国家全额出资设立，登记时国有公司可以出售其部分股份给政府批准的其他股东，但不得超过全部股份的百分之五十。

股东对债务的责任不得超过其所持股份的未缴部分。

国有公司可以持有其他公司股份，也可以成为其他合伙企业的合伙人。

国家可以持有其他公司的股份，也可以成为其他合伙企业的合伙人，但不得担任合伙企业的普通合伙人。

国有公司或者国家非全额持有其他企业股份的，该企业不属于国有企业。

第一百九十二条 国有公司设立合同

国有公司根据财政部门与有关部门之间的合同设立，但属于财政部门的国有公司除外。

国有公司设立合同的内容应当符合本法第八十一条的规定。

第一百九十三条 设立程序

国有公司应当按照下列程序进行设立：

（一）有关部门与财政部门协调，确定公司设立目标、业务类型、划分为等额股份的总资本并确定本法第一百九十一条第一款规定的登记后允许转让的股份比例；

（二）中央国有公司应当向总理提交公司设立申请以及经济技术可行性研究，省级国有公司向省长或市长提交；

（三）经总理、省长或市长批准后，有关部门和财政部门应当选任董事；

（四）召集有关部门、财政部门代表和全体董事出席的国有公司成立大会，宣布国有公司正式成立，并将全部业务交由董事继续经营；

（五）召开董事会首次会议（如有）；

（六）董事应当自本法第一百九十九条规定的股款缴足之日起三十日内对企业进行登记。

第一百九十四条 国有公司成立大会的职责

国有公司成立大会的主要职责是：

（一）通过国有公司章程；

（二）宣布国有公司正式成立；

（三）公布最初任命的董事会成员名单；

（四）宣布审计人员并决定其薪酬；

（五）正式向董事或董事会分配任务。

国有公司成立大会由相关部门或者财政部门的代表主持。

第一百九十五条 国有公司章程

国有公司章程应当包括本法第八十二条的规定，并应当包括下列内容：

（一）国有企业的权利和企业登记后的股份转让比例；

（二）向其他股东分配股利（如有）；

（三）国家关于经营活动利润和亏损的政策或措施。

中央国有公司的章程由财政部部长签署，省级国有公司的章程由省长、市长签署。

国有公司章程的修改，应当经本法第二百一十条规定的表决通过。

第一百九十六条 首次董事会会议

首次董事会会议应当自国有公司成立大会结束之日起十个工作日内召开。

首次董事会会议有如下职责：

1. 选举董事会主席，必要时，可以选举董事会副主席；
2. 给每个董事分配任务。

第一次董事会会议决议应当经半数以上董事通过后生效。

第一百九十七条 提交企业登记申请

国有公司办理企业登记应当提交下列文件：

（一）由董事签署并附有经济技术可行性研究报告的企业登记申请表；

（二）中央国有公司由总理作出的或者省级国有公司由省长、市长作出的成立国有公司的通知或者决定；

（三）董事长签署的国有公司成立大会会议记录；

（四）由财政部部长签署的中央国有公司章程或者由省长、市长签署的省级国有公司章程。

本法第一百九十一条第一款规定的国有公司股份转让，应当在公司登记后并符合股份交易的法律法规时进行。

第二章 国有公司股份和债券

第一百九十八条 股份

国有公司的股份通过将资本划分为等值份额而实现。国有公司的股份每股不得超过十万基普。

国有公司的股份可以以现金或者实物出资。实物应当由专门委员会以货币方式进行评估。

第一百九十九条 股份支付

以现金或者实物支付的国有公司股份，应当自国有公司成立之日起五个工作日内将所有权转让给有关国有公司进行全部支付，但财政部门和有关部门另有约定的除外，国有公司章程应当载明上述事项。

第二百条 股份证书

国有公司的股份证书应当载明下列内容：

（一）股份证书编号；

（二）国有公司企业登记许可的名称和编号；

（三）持股部门名称；

（四）股份数量；

（五）每股的价值；

（六）股份证书的发布日期；

（七）董事姓名、签名和国有公司印章。

国有公司的股票可以按照本法第一百九十一条第一款规定的份额进行转让。

国有公司登记之日起三十日内，董事应当向有关部门和财政部门签发股份证书，作为所有权凭证。

签发给其他股东的股份证书应当根据本法第一百八十四条规定的各股东所持股份的种类记载相关内容。其他股东是指非代表国家的股东。

股份证书的价值应至少为一股。

第二百零一条 股份转让

经政府同意转让给其他股东的股份，可以不经政府再次批准而直接转让。

股份转让超过本法第一百九十一条第一款规定的部分无效。违反规定的，应当承担法律责任。

第二百零二条 债券

国有公司可以通过发行债券募集资金，并应当符合下列规定：

（一）债券发行应当经政府批准；

（二）遵守与股份交易有关的法律程序和规定。

第三章 国有公司董事和董事会

第二百零三条 董事

国有公司董事可以是公务员或者第三人，但国有公司另有规定的除外。

国有公司董事是国有公司有效管理政府为公司经营活动提供的资产的代表，也是国有公司与第三方业务往来的代表。

国有公司董事的基本工资与公务员的基本工资一致，并有权获得根据本法第二百一十五条第一款第一项的规定发放的额外工资或奖金。上述规定也适用于国有公司的高级管理人员。

第二百零四条 董事资格

国有公司董事除应当具备本法第一百一十七条规定的条件外，还应当具备下列条件：

（一）无贪污、自私自利行为记录；

（二）可以高度负责地履行职责；

（三）与该国有公司无直接利害关系；

（四）应当在接受董事职务前申报资产；

（五）具备经营管理方面的技术、能力和经验。

第二百零五条 董事的任免

董事任命包括以下两种方式：

（一）首届董事会，中央国有公司董事由财政部部长任命，省级国有公司董事由省长或者市长任命，并经有关部门同意；

（二）之后的董事会，包括两次普通股东大会之间董事职位的空缺，经股东大会决议，中央国有公司董事由财政部部长任命，省级国有公司董事由省长或市长任命。

通过上述两种方式之一任命的董事，经股东大会决议，中央国有公司董事由财政部部长免职，省级国有公司董事由省长或者市长免职。

第二百零六条 董事任职终止

国有公司董事有下列情形之一的，可以终止其职务：

（一）本法第一百二十七条第一款第一项至第四项规定的情形；

（二）财政部部长或省长、市长发布决定进行免职。

董事辞职应当经财政部部长或省长、市长通过，并通知有关企业登记人员。

第二百零七条 董事会

三名以上董事的国有公司应当设立董事会。必要时，两名董事的国有公司也可以设立董事会。

国有公司董事会的权利和义务，依照本法第一百三十条的规定。

第四章 国有公司股东大会

第二百零八条 国家的股东代表

除非政府另有决定，相关部门和财政部门的代表是国有公司的股东。

前款规定的部门应当至少任命两名股东，根据有关部门的提议，中央一级的股东由财政部部长任命，省级或市级的股东由省长或市长任命。股东变更的，应当自变更之日起三十日内完成替代。

上述代表行使各国有公司股东的权利并履行义务。

国家的股东代表不领取工资和报酬，但按照有关规定在年终会议后领取奖金和津贴。

第二百零九条 股东大会的法定人数和规则

国有公司的股东大会由国家指定的全体股东代表或者其代理人出席。

不能亲自出席会议的股东代表应当委派代理人参加股东大会，并向会议主席提交授权委托书。

国家股东代表无充分理由缺席三次股东大会的，会议主席应当通知财政部部长或省长、市长。

国有公司依照本法第一百九十一条第一款规定出售股份的，除符合上述规定外，还应当达到股东大会的法定人数，要求持有公司股份总数至少百分之八十的股东参会。

第二百一十条 股东大会决议

股东大会决议分为两类：

（一）国家为唯一股东的国有公司，除国有公司章程另有规定外，股东大会的决议须经半数以上的国家股东代表通过有效。计票时，一人一票。

（二）国有公司依照本法第一百九十一条第一款规定出售股份的，股东会决议必须经半数以上所持股份通过有效。计票时，一股一票。本款第一项规定的表决同意后，国家股东代表应当委派其中一人代为投票。

除本法第二百一十一条规定的事项外，国有公司股东大会可以对与国有公司业务有关的一切事项进行审议并作出决议。

第二百一十一条 需要批准的事项

国有公司增资、减资、解散，内部合并，与其他类型的企业合并成为国有公司，购买或接受其他类型企业转让业务的，中央国有公司由政府批准，省级或市级国有公司由省长或市长批准。

需要政府批准的事项包括：

（一）出售本法第一百九十一条第一款规定的股份；

（二）将国有公司的业务出售或者转让给其他类型的企业；

（三）国有公司与其他类型的企业合并成为另一种类型的企业。

政府或省长、市长授权实施本条规定的事项时，应当就实施情况提供详细的指示。

第二百一十二条 其他股东的权利和义务

其他股东有下列权利和义务：

（一）参加股东大会会议，发表意见并进行表决；

（二）按照规定检查和复制国有公司的登记文件或者其他资料；

（三）按照国有公司章程规定的方式获得股利；

（四）利益受到侵害时向法庭提起诉讼。

第五章 国有公司的财务和责任

第二百一十三条 分配股利

国有公司的股利应当按照持股比例进行分配。分配给其他股东之后的股利余额归国家所有，应按照规定汇入国家预算。

国有公司之前年度累计亏损的，不得分配股利。

第二百一十四条 公积金

公积金分为两种：法定公积金和其他公积金。

法定公积金是为防范风险而设立的基金，国有公司每年应当在扣除累计亏损后提取净利润的百分之十列为法定公积金。法定公积金累计额达到注册资本一半的，可以不再提取，但国有公司章程另有规定的除外。

其他公积金可以由股东大会决定设立。国有公司不设立社会福利基金，适用政府社会福利基金的规定。

国有公司公积金的使用，依照本法第一百五十二条的规定执行。

第二百一十五条 责任

政府对国有企业的具体规制如下：

（一）国有公司实现营利的，国家每年可以给予不超过国有公司净利润百分之十的资金奖励以适当增加员工工资或者奖金；

（二）国有公司因不可控制或者难以控制的外部因素造成经营亏损的，国家可以采取适当的政策分担国有公司的损失，并允许国有公司继续经营；

（三）因国有公司管理能力不足造成损失的，董事应当承担不超过全部损失百分之十的责任，国有公司连续两年亏损的，应当免去董事职务；

（四）因国有公司董事、高级管理人员或者职工的过错造成损失的，国家可以追究其个人责任并依法向法院提起诉讼。

具体的奖励政策和责任认定，另行规定。

第六章　国有公司审计和专项检查

第二百一十六条　审计

国有公司应当自企业登记之日起聘任审计师。小型国有公司不能聘请长期审计师的，每年应当至少一次在向股东大会提交资产负债表和年度报告前聘请审计师对其会计记录进行审计和核实。

国有公司应当严格遵守本法第五部分第二章第 G 节的审计原则。

第二百一十七条　专项检查

根据股东大会决议或相关部门的要求，中央国有企业经财政部部长批准，省级国有企业经省长、市长批准，可以对国有企业进行专项检查，股东大会决议适用本法第二百一十条的规定。

财政部部长、省长或市长接到决议或者请求后，应当在三十日内指定检查人员或者检查委员会对相关国有公司进行检查。

第二百一十八条　检查人员的权利和义务

检查人员有下列权利和义务：

（一）要求国有公司提供文件备查；

（二）询问相关国有公司的董事、高级管理人员或者职工；

（三）向提出检查请求的股东和财政部部长、省长或市长提交检查报告。

第二百一十九条 专项检查的费用

检查发现公司有过错的，国有公司应当承担检查费用。有关人员对国有公司的内部责任，依照法律法规的规定进行追究。

检查结果不能证明指控事实的，国家应当负担检查费用。

第七章 国有公司私有化、合并、解散和清算

第二百二十条 变更成其他类型的企业

出于其他目的或者必要时，可以将国有公司变更为本法第二百一十一条第二款第二项和第三项规定的其他类型的企业。

前款所述股份合并或者转让致使国有公司变更为与其他股东约定的其他类型的企业的，国家成为新公司的股东，但国家转让其全部股份的除外。

国有公司变更为其他类型企业的，应当按照该类型企业的规定对企业进行设立、登记和经营。

作为国家股份的持有人，财政部门应当遵守此类公司的管理规则。出售或者转让国家持有股份的，应当事先经政府批准。

财政部门作为其他企业的股东应当行使权利和履行义务，保护国家的利益和财产所有权。

第二百二十一条 国有企业合并

国有公司合并的，适用下列程序：

（一）本法第二百一十一条第一款规定的国有公司内部合并或者国有公司与其他企业合并形成国有公司的，应当符合有限公司合并的有关规定和国有公司设立的有关规定；

（二）本法第二百一十一条第二款第三项规定的国有公司与其他企业合并形成其他企业的，应当符合该企业合并和设立的规定。

第二百二十二条 解散和清算

国有公司有下列情形之一的可以解散：

（一）政府责令解散中央国有公司的，省长或市长责令解散省级或市级国有公司的；

（二）破产；

（三）国有公司持续亏损无法挽回。

国有公司应当严格遵守本法第五部分第二章第Ⅰ节规定的清算规则。

第二百二十三条 公司规定的适用

除本法第六部分的规定外，采用有限公司或者上市公司形式的国有公司应当适用有限公司或者上市公司的规定。

第七部分 合 营 公 司

第二百二十四条 合营公司

合营公司是指由国家和国内外其他非政府投资者联合设立，双方各持百分之五十股份的公司。

合营公司的设立和管理，适用本法规定的公司形式。

第二百二十五条 股东大会

股东大会决议须经全体一致通过后生效，但合营公司章程另有规定的除外。

投票时，一股一票。

第八部分 企业管理和检查

第二百二十六条 管理部门

政府对企业的设立和经营实行中央管理，除国内和外国投资促进法规定的企业登记和管理活动外，由商务部门牵头与有关部门协调。

商务部门包括：

（一）商务部；

（二）省市级商贸部门；

（三）区市级商贸办公室。

第二百二十七条 商务部的权利和义务

商务部有下列权利和义务：

（一）制定促进企业发展的指令和政策；

（二）研究和学习法律，执行促进企业发展的政策；

（三）在全国范围内宣传、指导、鼓励和监督促进企业发展的政策的执行情况；

（四）依法管理和提供企业登记服务；

（五）培训和提升商务部门官员的技术能力；

（六）协调有关部门和地方政府，在全国范围内系统检查和监督经营单位遵守法律法规的情况；

（七）依照法律法规的规定，在企业登记簿上登记、变更或者注销企业名称；

（八）维护对外贸易关系，开拓市场；

（九）行使法律法规规定的其他权利和履行其他义务。

第二百二十八条 省市级商贸部门的权利和义务

省市级商贸部门有下列权利和义务：

（一）宣传、指导、鼓励和监督本地区内促进企业发展的政策的执行情况；

（二）配合有关部门等对本地区内各经营单位执行企业法律法规的情况进行系统检查和监督，并向上级机关报告执行情况；

（三）根据法律法规的规定，在企业登记簿上登记、变更或者注销企业名称；

（四）维护对外贸易关系，特别是经商务部批准的与该地区接壤的国家的贸易关系；

（五）行使法律法规规定的其他权利和履行其他义务。

第二百二十九条 区市级商贸办公室的权利和义务

区市级商贸办公室有下列权利和义务：

（一）在职责范围内贯彻执行有关企业的政策和法律法规；

（二）依照法律法规的规定，在企业登记簿上登记、变更、注销企业名称；

（三）配合有关部门对本地区的经营单位遵守企业法律法规的情况进行系统检查、监督并收集信息，向上级报告；

（四）行使法律法规规定的其他权利和履行其他义务。

第二百三十条 其他相关部门的权利和义务

其他与企业有关的部门，应当根据其职责、权利和义务与商务部门协作。

企业登记注册后，有关部门应当在其权利和义务范围内牵头管理企业的经营活动。

第二百三十一条 工商业联合会

工商业联合会是由商人组成的社会组织，是政府机构和经营单位之间的桥梁，同时是老挝人民民主共和国境内的雇主、商业协会和设立经营的各类企业的代表。

工商业联合会应当积极发挥作用，就与商业有关的事项向政府发表意见，动员、教育、领导，组织和聚集商业人士，以推动经济、贸易、工业、金融和服务业的发展，保护企业的合法权益，鼓励企业依法经营。

第九部分 奖励政策和处罚措施

第二百三十二条 奖励政策

对遵守本法有突出表现的个人或者组织，应当给予表彰、祝贺或者其他优惠政策。

第二百三十三条 处罚

违反本法规定的个人或组织，应当根据其违法性质给予不同的处罚。

第二百三十四条 妨碍企业登记

企业登记人员或者有关人员阻碍企业登记的，如无正当理由要求申请人提供额外材料、遗失文件或者拖延登记的，将给予再教育、免职、降职或开除公职等处罚。

第一款的规定，适用于有关部门负责审查管控经营清单所列的经营种类的人员。

第二百三十五条 责令换发企业许可证

责令换发企业许可证的，给予撤职、降职、开除等处罚。

除经政府授权外，有关部门的工作人员责令更换与受管控经营类别有关的文件或执照的，适用前款规定。

第二百三十六条 未经企业登记的经营

未经企业登记从事经营活动的，每次处以一百万基普至一千万基普的罚款。

善意债权人与未经登记的企业从事经营交易的，其合法权益受到保护。

第二百三十七条 不符合目的的生产经营

从事经营活动与其企业目的不相符的，应受到再教育或每次一百万基普至五百万基普的罚款的处罚。

第二百三十八条 企业登记不当

对本法第十五条规定的企业许可证登记不当的，予以注销。

企业登记人员为前款规定的人员或者组织办理企业登记不当的，给予撤职、降职、开除等处罚。

第二百三十九条 披露和拒绝披露信息

未经企业同意，企业登记人员或者有关人员泄露本法第十九条第二款规定的信息的，视为违反官方保密规定，对其应当依照刑法处罚并开除公职。

企业登记人员拒绝公开查阅、复制本法第十九条第一款规定的文件，或者拒绝公开本法第十九条第一款规定的信息的，给予撤职、降职、开除的处罚。

第二百四十条 未显示标志或名称使用不当

企业接到通知后七日内，未显示企业标志或使用与企业形式、类型不符的企业名称的，给予再教育或每次罚款二十万基普的处罚。

第二百四十一条 使用禁止名称

使用本法第二十二条禁止使用的企业名称的，给予再教育或者三十万基普罚款的处罚，并责令停止使用该名称。

第二百四十二条 企业解散后未移除企业名称标志的

企业依照本法第二十六条第一款的规定解散后，不移除企业名称标志的，给予再教育或者五十万基普罚款的处罚，并责令移除该标志。

第二百四十三条 其他违法行为

任何个人或者组织违反本法规定给他人造成损害的，应当承担赔偿责任。

构成犯罪的，依照刑法的规定处罚。

第十部分 附 则

第二百四十四条 法律实施

本法由老挝人民民主共和国政府组织实施。

第二百四十五条 法律生效

本法自老挝人民民主共和国国家主席颁布主席令之日起一百二十日后生效。

本法取代1994年7月18日第005/SPA号商法。任何与本法相抵触的规定无效。

老挝人民民主共和国增值税法

（2006年12月26日老挝国会第04/NA号决议通过，2007年1月16日国家主席令颁布）

第一部分　总　　则

第一条　立法目的

增值税法规定了消费者对国家预算义务即增值税征收的原则、规定、方法和措施，旨在促进生产和经营，扩大商品和服务的流通，与国家社会经济发展和区域及国际一体化规划相协调。

第二条　增值税

增值税是一种间接税，根据从生产、分销、消费服务供应等所有过程中货物和服务的增值比例征收；也根据进口到老挝的货物和服务的价值征收。

第三条　定义

本法所用术语，含义如下：

（一）增值税的纳税对象是指在老挝人民民主共和国境内用于制造、经营、消费、分销或供应的货物和服务；

（二）增值税的纳税人是指从事经营活动并向最终消费者收取增值税的组织、法人和个人，其应当向国家预算缴纳增值税；

（三）货物分销是指将货物使用权转让给他人以换取现金报酬或者其他利益；

（四）服务是指在运输、电信、建筑、修理、市场管理合同、土地开发以及出售使用权、酒店、旅游、餐饮、娱乐、咨询、经纪、代理等领域中，向他人提供劳务、材料、设备或者车辆以换取报酬的经济活动；

（五）进口是指将货物或服务引进老挝人民民主共和国，包括与进口有关的服务；

（六）出口是指从老挝人民民主共和国向其他国家发送货物或服务，包括与出口有关的服务；

（七）商业部门是指在农业、林业、手工业、工商业、采矿、运输、银行等从事制造和服务经营活动的不同部门；

（八）经纪人或代理人是指经其他个人或法人授权从事订立协议、谈判或签订商业合同的个人或法人；

（九）常设营业场所是指纳税人固定经营业务的地方，被视为常设营业场所的地方包括行政办公室、分支机构、工厂、采矿场、建筑工地以及进行经营的其他地点；

（十）增值税进项是指纳税人为经营增值税业务在购买货物或者服务时已经缴纳的增值税税额；

（十一）增值税出项是指按应征增值税的货物和服务的销售价值计算的税额；

（十二）应纳税额是指增值税出项减去增值税进项后的余额，或者以应纳税的商品和服务销售价值的增值部分计算的税额；

（十三）纳税期间是指月度核算期；

（十四）非老挝居民是指在老挝人民民主共和国没有永久居留权而居住、工作和从事经营活动的人。

第四条 国家的增值税政策

国家制定增值税政策和其他税收政策，从下到上分阶段处理重复征税，逐步减少税收流失，旨在推动制造业、服务业、出口业和国内外投资，加强国家预算，促进社会经济发展的持续增长。

第五条 个人和组织的增值税缴纳义务

增值税是消费商品和服务的最终消费者应当履行的一种纳税义务。经营者对商品和服务的销售价格进行计算并加征增值税，上缴国家预算。

个人、组织和法人消费或者进口货物、服务的，有义务依照法律法规的规定全面、完整地向国家缴纳增值税。

第六条 增值税法适用范围

增值税法适用于在本法规定的老挝人民民主共和国境内经营企业、制造业和服务业的国内外个人、组织和法人。

第七条 国际关系与合作

政府根据老挝人民民主共和国签署或加入的国际协定或条约，通过技术交流、人力资源开发、信息交换、在不同领域提供便利等方式，推动增值税领域的开放和促进国际关系与合作的发展。

第二部分 增值税规定

第一章 增值税纳税对象和增值税纳税人

第八条 增值税纳税对象

老挝人民民主共和国用于制造、经营和消费，包括用于自己消费、非商业活动以及向其他和自己的工人免费供应的货物和服务都是应缴纳增值税的对象，但本法第十条规定的情形除外。

第九条 增值税纳税人

下列组织、法人和个人是增值税纳税人：

（一）从事商品生产和服务提供的经营者，其年营业额高于或者等于本法第十三条第一款规定的增值税起征点，或者年营业额低于起征点，依照本法第十五条的规定自愿缴纳增值税；

（二）货物和服务的进口商，不论其进口是为了持续还是偶尔的商业经营或自我消费，均应缴纳增值税；

（三）非老挝居民且未在老挝人民民主共和国税收制度中登记的人员，在老挝向其客户提供服务的，应当根据本法第二十九条的规定缴纳增值税，增值税通过计算在其常设经营场所进行的交易所产生的营业额征收。

第十条 免征增值税

下列货物和服务免征增值税：

（一）农民、公务员和合作组织成员自行生产、销售的非加工农产品和手工业产品；

（二）用于培育的作物种子和动物、杀虫剂、疫苗以及有机和化学肥料；

（三）幼树培育、植树造林和工业、果木和药用树木种植活动；

（四）供国家部门、技术机构进行科学研究、分析的无法自产的材料、设备和化学品；

（五）确保印制钞票、铸造硬币、分发钞票和硬币的金条进口、钞票或硬币进口；

（六）供官方使用的税票或邮票进口或与之有关的活动；

（七）空运飞机和设备的进口和用于国际空运服务的货物、燃料和其他油料的进口；

（八）根据外交部的批准，用于出售给驻老挝的外交官、大使馆和国际组织的货物进口；

（九）老挝外交官、公务员和学生在完成至少三个月的海外任务、培训或学习后带进老挝的个人物品；个人物品应当属于非商业性质；汽车和其他交通工具不免征增值税；

（十）经授权的教科书、教学手册、报纸、政治杂志以及传播政治政策的非商业电视和广播节目的生产和销售；

（十一）教育机构活动，如托儿中心、幼儿园、中小学、学院、大学、职业学校和职业培训中心；

（十二）与银行服务、金融机构以及健康、生命、家畜和树木种植保险有关的业务；

（十三）医疗服务，如检查、治疗、诊断、传统药物、移植器官、对病人和残疾人的援助；

（十四）特定用途的车辆，如消防车、救护车、配备维修设施的车辆、室外电视广播车等用于国家管理、国防和公共安全的车辆；

（十五）政府与外国政府签订的协议、条约和合同中规定的为援助项目提供的货物和服务。

第二章　增值税实施的系统和条件

第十一条　增值税系统的组成部分

增值税系统是一般税收系统中的一环。增值税代替了营业税。

增值税系统包括增值税的登记、计算、抵扣、返还、申报和缴纳的原则和规定。

第十二条　增值税实施的条件

增值税的实施基于下列条件：

（一）经营者的年度营业额；

（二）标准会计制度和发票的使用。

第十三条　经营者年度营业额

根据本法第九条第一项的规定，年度最低营业额达四亿基普的经营者应当向税务机关办理增值税登记，并应当自其在增值税系统登记之日起提交增值税申报表。

商品和服务价格浮动百分之二十以上或者有需要的，政府将根据当地实际情况调整前款和本法第十五条规定的年度营业额水平，并报下一届国会批准。

第十四条　标准会计制度的保持与发票的使用

在增值税系统登记的经营者有义务按照企业会计法的规定，保持先进或正常的会计制度。会计标准由国家有关机构或依法设立的会计咨询公司认证。经营者应当使用国家规定的发票格式。

第十五条 自愿的增值税登记

年营业额低于四亿基普，持有正确的账目以及使用发票和其他证明文件的经营者，可以自愿向税务机关申请在增值税系统登记，并自其被批准在增值税系统登记当月起成为增值税纳税人。

第三章 增值税计算

第十六条 增值税的计算方法

增值税的计算方法是：应纳增值税的货物和服务的价值乘以增值税税率。

第十七条 增值税的计算基础

应纳增值税的货物和服务的价值是增值税计算的基础，具体计算方式如下：

（一）进口货物以进口时申报的价值加上关税、消费税（如有）和进口相关服务的价值为基础计算；

（二）在国内生产过程中征收消费税或为国内销售而进口的货物和服务，以含消费税（如有）但不含增值税的销售价格为基础计算；

（三）用于国内贸易或国内消费的货物和服务，包括自用、他用、雇员使用以及免费供应的货物和服务，以不含增值税的货物和服务的市场销售价格或交易地的同等价格为基础计算；

（四）经营者的财产租赁以合同约定的每期租金为基础计算；

（五）劳务合同以含合同项下已收增值税的劳务费为基础计算；就业安置服务以不含增值税的已收劳务费为基础计算；

（六）赊销的货物和服务以货物或服务的直接销售所确定的不含增值税的总价值为基础计算，不包括利息；

（七）特定性质的商品和服务，如旅游、电信、互联网服务、彩票经营、经纪人和代理人的经营以及其他难以确定增值税计税依据的经营活动，政府负责制定详细的规定以确定增值税计算基础。

计算本条规定的货物和服务增值税的基础，有额外收入的，应当将该收入纳入经营者的增值税计算。

经营者以外币赚取营业收入的，应当根据交易时老挝人民民主共和国的银行汇率将营业收入换算成基普，以确定增值税的计算基础。

第十八条 增值税计算基础调整

有下列情况之一的，可以调整增值税计算基础：

（一）顾客全部或部分退货或申请服务费退款；

（二）随后取消销售或服务；

（三）商品或服务的价格有折扣。

上述情况的增值税基础调整将在卖方开具增值税发票并在其增值税申报表中申报增值税金额时进行。

第十九条 增值税税率

增值税税率如下：

（一）进口货物和服务以及国内生产和消费的应缴纳增值税的货物和服务，税率为百分之十；

（二）出口货物和服务的税率为零。

第二十条 应缴增值税计算

增值税的应纳税额为销售时征收的增值税税额减去购买时本法第二十二条规定的作为抵扣的增值税税额。

销售时征收的增值税税额为货物或者服务的实际销售价格乘以货物或者服务销售时开具的发票上注明的增值税税率。

购买时作为抵扣的增值税税额为购买货物和服务时注明增值税税额的发票上的或者在货物和服务进口时的增值税完税凭证上的已缴纳增值税的总税额。

带有固定价格且没有单独注明增值税（已包含增值税）的其他种类发票的交易，增值税的销售和购买纳税额通过增值税免征价格乘以增值税税率来计算。

第二十一条 增值税计征时间

增值税计征时间根据下列情况确定：

（一）进口货物的增值税与关税同时计算和征收；

（二）销售进口或国内货物和服务的，不论是否付款，按照下列情况计算和征收：

1. 卖方开具发票转让货物所有权的，在开具发票和转让所有权时计算征收增值税；

2. 卖方已向买方交付货物或提供服务但未开具发票的，在交付货物、提供服务或货物运输时计算征收增值税；

3. 买方已按合同规定向卖方支付预付款但卖方尚未开具发票的，增值税在卖方收到货款时计算征收增值税；

4. 分期付款的，在实际向买方交付货物和服务时按总额计算征收增值税；

（三）自用或者无偿提供的商品和服务，以及向本单位职工提供的商品和服务，在消费或者提供时计算征收增值税。

第四章 增值税抵扣和返还

第二十二条 增值税抵扣

可抵扣的增值税进项税额是指按照购买货物和服务时开具的发票或者在进口增值税完税凭证上注明的已缴纳的增值税税额，增值税系统下的经营者在下列情况下可以进行抵扣：

（一）应缴纳增值税的用于制造业、商业和服务业的货物和服务的增值税进项税额可以全部抵扣。

（二）应缴纳增值税和免征增值税的用于制造业、商业和服务业的货物和服务的增值税进项税额，按照该经营活动中应当缴纳增值税的货物和服务的比例扣除。

（三）应缴纳增值税和免征增值税的用于制造业、商业和服务业的固定资产的增值税进项税额可以全部抵扣。

（四）出口的货物和服务，包括出口免税的货物和服务的增值税进项税额，符合下列条件并经证明的可以抵扣：

1. 货物和服务的出口经海关认证；

2. 有销售合同；

3. 此类货物和服务应当通过银行或其他形式支付，如货物和服务的交换，以及法律规定的其他特殊形式结算。

出口货物和服务的增值税进项税额的扣除，另行规定。

（五）增值税系统的经营者，其可抵扣的增值税进项税额超过当月申报的增值税出项税额的，除本法第二十四条规定的增值税返还外，余额可以结转下月扣除，但最长不得超过六个月。

增值税进项抵扣请求应当在增值税进项发生的当月计算增值税时向税务机关提出书面申请，但不得迟于增值税进项发生后六个月。

第二十三条 不可抵扣的增值税进项

下列增值税进项不得从增值税出项中进行抵扣：

（一）本法第十条规定免征增值税的货物和服务；

（二）购买或者进口货物和服务时，增值税进项税额缴纳收据不正确和不完整；

（三）非用于经营者应缴纳增值税的主营业务的商品和服务，如食品、住宿、旅游、娱乐、招待、援助或者实物捐赠，向企业及其职工免费提供的商品和服务；

（四）应缴纳和免征增值税的用于商业、制造业和服务业的燃油和润滑油；

（五）非用于经营者主营业务的电话、供水、供电等费用；

（六）材料、设备、车辆或其他资产的租赁费；

（七）不属于主要经营业务的车辆及其配件和备件的销售。

第二十四条 增值税返还

增值税在下列情况下予以返还：

（一）出口货物和服务的增值税进项，包括本法第十条规定的免征增值税的出口货物和服务，除政府储备的天然木材和矿产产品外，将每月返还；

（二）依法在企业合并、分立、破产时尚未全部抵扣或者经营者多缴的增值税；

（三）依照本法和国际协定应当返还的增值税税额；

（四）会计期间营业收入来源于境内经营和出口经营的经营者，当月未全额抵扣增值税进项的，只退还出口部分。

经营者应当向主管税务机关提出书面申请领取增值税退税。

设立增值税退税基金的权利范围、时间、文件和资金来源，另行规定。

第三部分 增值税许可证

第一章 增值税许可证的一般规定

第二十五条 一般规定

增值税许可证的一般规定包括：

（一）增值税登记；

（二）增值税注销。

第二十六条 增值税登记

增值税登记是指将纳税人的主要信息系统地、连续地载入税务机关的登记簿。

增值税登记应当按照主管税务机关发布的格式提交申请。

税务人员收到增值税登记申请表后，应当在十五个工作日内考虑向纳税人发放增值税登记证和纳税人识别号。

在增值税系统登记的，应当在法律法规规定的业务和公务活动中使用纳税人识别号进行身份证明。

企业合并、分立或者变更经营活动的，经营者应当自合并、分立或者变更经营活动之日起三十个工作日内通知主管税务机关。

增值税登记的步骤和具体程序，另行规定。

第二十七条 经营者增值税登记

经营本法第十三条第一款、第十五条规定业务的经营者，应当向主管税务机关申请增值税登记。

新经营者应当提交本法第十三条第一款、第十五条规定的年度营业额计划，并向主管税务机关申请登记。该经营者将被纳入增值税系统并在三十个工作日内向其分配纳税人识别号。

本条规定的增值税登记自领取增值税许可证之日起生效。

第二十八条 增值税许可证注销

经营者放弃经营的，应当向其登记的主管税务机关申请注销增值税许可证。税务机关应当自收到申请之日起三十个工作日内审议并出具注销证明。经营者应当继续缴纳增值税直至领取注销证明。

第二章 增值税许可证的特别规定

第二十九条 非老挝居民和非登记经营者

根据本法第九条第三项的规定，已登记在增值税系统的经营者接受非老挝居民或者未在老挝增值税系统登记的经营者提供的服务的，应当在向其支付服务费时代扣代缴增值税。代扣代缴的增值税应当按照本法第三十二条规定的会计期间，在正常纳税申报的同时缴纳。

未在增值税系统登记的经营者从非老挝居民或同样未登记的供应商处获得服务的，应当在向供应商付款后三十日内代扣代缴增值税并上交国家。

第三十条 经纪人和代理人

个人以经纪人或代理人身份向增值税系统中的企业经营者提供商品或服务的，视为本法规定的应缴纳增值税的经营行为。

第三十一条 增值税系统外的经营者

未根据本法规定在增值税系统登记的经营者，应当依照税法规定对其销售的商品和服务征收营业税。

第四部分 实 施

第一章 增值税申报和缴纳

第三十二条 增值税申报

办理增值税纳税申报，应当按照下列程序进行：

（一）经营者应于次月十五日前向主管税务机关按月申报增值税；

（二）一个纳税期内没有产生增值税的，企业经营者仍有义务按照规定向税务机关提交信息完整、正确的增值税纳税申报；

（三）在增值税系统登记的经营者应当自登记生效之日起办理增值税纳税申报；

（四）货物和服务进口商应在每次申报关税的同时提交增值税纳税申报并支付增值税。

纳税申报方法和纳税申报表，另行规定。

第三十三条 增值税缴纳

缴纳增值税的经营者应当按照下列规定办理：

（一）销售商品或者服务的，应当在次月十五日前按月缴纳增值税；

（二）进口商品或者服务的，应当在缴纳关税时全额缴纳增值税；

（三）一个会计期间的增值税进项金额超过增值税出项金额的，结转余额在下一个会计期间扣除；

（四）增值税金额应当以基普方式支付给国家预算。

第二章　保持账目和发票

第三十四条　保持账目

保持账目是指记录所有业务活动的过程。在此过程中，经营者开具的发票中的主要数据将按照法律法规的要求系统、连续地记入会计账簿。

在增值税系统登记的经营者应当保持准确、完整的账户，用于监督、记录和保持与增值税有关的发票、收据和会计账簿档案。

所有使用过的会计文件应当保存十年，并且应当随时可供审计员检查。

第三十五条　发票

发票是指用于证明货物和服务的销售、购买时的增值税支付、销售时的增值税征收、增值税扣除或要求返还的文件。

所有货物和服务的销售均应附有法律法规规定的发票，具体如下：

（一）增值税系统的经营者对每一笔货物销售和服务，都有义务开具包括应缴增值税在内的发票，并按照发票格式的要求填写正确、完整的信息；信息包括不含增值税的销售价格、收取的费用（如有）、增值税金额、含增值税的销售价格。经营者在销售时未在发票上填写增值税金额的，税务人员以发票上注明的销售价格为增值税的计税依据。

（二）未在增值税系统登记的经营者也有义务开具发票，但无权为其客户将增值税金额计入发票。

（三）卖方不开具发票的，买方有权向卖方索要。

（四）印有固定价格的邮票、售票和卡片被视为包括增值税在内的付款收据。

第三十六条 库存货物及抵扣

增值税法施行前有库存货物并将在增值税系统登记的经营者，应当对库存进行清点，确认商品的数量、种类和价值以及购买时为向主管税务机关申报缴纳的营业税金额。

购买上述货物时缴纳的营业税税额，应当自本法生效后在本法第二十二条规定的当月应缴纳增值税税额中扣除。

第三十七条 审计

对征收增值税的经营者进行审计是为了保证其正确、完整、及时地履行义务。

审计可以在以下地点进行：

（一）在税务局办公室工作台审计；

（二）在纳税人办公室现场审计；

（三）在相关地点进行检查，如货物在国内储存或移动的地点。

审计可以定期进行，事先通知和紧急审计。

审计人员应当遵守法律法规，被审计人应当配合。每次审计后，审计师应在被审计经营者在场的情况下编制审计备忘录，宣读内容，并在备忘录上签字。

第三章 有关增值税申诉的解决

第三十八条 经营者的申诉

应缴增值税经营者有权就其认为不符合法律法规的增值税相关行为提出申诉。申诉应当自评估通知之日起三十日内，或自收到税务机关发出的任何其他通知之日起，或自经营者目击不合法的事件或行为之日起，直接向主管税务机关提出。

申诉处理过程中，经营者应当将占增值税纳税评估额百分之五十的款项作为临时性增值税退税担保金。

经营者逾期提出申诉的，税务机关不予受理。

第三十九条 审议和解决申诉

（一）税务机关收到经营者的增值税申诉的，应当自收到之日起十个工作日内审议解决；情况复杂的，可以延长解决时间，但不得超过三十个工作日；

（二）经营者应当遵守税务机关的处理决定；有异议的，有权在十个工作日内向税务机关的上一级主管机关申请作出最终决定；

（三）税务机关对其职权范围以外的问题，应当移送案卷材料或者报请上一级税务机关审议解决；

（四）受到申诉的税务机关有权要求申诉人提供有关文件和资料；未提供的，税务机关有权拒绝解决申诉；

（五）税务机关的上一级主管机关认为增值税的计征、处罚等执法行为不正确的，应当作出决定，并自决定作出之日起在十五个工作日内将错误征收的税款退还有关经营者。

经营者对税务机关的最终处理决定不服的，有权根据申诉处理法提起诉讼。

第五部分 增值税管理和检查

第一章 增值税管理

第四十条 增值税管理机构

增值税管理机构是从中央到地方纵向统一集中管理的组织，负责全国增值税的管理和征收。

增值税管理组织包括：

（一）财政部；

（二）各级税务机关：

1. 税务总局；

2. 省、市级税务局；

3. 区、市级税务办公室。

第四十一条 财政部的权利和义务

在增值税管理方面，财政部有以下主要权利和义务：

（一）研究制定增值税战略规划、政策方案、法律法规，并报政府审议；

（二）在其职责范围内宣传增值税法和其他法律；

（三）指导、监督、检查增值税法律和其他法律的执行情况；

（四）指导技术业务，管理和培训人员，任免官员，对增值税主管人员给予奖励或者纪律处分，为增值税系统配备预算、车辆、技术资料和设备；

（五）与国家机关和其他增值税机构协作；

（六）与外国、地区和国际社会就增值税活动进行联络与合作；

（七）负责政府对全国范围内增值税执行情况的管理和检查；

（八）总结并向政府报告增值税活动的实施情况。

第四十二条 税务总局的权利和义务

税务总局是财政部行使本法第四十一条规定的财政部权利和履行财政部职责的秘书处。它在增值税退税的实施、管理、征收和决策方面也有权利和义务。

第四十三条 省、市级税务局在增值税管理方面的权利和义务

省、市级税务局在增值税管理方面有下列主要权利和义务：

（一）研究拟定增值税战略规划、政策方案和法律法规并提出意见；

（二）制定省、市年度增值税征收方案；

（三）负责财政部对增值税征收实施情况的管理和检查，确保以上各项符合法律法规；

（四）指导、管理、监督、检查辖区内区、市税务办公室和增值税工作人员的工作；

（五）在其管辖范围内宣传与增值税有关的政策、法律法规和其他法律；

（六）向省长或市长提出对成绩突出者给予奖励和对违法违规者给予纪律处分的建议，并提请财政部部长审议；

（七）向省长或市长提出其管理的增值税官员的任免建议，供财政部部长进一步审议；

（八）总结增值税活动实施情况并向财政部报告。

第四十四条 区、市级税务办公室在增值税管理方面的权利和义务

区、市级税务办公室在增值税管理方面有下列主要权利和义务：

（一）研究拟订增值税战略规划、政策方案和法律法规并提出意见；

（二）在其管辖范围内宣传与增值税有关的政策、法律法规和其他法律；

（三）负责本区、市增值税的实施、管理和征收；

（四）指导、管理、监督、检查其管理的增值税税务人员的工作；

（五）向省或市税务局总结和报告增值税活动的实施情况。

第二章　增值税活动的检查

第四十五条 检查机构

检查机构包括内部和外部检查机构。

（一）内部检查机构包括：

1. 财政部；

2. 各级税务机关；

（二）外部检查机构包括：

1. 监管委员会；

2. 国家审计署。

地方政府、老挝国家建设阵线、群众组织、社会团体、媒体和有关方面根据各自的任务和职责，可以检查增值税的执行情况。

第四十六条 内部检查机构的权利和义务

内部检查机构有权和义务对各级增值税工作人员在计算、征收、抵扣、退还增值税等方面的法律执行情况、权利行使和职责履行情况进行定期系统检查。

第四十七条 外部检查机构的权利和义务

外部检查机构有权利和义务检查增值税工作人员的职责履行情况以及相关机构的增值税执行情况，使增值税相关工作高效、透明、公正。

第四十八条 检查类型

三种检查类型如下：

（一）定期检查；

（二）提前通知检查；

（三）紧急检查。

定期检查是指在确定的时间按计划定期进行的检查。

提前通知检查是指未列入计划，在必要时进行的提前通知的检查。

紧急检查是指未事先通知被检查人而进行的突击检查。

第六部分 奖励政策和处罚措施

第一章 奖励政策

第四十九条 奖励政策

对本法的有效实施作出贡献的个人和组织应按照规定给予奖励和其他优惠政策。

第五十条 纳税人政策

纳税人正确、充分、及时履行义务的，在其生产经营中依法给予奖励和适当便利。

第二章 处罚措施

第五十一条 处罚措施

违反增值税法规定的，视情节轻重给予再教育、罚款、纪律处分、民事赔偿或刑事处罚的措施。

第五十二条 对经营者和其他人的处罚措施

应缴增值税经营者违反增值税登记、申报、缴纳规定的，将视情况采取下列措施：

（一）年营业额超过本法第十三条第一款规定数额的经营者，不按照本法第二十六条的规定办理增值税登记的，应当接受再教育；不遵守再教育处罚的，处以增值税登记费百分之五十的罚款。

（二）未使用税务机关出具的纳税人识别号的经营者，将处以每次二十万基普的罚款。

（三）经营者逾期未按本法规定申报或缴纳增值税的，每逾期一个月，处以应纳税额百分之五的罚款；在任何情况下，罚款不得超过应纳税额。

（四）不申报或者少申报增值税的，税务机关应当要求其采取行动；仍未申报的，将采取以下措施：

1. 第一次违规的，应全额缴纳应纳税额，并处应纳税额百分之三十的罚款；

2. 第二次违规的，应全额缴纳应纳税额，并处应纳税额百分之六十的罚款；

3. 第二次催缴通知到期后未申报或少申报增值税的，责令停业并临时吊销营业执照和税务许可证一个月，一个月后，适用下列第五项的规定。

（五）收到第二次催缴通知后未缴纳增值税税款和罚款的，采取下列措施：

1. 第一次催缴通知到期后处以应缴纳增值税的百分之五的罚款，第二次催缴通知到期后处以应缴纳增值税的百分之十的罚款，第三次催缴通知到期后处以应缴纳增值税的百分之十五的罚款；缴款通知的期限为每次十天；

2. 在第三次催缴通知的截止日期后仍未缴纳的，责令该经营单位暂停营业，并暂时吊销营业执照和税务许可证一个月，停业一个月后，仍未缴纳增值税的，责令经营单位永久停业并向法院起诉；

3. 经营者在银行账户、国库和金融机构中的部分资金将被扣押以支付增值税和罚款。

银行、国库、金融机构有义务按照税务机关或者其他主管部门的决定，扣押未缴纳税款和罚款的企业经营者存款账户中的资金用于缴纳增值税和罚款。

银行、国库、金融机构的存款账户中没有资金或者资金不足的，税务机关应当设立委员会对经营者的财产进行查封，确保足额缴纳增值税和罚款。

（六）增值税欺诈、未记账、未开具发票销售商品或者提供服务、伪造发票或者其他会计凭证、妨碍审计人员履行职责、不提供会计凭证，或者未及时答复税务机关提供证据、说明、资料的要求的，采取下列措施：

1. 第一次违规的，应全额缴纳增值税，处以评估增值税的百分之五十的罚款，并按照企业会计制度的规定处以罚款；

2. 第二次违规的，应全额缴纳增值税，处以评估增值税的百分之一百的罚款，依照企业会计制度的规定处以罚款，责令停业；并在媒体上公告；

3. 不遵守上述处罚措施的，违法者将接受法律诉讼。

（七）串通抵扣增值税的，采取以下措施：

1. 全额退回增值税；

2. 对违法者处以扣除的增值税税额百分之一百的罚款，并接受法律诉讼。

（八）经营者或者其他人妨碍税务机关履行职责或者构成其他刑事犯罪的，依照法律法规的规定追究刑事责任。

第五十三条 对增值税工作人员的处罚措施

增值税工作人员有违法行为的，依照下列规定处理：

（一）对法律法规以及税务机关的税收、尊严没有严重影响的，给予再教育和警告；

（二）怠于履职或者玩忽职守损害国家利益或者纳税人利益的，应当赔偿损失，并根据情节轻重依法追究刑事责任；

（三）滥用职权、串通、隐匿犯罪或者有其他违法行为的，根据情节轻重依法追究刑事责任；

（四）滥用职权、贪污增值税和罚款的，应当退还全部违法所得，并依法追究刑事责任。

第七部分 附 则

第五十四条 法律实施

本法由老挝人民民主共和国政府组织实施。

第五十五条 法律生效

本法自老挝人民民主共和国国家主席颁布主席令之日起十八个月后生效。

本法取代2005年5月19日修订的第04/NA号税法中涉及经营税的规定，本法仅适用于增值税系统中的企业经营者。

老挝人民民主共和国劳动法

（2006年12月27日老挝国会第06/NA号决议通过，2007年1月16日国家主席令颁布）

第一章　总　　则

第一条　立法目的

劳动法规定了有关劳动者、劳动技能的建设和发展、就业安置、劳动者使用、劳动关系调整和劳动管理的原则、规定和措施，以提高劳动者的素质和生产效益，确保向现代工业转型，为国家社会经济发展、区域和国际一体化以及改善多民族人民的生活条件作出贡献。

第二条　术语解释

本法下列用语的含义：

（一）劳动是指人的体力、智力能力和专门技能；

（二）劳动技能建设是指对以前未受过劳动能力建设培训的劳动者进行基础的专业培训；

（三）劳动技能发展是指对已经具备基础劳动技能的工人进行专业提升，以满足每个时期不断扩大的劳动力市场的需求；

（四）雇员是指在雇主的监督下进行工作，通过法律法规和劳动合同规定的工资、福利或其他政策等形式获得劳动报酬的人；

（五）雇主是指依照法律法规和劳动合同的规定，通过向劳动者支付工资、薪金，提供福利和其他政策，利用雇员从事活动的个人或者组织；

（六）强迫用工是指违反劳动合同的约定强迫劳动者非自愿接受工作分配；

（七）劳动单位是指经济社会部门中的生产、经营或服务单位；

（八）劳动力市场是指社会对劳动力的需求和供给。

第三条 与劳动有关的原则

与劳动有关的原则如下：

（一）工作必须根据雇员和雇主之间的劳动合同进行；

（二）工作应确保雇主和雇员在不受种族、国籍、性别、年龄、宗教、信仰和社会经济地位歧视的情况下互惠互利；

（三）雇主应当按照雇员的能力用工；

（四）雇主应当确保安全的劳动条件，支付工资或者公平的报酬，落实职工的社会保障；

（五）雇主应当雇佣老挝工人；如果需要雇佣外国工人，应当获得劳动部门的批准；

（六）雇主应当承认并协助雇员加入劳动单位内合法的群众组织及其他社会组织；

（七）员工出国应当接受必要的基础培训，并经劳动行政部门批准；

（八）员工应遵守工作规定，严格遵守劳动法规；

（九）雇员和雇主发生劳动纠纷的，应当依照劳动合同和法律、法规的规定确保公平；

（十）禁止以任何形式强迫用工；

（十一）用工同时应当建设和发展劳动技能；

（十二）劳动技能的建设和发展应当符合社会经济计划和劳动力市场需要。

第四条 劳动政策

国家实施劳动政策，促进科学技术的研究和使用，建设和发展创新、竞争性劳动技能，提供劳动信息，以提高劳动者的能力和守纪素质，促进就业和向当地市场和国外提供劳动力，增加对雇主和雇员合法权益的管理和保护措施。

第五条 工会的作用

工会作为职工代表，有责任促进团结、加强教育、组织培训和鼓励职工遵守劳动纪律并按照生产计划顺利完成工作；保护职工的合法利益；鼓励雇主和职工正确执行劳动法和劳动合同，参与劳动纠纷解决。

各劳动单位应当建立工会。没有工会的，应当设立职工代表机构。

雇主应当为工会或者职工代表机构提供适当便利，使其能够根据自己的职责开展活动。

第六条 本法的适用范围

本法适用于在劳动单位从事活动的所有雇员和雇主。

本法也适用于签订三个月及以上书面劳动合同的人。

本法不适用于受雇于党或国家组织、老挝国家建设阵线和群众组织的公务员、军人和警察。

第七条 国际合作

国家广泛促进劳动部门开展各种级别和形式的国际合作，例如：建设和发展劳动技能、就业安置、劳动管理、执行有关劳动的国际公约、交流、援助和其他合作。

第二章 劳动技能的建设和发展

第八条 建设和发展劳动技能的形式

劳动技能的建设和发展以各种形式进行，如在校学习、在劳动技能发展中心培训、在职培训、考察、交流经验和其他促进劳动技能的活动。

第九条 负责建设和发展劳动技能的机构

劳动行政部门有责任建设和发展劳动技能，同时鼓励和协调其他有关部门，包括所有国家和私营部门建设和发展劳动技能。

第十条 建设和发展劳动技能的义务

雇主有义务培训和提高其所负责的员工的专业资格和技能，使其逐渐成为熟练和具有专门技能的工人，同时员工也有责任学习和发展工作技能，以提高自身能力和专业技能。

各劳动单位应当制定并实施计划，从职工年度工资储备金中提取百分之一的年度专项基金，用于所负责的职工在国内外培训和提高职业资格的费用。如果该劳动单位本身无法进行劳动技能的建设和发展，应将该基金转入国家劳动技能建设和发展基金。

第十一条 国家劳动技能建设和发展基金

国家实施相关政策，成立基金以建设和发展劳动技能。基金来源包括：

（一）国家预算中扣除职工年度工资税收的百分之一点五；

（二）不能自行建设和发展劳动技能的劳动单位的基金，应当按照职工年度工资储备金的百分之一缴纳，该基金属于劳动单位的直接资金，不得从职工的工资中扣除；

（三）从国内外筹集的其他资金。

劳动技能建设和发展基金的管理和使用，由其他法规单独规定。

第十二条 劳动技能标准

劳动技能标准是指在建设和发展劳动技能过程中确定、测试和采用的质量水平，以及各专业部门雇员的技能水平。

国家指定劳动技能标准委员会负责确定劳动技能标准。

雇主应在确定雇员的职位和薪资时，认可经有关国家组织测试和认证的劳动技能水平。

第十三条 劳动信息

劳动行政部门、劳动单位和其他有关部门有义务交流劳动信息。

劳动单位应当定期向劳动行政部门报告劳动信息。

劳动行政部门应当向劳动者提供劳动信息。

劳动者应当向劳动行政部门或者依法批准的就业安置企业办理登记。

第十四条 劳动力市场

国家和有关部门应加强对国内外劳动力市场的调研工作，建设和发展符合各时期劳动力市场要求的劳动技能。

国家和社会应当通过增加对生产、经营和服务的投资，适时扩大劳动力市场，为劳动者创造就业机会，建设和发展劳动技能。

派遣老挝工人出国工作和引进外国劳动者应严格选择，符合有关劳动的规定，并经劳动行政部门批准。

就业安置企业向国内外劳动力市场提供劳动力的经营活动，应当经劳动行政部门批准。

第三章 工 作 守 则

第十五条 工作守则的内容

工作守则是指对雇员和雇主有约束力的法律文件。工作守则的内容包括劳动单位内部规章和劳动合同规定的雇员和雇主的权利和义务。

劳动单位的内部规章必须符合劳动法的规定，并且在生效之前应当经劳动行政部门同意。

劳动单位的内部规章制度应当向全体工人公布并公开张贴以便他人知道。

雇员和雇主有义务严格执行工作守则。

第十六条 工作时间

雇员在任何劳动单位的工作时间为每周六天。不论薪资的支付类型，雇员的工作时间不应超过每天八小时或每周四十八小时。

从事下列行业的雇员，其工作时间不得超过每天六小时或每周三十六小时：

（一）直接接触辐射或危险传染病源的；

（二）直接接触对健康有害的蒸汽或烟雾的；

（三）直接接触炸药等危险化学品的；

（四）在矿井、地下隧道、水下或空中作业的；

（五）在异常炎热或寒冷的地方工作的；

（六）直接使用持续振动设备工作的。

第十七条 计算为工时的时间

下列时间损失应作为每天工作时间的一部分计算：

（一）工作开始和结束时用于技术准备的时间；

（二）工作被划分为不同任务、时段或按轮班工作的部门，每小时休息不超过十五分钟的时间；

（三）轮班工人每班四十五分钟的用餐休息时间。

雇主应当制定合理的生产计划，使工人在工作两小时后至少休息五到十分钟。出于技术或机械原因需要，应当组织轮换工作，以便工人能够适当休息。

按每天工作时间计算的时间损失，应当在劳动单位的内部规章中具体规定。

第十八条 加班

必要时，经工会或职工代表和职工事先同意，雇主可以要求雇员加班。

加班时间每月不得超过四十五小时，每天不得超过三小时，禁止每天连续加班，但遇有抗击自然灾害或者对本单位造成重大损害的事故等紧急情况的除外。

必要时，雇主在要求职工加班前，应当事先征求工会或者职工代表的意见，并向有关劳动单位的职工说明加班的必要性，并依法向其支付合理的加班费。

任何一个月内需要加班超过四十五小时的，雇主应当首先向负责本单位的劳动行政部门申请批准，并经本单位工会或者职工代表同意。

第十九条 每周休息和公共假日

劳动者有权在一周内至少休息一天，可以是星期日或者雇员和雇主商定的任何其他时间。

公共假日由政府决定。

第二十条 病假

在出示医疗证明后，按月领取报酬的劳动者有权享受每年不超过三十天的带薪病假。按天或按小时计酬、按单位生产或按具体劳动合同工作的劳动者工作九十天以上的，有权按照社会保障政策享受病假期间的工资待遇。

劳动事故和职业病不适用本条的规定。

第二十一条 年休假

劳动者签订无固定期限或一年以上限期劳动合同且工作满一年的，有权享受十五天的年休假。在本法第十六条规定的重体力或者可能危害健康的部门工作的劳动者，可以享受十八天的年休假，并按照正常工资标准获得工资待遇。

周休日和公共假日不计入年休假。

第二十二条 违反工作守则

违反工作守则的行为包括：

（一）破坏劳动单位，毁坏劳动单位的财产；

（二）盗窃、欺诈或挪用劳动单位的资产；

（三）鲁莽、疏忽或粗心大意地履行职责；

（四）不遵守劳动单位的内部规章和劳动合同。

第四章 劳动合同及其终止

第二十三条 劳动合同

劳动合同是雇员和雇主或其代表之间达成的协议。雇员和雇主应当严格遵守与劳动有关的合同义务：雇员应当根据其专业和经验履行其职责，雇主应当指派雇员从事雇佣合同中规定的工作，支付工资，按照劳动合同和法律的规定保障劳动者的合法权益。

劳动合同应当规定劳动者的工作地点、工作内容、工资水平和其他待遇。

第二十四条 劳动合同的形式和期限

雇主与雇员应当按照法律法规的规定，根据平等协商一致的原则，以书面形式订立劳动合同。

劳动合同可以是固定期限或无固定期限，取决于雇主和有关雇员之间的协议。

第二十五条 雇佣劳动者

劳动单位有权根据需要雇佣劳动者，但应优先考虑老挝公民，特别是扶贫项目所对应的人群。

在必要的情况下，劳动单位可以接受外国雇员，但必须经过严格挑选并由劳动行政部门批准。外国雇员按以下比例进行：

（一）体力劳动者不得超过该劳动单位劳动者总数的百分之十；

（二）具有知识专长的劳动者不得超过该劳动单位劳动者总数的百分之二十。

必要情况下，经政府批准，外国雇员可以超过上述比例。

外国雇员只允许进入老挝并在老挝工作一定时间，并有义务向老挝工人传授专业知识。

国家禁止外国雇员从事为老挝公民保留的职业。

保留职业的名单另行单独规定。

第二十六条 雇佣残疾劳动者

劳动单位应当根据残疾人的能力和技能，优先雇佣残疾人在本单位工作，安排合适岗位并享受与一般劳动者同等的工资待遇。

第二十七条 试用期和劳动者测试

雇主有权规定雇员的试用期，以确定雇员是否胜任该项工作。如果确信雇员可以从事这项工作，雇主仍有权在实际工作中对劳动者进行测试。

试用期根据工作性质确定，具体如下：

（一）对于主要使用体力劳动和需要测试的工作，试用期不得超过三十日；

（二）对于需要专业技能的工作，试用期不得超过六十日。

劳动者因病或者其他必要原因未参加测试的，其缺勤时间不计入试用期。

劳动者持续缺乏劳动技能的，可以延长试用期三十日或者雇主决定不予录用。

试用期内，双方有权随时终止试用期，但非技术性工作应当至少提前三日通知对方，技术性工作应当至少提前五日通知对方。

试用期内，劳动者的工资不得低于正常工资的百分之九十。

试用期终止的，劳动者有权从试用期开始到停止工作之日领取工资或其他法律规定的待遇。

雇主应当在试用期满前七日以书面方式通知劳动者是否被录用。

第二十八条 劳动合同解除和到期

双方协商一致，可以解除劳动合同。

任何一方均有权解除无固定期限的劳动合同，但体力工作需提前至少三十日、技术工作需提前至少四十五日通知对方。

固定期限的劳动合同当事人应当在合同期满前十五日内通知对方。工作续约的，应重新签订劳动合同合同。

以完成一定工作为基础的劳动合同，在劳动完成时终止。

劳动合同自劳动者死亡之日起终止，但雇主应当按照完成的工作量和法律法规规定的其他政策给予补偿。

第二十九条 辞退解除劳动合同

有下列情形之一的，可以解除劳动合同：

（一）工人因缺乏专业技能或健康状况不佳无法继续工作；

（二）雇主认为有必要减少工人人数以改善劳动单位内的工作环境。

雇主发现劳动者缺乏技能或者健康状况较差的，应当根据劳动者的能力和健康状况，优先考虑安排其从事适当的工作。没有合适的工作或者劳动者无法执行新任务的，可以依照本法第二十八条的规定解除劳动合同。在通知期内，工人有权每周至少休假一天以寻找新的工作并在此期间获得正常的工资待遇。

雇主为改进内部工作需要减少劳动者人数的，应当与工会或者职工代表协商，拟定裁员名单，并向劳动行政部门报告。同时，雇主应提前一段时间通知被解雇的劳动者，并解释裁员原因。

工作期满十二个月及以上的劳动者，有下列充分理由的，有权在合同期满前解除合同：身体不适、雇主不履行劳动合同和工作守则规定的其他福利待遇，但是劳动者应当依照本法第二十八条的规定事先通知雇主。

因上述原因解除劳动合同，劳动者工作时间不满三年的，雇主应当按照劳动者基本月工资的百分之十发放终止补偿金。工作三年以上的，补偿金按基本月工资的百分之十五计算。

对于按生产量支付工资或工资没有明确规定的雇员，终止补偿金以雇员在合同终止前三个月内的平均工资计算。

第三十条 雇主解除劳动合同的限制

有下列情形之一的，雇主无权解除劳动合同或者强制劳动者停工：

（一）经医生证明员工生病正在接受治疗或正在康复或正面临火灾、水灾等灾害；

（二）怀孕或分娩不足一年的女雇员；

（三）雇员正在休年假或雇主批准的假期；

（四）雇员正在雇主指定的另一个工作场所工作；

（五）雇员正在针对雇主提出申诉或提起诉讼，或就劳动法实施以及劳动单位内的劳动纠纷问题与政府部门合作；

（六）雇员正在进行经雇主批准的工会或工人代表的活动，但从事本法第三十二条规定的不法行为的除外。

第三十一条 提前通知期内劳动者的权利

在终止劳动关系的提前通知期内，劳动者因劳动事故或患病不能从事工作的，治疗时间不计入提前通知期。在提前通知期内，雇员有权工作并获得固定的工资。

第三十二条 因劳动者过错解除合同

雇员有下列情形之一的，雇主有权不支付终止补偿金并解除劳动合同，但应当至少提前三天发出通知：

（一）有充分证据证明雇员故意给雇主造成严重损害的；

（二）不顾雇主事前警告违反工作守则的；

（三）无故连续四天旷工的；

（四）因故意犯罪被判处监禁的。

第三十三条 不当解除劳动合同

不当解除劳动合同的情形如下：

（一）雇主无正当理由终止劳动合同；

（二）雇主滥用职权解除劳动合同，或者直接或间接强迫劳动者解除劳动合同；

（三）雇主侵犯雇员的基本权利；

（四）不顾雇员抗议，雇主仍违反合同义务。

被不当解除劳动合同的雇员，有权要求恢复原工作岗位或者安排其他适当的工作。

雇主不恢复其工作或该雇员已停止工作的，则雇主应根据雇员的工作时间向其支付补偿金，劳动者工作时间不满三年的，雇主应当按照劳动者基本月工资的百分之十五发放补偿金，工作三年以上的，补偿金按基本月工资的百分之二十计算。

第三十四条 临时安排劳动者从事其他工作

雇主因临时停业、对劳动者给予纪律处分、防止其业务受到可能损害、防止自然灾害等原因，可以安排劳动者在同一劳动单位内从事不超过三个月的其他工作。如果超过三个月期限，雇主和雇员应当考虑重新签订劳动合同。

在临时调动期间，新岗位工资较高且雇员能够按照标准从事工作的，雇员应当适用新的工资标准。相反，新岗位工资较低的，应当维持旧的工资标准。

因纪律处分被调整至下级工作岗位的，按照新工作岗位工资标准支付工资。

雇员调回原工作岗位的，其工资以原工作岗位工资为标准。

因任何原因或情况将员工安排至上述其他工作岗位的，则新工作岗位条件不得与旧工作岗位条件不同，或应当与旧工作岗位条件相似。

第三十五条 解除劳动合同的措施

雇主有权解除劳动合同，但应当对有过错的劳动者进行事先警告。如果没有改变，雇主可以考虑解除劳动合同。但是，在以任何理由解除各类劳动合同之前，雇主有义务通知该劳动单位的工会或者职工代表，并将终止劳动合同的原因报告所在的劳动行政主管部门。该组织应当在收到报告之日起十五日内作出答复。没有答复的，雇主可以解除劳动合同。

未经劳动行政部门事先批准，或者未事先通知有关劳动单位的工会或职工代表的，禁止单方面解除劳动合同或者辞退职工。

在任何情形下，雇佣合同的解除都必须由雇主以书面形式作出，应当清楚地说明解除的原因，并且应当向雇员支付他在劳动合同终止前有权获得的所有工资以及规定的其他补贴。

第三十六条 新雇主的责任

因劳动者违反劳动合同而解除劳动合同，劳动者申请新工作的，新雇主应当对下列情形给原雇主造成的损失承担责任：

（一）有证据表明新雇主与劳动者解除劳动合同有关的；

（二）如果新雇主雇佣雇员时知道该雇员仍受与原雇主的劳动合同约束的。

第三十七条 发放停止工作证明

雇主应当自劳动者停止工作之日起七日内发给劳动者工作证明。除非雇员要求证明其工作报酬和工作表现，否则该证明仅显示工作的开始和停止日期及其专业职位。

第五章 雇佣妇女和儿童

第三十八条 雇佣妇女

禁止在妇女怀孕期间或者照顾新生儿期间雇佣其从事下列工作：

（一）挪动或搬运重物；

（二）需要长期站立的工作；

（三）本法第十六条规定的其他工作。

在这种情况下，雇主应指派工人从事其他临时工作。

劳动者从事其他临时性工作时，应当继续领取正常工资并且时间不得超过三个月；超过三个月的，应当按照新的工作领取工资。

禁止雇佣怀孕妇女或有不满十二个月新生儿的妇女加班或在节假日工作。

第三十九条 产假

女职工在分娩前后至少享有九十日产假，但在分娩后至少享有四十二日产假。在此期间，雇主或社会保障基金应向其支付正常工资待遇，如果该基金的款项已被全额缴纳。

女职工因分娩而生病的，经医生证明，应给予其至少三十日的额外休假，并支付其 50% 的工资。

在分娩后的一年内，女职工根据规定将其孩子带到育儿室或进行疫苗接种的，有权每天休息一小时以便喂养或照顾其子女。

女职工流产的，经医生确定，有权获得一定假期并领取正常的工资。

第四十条 支持生育

女职工生育的，如果社会保障基金已缴足，有权享受由雇主或者社会保障基金支付的最低工资的百分之六十以上的津贴。同时生育两个或两个以上孩子的，女职工有权获得生育津贴百分之五十的额外津贴。经医生证明流产的，女职工仍有权享受该项津贴。

第四十一条 雇佣儿童

雇主可雇佣年满十四周岁不满十八周岁的儿童，但儿童每天的工作时间不得超过八小时，且不得从事下列繁重工作或危害其健康的工作：

（一）所有类型的采矿活动；

（二）使用化学品、爆炸物或有毒物质的生产活动；

（三）处理尸体的工作；

（四）加班；

（五）在噪音过大的环境中工作；

（六）在提供酒精或赌博的场所工作；

（七）晚上十时至次日凌晨五时的工作；

（八）本法第十六条规定的工作。

第六章 劳动保护

第四十二条 劳动和工作条件保护措施

劳动保护是指创造条件和环境使员工能够有效地工作，包括采取各种措施确保工人的安全。

雇主应确保工作场所、机械、设备和生产过程及在其监督下化学物质使用的安全性以防对工人的健康造成危险。

雇主应当与劳动单位的工会或工人代表协商，制定有关劳动和健康保护的内部规定，包括采取必要措施保护机械，安装各种安全设备。这些规定应当分发给工人并且公开张贴在公共阅读的地方。

确保工作场所劳动安全和卫生的必要措施包括：

（一）安装适当的灯光或确保足够的自然光，限制过度的噪音和危害健康的灰尘和气味，保持通风；

（二）为工人提供清洁饮用水和其他用水、淋浴、厕所、餐厅和更衣室；

（三）设立储藏室存放有毒物质，确保安全和无泄漏危险；

（四）必要时为从事生产的工人免费提供所需的个人安全设备和服装；

（五）在危险机械或其他危险场所周围安装安全设备或围栏，必要时采取其他措施，例如警告或防止电击、火灾等危险的设备。

雇主应确保工人充分了解与自身安全和健康有关的规则，并应组织有关问题的培训课程。上述措施对工人免费。

所有工人应认真、严格地从事与自己和他人的安全和健康有关的工作。雇员应与雇主合作，执行与其安全和健康有关的所有措施。

禁止雇主在劳动单位使用麻醉药品和危害劳动者健康的物品。

第四十三条 劳动者医疗体检和健康保护

各劳动单位可以要求申请工作的劳动者出具医疗证明，确保其在就业前未患有职业病或者严重传染病。申请人有职业病或者严重传染病的，雇主可以拒绝雇佣。

雇主应当按照本法第十六条的规定，安排劳动者每年至少进行一次身体检查，特别是从事重体力劳动或者可能危害健康工作的劳动者。医生发现劳动者患职业病的，雇主应当按照规定承担医疗费用。如果是传染性职业病，雇主应当给予工人治疗假期直到完全康复，之后安排其恢复正常工作。职业病体检和治疗的所有费用应由雇主或社会保障组织为其成员劳动者承担。

所有劳动单位均应配备急救箱。五十人以上的劳动单位，应当有固定的医务人员照顾和治疗劳动者。

第七章 工资和个人所得税

第四十四条 工资

工资是雇主应当支付给雇员的具有货币价值的收入。雇员的工资可以在月初、月中或月底、工作完成之前或之后支付。

第四十五条 领取工资的平等权利

从事等量、等质、等价工作的雇员有权获得同等工资或其他待遇，不受种族、国籍、性别、年龄、宗教、信仰或社会经济地位的任何歧视。

第四十六条 工资水平的确定

政府有权确定每个工作领域每个时期的最低工资水平。

确定最低工资水平的目的是确保雇员的基本最低生活水平与每个时期的生活费用变动水平相一致。

雇主无权将其职工的工资设定得低于国家规定的最低工资水平。

所有劳动单位在每个时期的最低工资由劳动行政管理部门检查。

雇主有权根据以下条件，将其雇员的工资设定得高于国家水平：

（一）与社会各阶层的能力和知识水平或其他劳动单位的工资支付水平保持平衡；

（二）完成工作的价值；

（三）劳动者生活物质和精神的需求；

（四）生活费用的适时变化；

（五）劳动者的社会福利待遇。

工人、工会或工人代表有权与雇主就工资水平进行谈判。

第四十七条 工资的支付形式及规定

雇主应根据工作时间向雇员支付工资，例如：小时、日、月或根据具体的劳动合同。包括津贴和奖金在内的所有工资应根据雇员签署的支付清单支付。

如果有必要解释并确保符合约定的劳动合同，所有雇员有权要求雇主提供计算其工资的方法。

雇主授权雇员将工作带到劳动单位以外地方进行的，工资可根据产品产量支付或一次性支付。

除政府另有规定或雇主与雇员之间另有特别约定之外，工资应当以现金方式全额按时支付。

除工资外，雇主还可根据该劳动单位的内部规定，向工人支付奖金、津贴或额外福利，作为对工人的奖励。

禁止以麻醉药品、醉酒物品或危害健康的物品支付工资和其他待遇。

第四十八条 加班工资的计算

加班工资以下列方式计算：

（一）在正常工作日白天加班的，按正常工作日每小时工资的百分之一百五十支付加班费；

（二）在正常工作日夜间加班的，按正常工作日每小时工资的百分之二百支付加班费；

（三）在周休息日或节假日白天加班的，按正常工作日每小时工资的百分之二百五十支付加班费；

（四）在周休息日或节假日夜间加班的，按正常工作日每小时工资的百分之三百支付加班费。

劳动者被分配到夜班工作的，则应从晚上十时至次日凌晨五时每小时支付不低于正常小时工资百分之十五的奖金。

第四十九条 工资支付安排

除由劳动单位内部规定确定的额外津贴、奖金或其他福利外，应当至少每月定期向员工支付一次工资。

按工作量或工作小时支付工资的，应每月至少支付两次工资。

面临分娩、疾病、意外事故等困难或紧急情况的员工要求提前支付工资的，雇主应当按照要求考虑提前支付。

第五十条 临时停工时的工资支付

因雇主的过错导致劳动单位被责令停产停业的，雇主在临时停业期间应当按照工资的百分之五十向劳动者发放补贴。

生产经营活动恢复正常后，按之前标准支付工资。

第五十一条 工资优先受偿权

劳动单位清算、破产或者被法院责令全部没收财产的，剩余财产在清偿其他债务前，劳动者有权优先领取工资、奖金、津贴。

第五十二条 从工资中扣除损害赔偿费

劳动者造成劳动单位财产损失的，根据实际损失从劳动者工资中扣除。

劳动者没有其他财产的，损失的最高扣除额不得超过其工资的百分之二十。

第五十三条 从工资中扣除个人所得税

在老挝人民民主共和国工作的所有工人以及被派往海外工作的老挝工人必须按照税收规定向政府缴纳个人所得税。雇主有责任将受其监督的劳动者的工资所得通知税务机关扣除所得税至国家预算，并通知劳动行政部门监督。

在老挝人民民主共和国各劳动单位工作的外国工人应按照具体规定向政府缴纳个人所得税。

第八章 劳动事故和职业病

第五十四条 劳动事故和职业病

劳动事故是指在下列情况下造成工人受伤、残疾或死亡的事故：

（一）在工作场所或雇主、雇主代表指派的任何其他地方履行职责期间；

（二）在劳动单位职责范围内的娱乐区域、餐厅或任何其他地方；

（三）在从住所到工作场所的上下班期间。未经雇主或者其代表指派，劳动者在完成个人事务期间发生的事故，或者在完成指派的工作后发生的事故，不属于劳动事故。

职业病是指因职业引起的疾病。职业病种类另行规定。

第五十五条 对劳动事故和职业病受害者关护

雇主应当向遭受劳动事故或职业病的工人提供适当的帮助，并且雇主应支付实际的治疗费用，或者社会保障组织应承担其组织成员的经医生证明的费用。

劳动者发生重大劳动事故、职业病或者死亡的，雇主应当在四十八小时内向就近的劳动行政部门报告。雇员死亡的，雇主应酌情负担丧葬费，但不得少于死者六个月的工资。

劳动者被雇主指派到其他工作场所工作死亡的，将尸体或者遗留物转交给其家庭的费用由雇主承担。

此外，死者的继承人有权按照规定领取一次性补助。

第五十六条 工伤事故或职业病受害者的补偿

工伤事故或职业病受害者的补偿如下：

（一）在医生证明的医疗和康复期间，雇员有权领取其正常工资，但不得超过六个月。超过六个月的，每超过一个月，领取原工资的百分之五十，但不得超过十八个月。社会保障组织成员的费用由社会保障系统负担。

（二）劳动者因劳动事故或者职业病致残、丧失身体器官或者死亡的，雇主应当依照法律法规的规定向受害人或者其继承人支付补助金。

第九章 社会保障

第五十七条 社会保障的重要性

社会保障对于保障劳动者及其家庭的基本物质和精神需要具有重要意义，旨在劳动者患病、生育、丧失劳动能力、退休、死亡、发生劳动事故、职业病、残疾、失业和面临其他困难时，维持稳定的生活。

雇主和劳动者按照国家规定的社会保障制度缴纳社会保障金。

第五十八条 强制性社会保障

各劳动单位应当参加社会保障，按照规定向社会保障金缴纳费用，落实雇员和雇主的社会保障政策。

第十章 养老金和补助制度

第五十九条 养老金制度

符合下列条件之一的，各劳动单位的职工有权领取养老金：

（一）年满六十岁的男女；妇女可以提前退休，但不得早于五十五岁；

（二）工作满二十五年；

（三）领取养恤金之日前连续在危害健康的地方工作五年以上的工人，工作期为二十年，退休年龄为五十五岁，妇女可以提前退休，但不得早于五十岁；

（四）参加社会保障的劳动者，适用社会保障规定；非社会保障组织成员的劳动者，其劳动单位应当按照社会保障规定负责支付养老金。

第六十条 领取一次性补助

劳动者不符合前述第五十九条规定的，应当领取本法第二十九条规定的一次性补偿。

第十一章 劳动纠纷解决

第六十一条 劳动纠纷类型

劳动纠纷是指雇主和雇员不能就劳动争议达成共识时产生的纠纷。

劳动纠纷分为以下两类：

（一）有关执行劳动法、劳动单位内部规章、劳动法规、劳动合同和其他有关劳动法律的纠纷；

（二）与福利有关的纠纷，是指与雇员要求雇主提供的新权利和福利有关的争议。

第六十二条 与法律法规有关的劳动纠纷解决

工人、工会或工人代表对违反劳动法、劳动单位内部规章、劳动法规或劳动合同的雇主提出索赔的，雇主或其授权代表应当在合理期限内考虑并解决问题。在考虑索赔期间，工人可以提议工会或工人代表参加。

双方就全部或部分索赔达成协议的，应当由双方和一名证人准备并签署备忘录进行证明。该备忘录应当在签署之日起五日内送交劳动行政部门和工会或工人代表。

第六十三条 负责解决与法律法规有关的劳动纠纷的机构

劳动者向雇主提出索赔之日起十五日内，雇主未通知有关当事人解决纠纷或者未达成协议或者达成协议未履行的，劳动者有权要求劳动行政部门解决。

劳动行政部门在十五日内不能解决或者只解决部分纠纷的，有异议的当事人有权向人民法院申请裁决。

第六十四条 与福利有关的劳动纠纷解决

与福利有关的劳动纠纷的解决，应当按照前述第六十二条和第六十三条规定的与法律法规有关的劳动纠纷的解决程序进行。

劳动行政部门自收到纠纷之日起十五日内不能解决的，应当将纠纷提交劳动纠纷解决委员会审议处理。

劳动纠纷解决委员会由劳动行政部门、工会或雇员代表、雇主代表和其他有关部门的代表组成。

劳动纠纷解决委员会的设立和活动事项，另行规定。

第六十五条 禁止停工

有下列情形之一的，雇员、雇主或其代表不得宣布停工：

（一）发生与执行法律法规和福利有关的劳动纠纷；

（二）双方同意开会讨论和解决纠纷；

（三）在劳动纠纷解决委员会解决与工人和雇主有关的未决事项的过程中；

（四）在人民法院审议劳动纠纷期间。

任何个人或组织直接或间接参与，通过口头或物质、资金支持煽动工人、雇主或其代表停工，对工人、雇主或社会秩序造成损害的，应依法惩处。

第十二章　劳动管理和检查

第六十六条　劳动管理部门

劳动管理部门包括：

（一）劳动和社会福利部；

（二）省和市的劳动和社会福利部门；

（三）地区劳动和社会福利办公室。

第六十七条　劳动和社会福利部的权利和义务

劳动和社会福利部有下列与劳动活动有关的权利和义务：

（一）研究和制定劳动技能建设和发展、就业安置和劳动管理的战略规划和法律法规，并报政府审议批准；

（二）宣传、监督和检查战略规划、劳动法和其他劳动法规的执行情况；

（三）研究、审议、批准或者撤销与劳动有关的企业、协会或者基金会的设立；

（四）建立和开展有关劳动、统计和信息、劳动力市场等方面的科学研究；

（五）在建立和发展劳动技能以及就业安置方面与其他部门和组织合作；

（六）必要时，与外交部、安全部、中央和地方其他部门合作，管理在国内外工作的老挝工人和在老挝人民民主共和国工作的外国工人；

（七）管理和检查就业安置企业的活动；

（八）按照规定管理、使用和检查国家劳动技能建设和发展基金；

（九）监督劳动争议调解工作；

（十）在国际劳动活动中进行合作；

（十一）行使法律规定的其他权利和履行其他义务。

第六十八条 省和市的劳动和社会福利部门的权利和义务

省和市的劳动和社会福利部门有下列与劳动有关的权利和义务：

（一）阐释和执行劳动战略规划；

（二）宣传、监督、检查所负责的劳动法律法规的执行情况；

（三）在建设和发展劳动技能、就业安置和劳动管理方面与其他部门和组织合作；

（四）与部委指定的当地其他有关部门合作，管理在国内外工作的老挝工人和在老挝人民民主共和国工作的外国工人；

（五）按照规定管理、使用和检查国家劳动技能建设和发展基金；

（六）在职权范围内调解劳动争议；

（七）审议设立或撤销企业、协会、基金会有关劳动许可的申请，报劳动和社会福利部审议和批准；

（八）监督、检查和管理其负责的已批准设立的与劳动有关的企业、协会和基金会；

（九）监测和收集有关劳动和劳动力市场的数据和信息；

（十）总结并向上级机关报告劳动活动情况；

（十一）行使法律规定的其他权利和履行其他义务。

第六十九条 地区劳动和社会福利办公室的权利和义务

地区劳动和社会福利办公室有下列与劳动有关的权利和义务：

（一）宣传、监督、检查所负责的劳动法律法规的执行情况；

（二）在建设和发展劳动技能、就业安置和劳动管理方面与其他办事处和组织合作；

（三）在职权范围内调解劳动争议；

（四）在其职责范围内监督和管理企业、协会、基金会的劳动活动；

（五）监测和收集有关劳动和劳动力市场的数据和信息；

（六）总结并向上级机关报告劳动活动情况；

（七）行使法律规定的其他权利和履行其他义务。

第七十条 其他相关部门权利和义务

与劳动有关的地方部门和行政机构有权利和义务在其职责范围内就建设和发展劳动技能、就业安置和劳动管理与劳动和社会福利部门合作，以扩大劳动活动，促进国家的社会经济增长。

第七十一条 劳动检查部门

劳动检查部门与本法第六十六条规定的劳动管理部门一致。

第七十二条 劳动检查部门的权利和义务

劳动检查部门有下列权利和义务：

（一）检查有关劳动的法律法规和规划的执行情况；

（二）检查工作条件、社会福利和社会保障情况；

（三）检查工作场所的安全和卫生；

（四）检查妇女、童工的管理、安置和雇佣情况；

（五）检查劳动技能的建设和发展；

（六）检查就业安置企业；

（七）行使法律规定的其他权利和履行其他义务。

第七十三条 检查的类型

劳动检查包括以下三类：

（一）定期检查；

（二）跟踪检查；

（三）紧急检查。

1. 定期检查是指按照确定的计划进行的检查；

2. 跟踪检查是指对定期检查后受到警告或就某些领域提出改进要求的

劳动单位进行的重新检查；

3. 紧急检查是指不事先通知被检查人的紧急的检查。

第十三章　奖励政策和处罚措施

第七十四条　奖励政策

对获得突出成绩的个人或者组织，按照规定给予奖励或者享受其他优惠政策。

第七十五条　处罚措施

违反本法规定的个人或者法人，根据其违法性质，依照法律法规的规定给予再教育、警告、罚款、暂停营业、吊销营业执照或者提起诉讼的处罚措施，包括赔偿由此造成的民事损害。

第十四章　附　　则

第七十六条　法律实施

本法由老挝人民民主共和国政府组织实施。

第七十七条　法律生效

本法取代 1994 年 3 月 14 日第 002/NA 号劳动法。

本法自老挝人民民主共和国国家主席颁布主席令之日起九十日后生效。

任何与本法相抵触的规定被废止。

父子缘，师生缘，民法缘

——《老挝民商经济法律汇编》后记

因为新冠疫情的影响，原本2020年春季去访问老挝国立大学法学院的计划也不得不暂缓，但老挝民商经济领域的法律翻译工作却意外有了实质性推进的集中空档时间。本次翻译的老挝法律文本包括老挝《民法典》和民事单行法，即《继承法》《所有权法》《合同法》《家庭法》《非合同债法》，以及老挝经济法，主要包括《道路运输法》《矿业法》《电力法》《加工业法》《环境保护法》《电信法》《土地法》《外国投资促进法》《经济纠纷解决法》《海关法》《企业法》《增值税法》和《劳动法》，合计19部法律，因此书名定为《老挝民商经济法律汇编》。

《老挝民法典》由日本学者协助起草，毕业于京都大学法学部的李春博士选择从日文版本翻译初稿；[①] 联合国国际开发署曾经将老挝民事单行法和经济法翻译为英文，[②] 由王竹博士和刘忠炫博士生从英文转译初稿。全部法律文本由四川大学法学院的老挝留学生福萨南同学对照老挝法律文本逐字逐句翻译校对，确保本书翻译的准确性。

作为本书的策划者，借杀青之际，分享我与老挝民商事法律的三段未曾谋面的缘分。

一、父子缘

我从小是在一所由铁路工程局代管的中专学校长大的，父亲从部队转

① 老挝民法典（草案）日文版翻译稿由日本国际协力机构（JICA）产业开发·公共政策部“法律与司法工作组”的石崎贵子老师提供。

② 老挝民法各编英文翻译文本参见：https：//www. lexadin. nl/wlg/legis/nofr/oeur/lxwelao. htm。

业后担任后勤部门的普通干事，母亲在图书馆当管理员。回忆儿时父母的对话，这所中专学校应该是效益不太好的事业单位。我印象很深刻的事情，是1988年国家发行100元人民币的时候，我父母工资加到一起好像才99元，发工资的时候领一张100元的大钞要找补单位1元。记得当时好像通货膨胀，家里生活得很拮据，买鸡蛋和肉都需要凭票。当年春节，母亲给我一张100元的钞票，让我去买一包“小太阳”牌锅巴（0.5元）换零钱回来，也算是对我学习成绩优秀的奖励。我不确定是小偷盯上了我还是我自己疏忽，99.5元的零钱等我蹦蹦跳跳地回到家就没了。冬天的成都本来就没有什么阳光，我已经记不清那天回家到底是上午还是下午了，只知道没有下雨，天也只剩阴霾。我们全家老小沿途找了几个来回，最后不得不放弃的结果就是我感觉天都坍塌了下来。那个春节，家里好像也是打紧勉强过的。

为了缓解家中经济上的拮据，父亲托关系找到了一次跟随代管单位的铁路工程局到老挝参加国际援建修筑公路的机会。1991年的时候我父亲每个月在老挝能挣200美元还包吃住，我记得那时人民币对美元现钞的实际汇率大约是11∶1（官方汇率大约6∶1）。尽管国内的工资已经随着物价上调，当时我父母每个月的工资之和已经在150元左右，且出国期间不停发国内工资，父亲在老挝挣的钱仍然十分可观。父亲在老挝辛苦工作2年，挣回来的钱正好碰上1995年单位房改，我家买了第一套房，余款装修了之后还买了一台上海“金星牌”电视机。据说是找的成都军区某老乡给的指标，还搭售了20盒进口索尼（SONY）牌磁带。

老挝这个在中小学地理上都不怎么介绍的国家，竟然是我家祖孙三代走出国门的第一人——我父亲——去的第一个国家。当时老挝和邻国的边境管得不是很严，加上中国援外专家身份，我父亲还偶尔能到周边的泰国、越南和柬埔寨转转，也算出去一次，就去过4个国家了。

我印象中父亲口中的老挝是这样的形象：第一，森林茂密，飞蚂蚁很大。当地人晚上在路灯下放个盆子加点水，飞蚂蚁扑灯，可能是贴在灯上热晕了就掉到盆子的水里。积少成多，早上起来可以收集到不少飞蚂蚁，去掉翅膀后油炸，就可以作为食物。第二，湄公河的野生甲鱼没人吃，可以长到很大。据说有一次我父亲买到了一只36公斤的野生甲鱼，裙边有10厘米厚，杀了10只鸡炖着，全工程队100多个人都没吃完。第三，当地可以买到穿山甲和五爪金龙（巨蜥），据说好吃不贵。今天看来，我小时候家里应该是吃肉不多，所以我父亲讲的老挝生活主要就是吃各种奇怪的肉食，或者说经过我的记忆过滤后，就剩下这些奇怪的肉食了。可惜这三种食物我至今也没尝试过，在新冠疫情之后，也不愿意尝试了。

据说是为了预防疟疾，当时的医疗队要求每位职工都定期服用奎宁。父亲的工作是党支部书记加分管食堂采购（奇怪而高效的“双肩挑”），当地天气炎热去外面菜市场采购时是40度高温，回到工地的简易办公室有空调是25度，温差太大。最终父亲得了心脏病，据说有一次差点就永远留在老挝了，所以后来不得不提前回国。今天看来这样定期预防性服用奎宁，是有些医疗事故风险的，但在那个特殊的年代，似乎是一种援外工程队的惯例。

1993年父亲因病不得不回国休养的时候，我正好小学毕业。不确定是否因为父亲回国，我过于兴奋，小学毕业考试发挥失常，成绩和考外国语学校的成绩一样，都是174。虽然15分钟就完成了小学毕业考试的数学试卷，但最后一道大题计算圆形面积的时候忘记乘以π，被扣了20分。同样考外语学校的成绩却是所在金牛区第一名，成都市第三名的成绩，并以首届第一名成绩考入了成都实验外国语学校。父亲出国挣的钱买了房子和电视之后，剩下的一点钱正好补贴我读外国语学校因为住校不得不增加的生活开支，搭售的SONY牌磁带也算派上了用场。

二、师生缘

2017年我在撰写《民法总则》相关主题论文的时候，偶然检索到英文版的老挝1990年《非合同债法》文本，就带着刘忠炫和刘潺两位同学从英文转译了过来，[①] 并且写了《老挝侵权法简评》一文[②]。从那以后，

---

① 王竹、刘潺译：《老挝人民民主共和国非合同债法》，《民商法争鸣》第11辑，法律出版社2017年版。

② 王竹、刘忠炫：《老挝侵权法简评》，《民商法争鸣》第11辑，法律出版社2017年版。

我不再作中国《侵权责任法》是大陆法系第一部独立的侵权法的表述，修正为《老挝非合同债法》才是大陆法系第一部实质意义上独立的侵权法，尽管其包含了第一部分“侵权法”和第二部分“无因管理和不当得利”。反观我国《民法典》将无因管理和不当得利制度纳入“准合同”规定，似乎作为非意定之债，纳入“准侵权”规定更为合适。

福萨南同学最早是2018年春季学期来选修我的《民商法原理》课程认识的。这是经济法专业的必修课，福萨南是经济法专业的硕士留学生，所以就修了我的课程。第一次上课的课间，他用流利的外国人普通话向我介绍了他的老挝留学生身份。我用父亲四川话转录的老挝话从1数到了10:“楞、宋、三、喜、哈、和、洁、白、高、莱”，请他确认是否大体发音准确，着实吓坏了福萨南同学。他说，老师，你太厉害了！连我们老挝语你都会！对于见到的第一位老挝友人，我也很是高兴，接着问了一下我父亲当年工作的地方和参与修筑的公路的情况。后来我们就渐渐地熟悉起来了，并介绍刘忠炫同学和他认识，帮他解决学习和生活的各种困难。

经过一年多的交流，我逐渐了解到，福萨南同学其实年龄和我相仿，是老挝政府的公务员，受老挝政府资助留学。在中国的几年时间里，他在本科阶段学习了中文，然后又到四川大学来攻读硕士学位。我鼓励他继续攻读博士学位，但似乎资助他的老挝政府奖学金需要他回国服务一段时间才能再次申请，只能暂时作罢。本书的翻译，也是源于鼓励他攻读博士学位，建议他以《中老两国〈民法典〉编纂比较研究》作为选题，开始谋划由我组织翻译，福萨南同学负责校对。

2019年春季硕士生毕业的时候，正值我从教十周年。在众多资深教授动辄二三十年的教龄来看，十年不算长；但对我来说，到四川大学的工作时间已经和在中国人民大学读书时间一样长，正好平分了我成年之后的时光，也算颇有纪念意义。我特别邀请福萨南同学来参加了我从教十周年的聚会，也算是提前锁定未来的师生缘分。

三、民法缘

2014年10月18日，我到北京大学法学院参加“中国民法典编纂的回顾与展望”研讨会，以《以“非基本法律法典化模式”编纂民法典的立法程序》为题发言，后来发表在《中外法学》上。[①] 除了提出“非基本法律法典化模式”，我还特别提到：“我们的邻国老挝于2012年开始编纂民法典并计划于2015年完成。”就在这次会议后的一周左右，2014年10月23日，党的第十八届四中全会就通过了《中共中央关于全面推进依法治国若干重大问题的决定》，明确作出了“编纂民法典”的政治决断。

我当时在会上还“乌鸦嘴”了一句：“我们正在和老挝赛跑，希望中国不会比老挝晚。”结果，一语成谶。2018年我修订出版《编纂民法典的合宪性思考》(第二版)[②] 的时候，增加了对老挝1990年《财产法》《合同法》《继承法》《家庭法》和《非合同债法》立法和2012年以来编纂民法典情况的介绍，同时也庆幸《老挝民法典》的编纂进度比预想得慢。遗憾的是，在我2019年底出版该书英文版[③]的时候，《老挝人民民主共和国民法典》已经于2018年12月6日由第八届老挝国会第六次会议第109/NA号决议通过，并于2019年1月18日国家主席令颁布。按照该法第630条【生效】的规定：“本法自老挝人民民主共和国国家主席颁布主席令之日起三百六十五天且司法部公告十五天后生效。”这在当时就意味着，2020年1月17日（2020年是闰年）之后的15天，也就是2020年2月1日，老挝民法典即将生效。

我不确定自己是否是中国民法学界唯一一个在“编纂民法典”盛事背景下担心中国民法典晚于老挝民法典生效（通过已经落后了）的学者，但既然自己关注到了这个“编纂民法的”的邻国同行者，就有必要将这一比较法上的新民法典准确、及时地介绍给国内学术界同仁。正在我发愁如何与福萨南同学、刘忠炫合作翻译老挝民法典的时候，李春博士伸出了援手。经过他了解，这一轮老挝民法典编纂得到了日本国际协力机构（JICA）的资助和来自名古屋大学、庆应义塾大学的日本学者协助。李春博士找到了珍贵

---

① 王竹：《以“非基本法律法典化模式”编纂民法典的立法程序》，《中外法学》2014年第6期。

② 王竹：《编纂民法典的合宪性思考——一张“实用主义思路”的立法路线图》（第二版），中国政法大学出版社2018年版。

③ Zhu WANG, On the Constitutionality of Compiling a Civil Code of China, Springer (2019).

的日文版《老挝民法典（草案)》，先翻译为中文，再由福萨南同学对照老挝语法律文本和中文译稿，逐条校对，最终完成了跨语种的翻译工作。

与此同时，我国民法典编纂也进入冲刺阶段。意外的是，由于老挝国内多民族、宗教和地区等诸多原因，在其民法典通过后官方又进一步组织了全国范围内的意见征求，因而《老挝民法典》未能如期在2020年2月1日生效。但2月初，新冠疫情已经爆发，我似乎又成了国内学术界唯一一个焦急期待“老挝民法典再晚一点生效，中国民法典加油！”的人。这种奇怪的心态伴随着我度过了整个疫情期间，并激励我完成本书的校对工作。到5月份下旬我国第十三届人大三次会议即将召开之际，传来了《老挝民法典》于2020年5月27日正式生效的消息，比我国《民法典》通过时间早1天。我按捺住失望的心情，没有不合时宜地发布这一冷门学术信息，只是默默地于中国民法典通过的5月28日当天向中国法制出版社正式交稿。

《老挝民法典》分为“总则”“自然人及法人”“家庭”“物、所有权以及对物的其他权利”“合同债务”“非合同债务”“担保”“继承”和“附则”9编，共计630条。作为前言，不适合对《老挝民法典》的体例做深入的评述，但我想用一个对比表来说明，我国民法典“婚姻家庭编”和“继承编”与对我国民法典影响较大的比较法上民法典以及老挝民法典相比，条文数相对过少，应该成为“民法典时代”学术研究和司法解释完善的重点。

民法典	总条文数	婚姻家庭编（亲属编）	继承编
中国民法典	1260	79	45
法国民法典	2281	372	383
德国民法典	2385	626	464
日本民法典	1044	158	163
老挝民法典	630	90	64

从世界卫生组织公布的数据来看，老挝疫情防控效果国际一流。截至2020年8月底，累计确诊22人，0人死亡，可谓奇迹。但受疫情影响，老挝加强了入境管控，经济发展压力较大，面临严重财政赤字。希望全球疫

情能够早日过去，我也能够携本书拜访老挝国立大学法学院的同仁。

通过组织翻译《老挝民商经济法律汇编》，我们已经积累和确定了民商事领域老挝语和中文的绝大部分术语，下一步计划就是出版《中国民法典》(老挝语版)。可惜李春博士因为家庭原因调动到南京师范大学任教，不能继续在川大法学院共同完成这一持久费力的工作。祝你们夫妻团圆，生活幸福！福萨南同学学成回国，祝你工作顺利，也期待能够尽快返回四川大学来完成我们约定的中老民法典比较研究！刘忠炫同学有幸拜入石佳友教授门下，到我的母校中国人民大学法学院继续深造，祝你学业有成！

本书系四川省法学会“一带一路”法治研究会研究成果，感谢中国法制出版社对本书翻译工作的大力支持！

王竹　法学博士
四川大学法学院教授、博士生导师
四川大学市场经济法治研究所所长
四川大学“智慧法治”超前部署学科首席专家
2020年8月29日于白鹿镇白鹿村

图书在版编目（CIP）数据

老挝民商经济法律汇编/王竹等编译.—北京：
中国法制出版社，2020.11
ISBN 978-7-5216-1455-8

Ⅰ.①老… Ⅱ.①王… Ⅲ.①民法-汇编-老挝②商
法-汇编-老挝③经济法-汇编-老挝 Ⅳ.①D933.409

中国版本图书馆 CIP 数据核字（2020）第220406号

责任编辑 刘晓霞　　封面设计 杨泽江

老挝民商经济法律汇编

LAOWO MINSHANG JINGJI FALÜ HUIBIAN

编译/王竹等
经销/新华书店
印刷/北京京华虎彩印刷有限公司
开本/710 毫米×1000 毫米 16 开　　印张/33.25 字数/373 千
版次/2020 年 11 月第 1 版　　2020 年 11 月第 1 次印刷

中国法制出版社出版
书号 ISBN 978-7-5216-1455-8　　定价：133.00 元

北京西单横二条 2 号
邮政编码 100031　　传真：010-66031119
网址：http：//www.zgfzs.com　　**编辑部电话：010-66075800**
市场营销部电话：010-66033393　　**邮购部电话：010-66033288**

（如有印装质量问题，请与本社印务部联系调换。电话：010-66032926）